学前儿童道德发展与德育教育

李思娴　胡诗悦　著

厦门大学出版社　国家一级出版社
XIAMEN UNIVERSITY PRESS　全国百佳图书出版单位

图书在版编目（CIP）数据

学前儿童道德发展与德育教育 / 李思娴，胡诗悦著
. -- 厦门：厦门大学出版社，2023.4
　　ISBN 978-7-5615-8922-9

　　Ⅰ．①学… Ⅱ．①李… ②胡… Ⅲ．①儿童教育－德
育－研究－中国 Ⅳ．①G611

中国版本图书馆CIP数据核字(2022)第254142号

| 出　版　人 | 郑文礼 |
| 责任编辑 | 林　鸣 |

出版发行　厦门大学出版社

社　　　址	厦门市软件园二期望海路 39 号
邮政编码	361008
总　　　机	0592-2181111　0592-2181406(传真)
营销中心	0592-2184458　0592-2181365
网　　　址	http://www.xmupress.com
邮　　　箱	xmup@xmupress.com
印　　　刷	广东虎彩云印刷有限公司

开本	720 mm×1 020 mm　1/16
印张	12
字数	209 千字
版次	2023 年 4 月第 1 版
印次	2023 年 4 月第 1 次印刷
定价	68.00 元

厦门大学出版社
微信二维码

厦门大学出版社
微博二维码

本书如有印装质量问题请直接寄承印厂调换

前　言

　　道德是人类文化的核心内容，世界因为有了生命而多姿多彩，而人正因为拥有道德而更加高尚。从生物进化、人类社会发展历史和人类文明演进的整个历程来看，人类社会朝着更加有序的方向发展，生命始终在向上发展，人的向善心亦是如此。道德是人类历史精神文明积淀和自然选择的产物，是人生存必备的品质特性，道德使人明辨是非，坚持公平正义。道德还具有奋斗创新的驱动力，使人的生活井然有序、和谐美好，让人们在复杂的社会环境中创造创新、奋力进取。

　　尽管时代在不断发展，但是无论未来教育如何变革，教育的出发点和终点都始终不变——"立德树人"。自古以来，东、西方的伦理教育、道德教育或道德教化都占据了相当重要的位置。人才培养是育人和育才相统一的过程，而以育人为本。人无德不立，育人的根本在于立德，这个德既包含个人品德，也包含社会公德，更涵盖了报效祖国和服务人民的大德。德"立"住了，人才能"树"起来，才能实现个体的个人价值和社会价值。德育为先，是千百年来教育的经验总结，也是当下复杂社会环境下助力儿童成长与发展的关键，同时也是未来素质教育的前进方向。

　　幼儿期是个体身体、认知、情感和社会性发展的关键阶段。研究表明，学前儿童的认知能力和身体动作能力以惊人的速度发展，大量学习关键期都发生在从孩子出生到六岁之间。在这一发育阶段，控制人类活动和品质的大部分脑细胞组织在逐渐形成。儿童的道德观念和行为也是在幼年时期发展起来的，幼儿道德教育不仅是为个体适应未来生活做准备的努力之一，也是帮助其过好当下生活的现实需要。幼儿阶段的道德教育在个体品德萌芽和发展上具有不可替代的关键作用，更是发展个体良好社会性和健全人格的关键内容。此外，学前儿童作为社会中的人，需要与他人建立和谐的社会关系来满足自己的心理和生活需求，而道德则是维系人际交往过程的不可或缺的重要纽带。因此，学前儿童需要道德学习和道德教育，如何理解和开展幼儿道德教育是支持个体全面和谐发展的重要内容。

本书的目的在于综合阐释幼儿道德发展和幼儿道德教育，为广大幼儿教育工作者及相关人员提供理论参照。全书总体分为两大部分，共六章内容，从学前儿童道德发展、幼儿园道德教育两个主题进行探讨。上篇道德教育与儿童的发展，分别从道德研究概论、儿童道德的早期起源和发展、德育的发展与儿童德育三个层面加以论述。下篇幼儿园道德教育，主要包括幼儿道德教育、多元视角下的幼儿道德教育以及幼儿园道德教育的发展趋势三部分内容。

目　录

上篇　道德教育与儿童的发展

下篇　幼儿园道德教育

上篇

道德教育与儿童的发展

作为社会成员和国家公民，无论如何，我们都应该有道德，都应当有道德地生活。道德作为文明人类的生存和生活方式，其基本价值在于它表征着人类追求美好生活的希冀，而且道德本身就是人类自身追求的重要内在目的之一。①自群体氏族部落和国家社会建立以来，道德成为立人兴国的内在需要。所谓"修身、齐家、治国、平天下"，意味着个人的优良道德修养是每个家庭、国家乃至世界的福祉。一个文明国家的发展需要有德行的个体来治理，一个社会的和谐稳定需要有科学道德价值观的引领，一个社区和家庭的幸福需要有道德的个体来共同创造。因此，道德教育才显得如此关键。几乎所有的文明人都希望自己生活在美好、和谐、有序的社会系统中；所有的老一辈都希望能培育出有道德、有理想的年轻一代来引领社会的良性发展和进步；所有的父母都反对自己的孩子从事暴力或其他形式的反社会行为，都希望看到子女能拥有优良的道德品质。

儿童本身就具有一种"向善"的生命力和本性，他们的内心实质上渴望成为一个"好人"，儿童在道德上比成人更加纯洁。②当然，这并不是说儿童是道德上的圣人，出于利己目的，他们可能故意做坏事，也可能有目的地做"好事"，也可能表现出自私和冷漠的行为。虽然研究发现婴幼儿已经表现出明显的移情和亲社会倾向，但毕竟身心发展尚不成熟，加之自我中心主义倾向显著，他们需要道德学习和道德教育。儿童的道德成长是不断社会化的过程和结果，道德是儿童适应复杂的社会生活所需的最基本和重要的内容。③

有人认为，儿童天生就是"直觉的道德家"④；有人认为，我们的道德价值观念是由家庭、学校和社会赋予的；也有人认为，我们的道德认知、道德情感和道德行为是个体在社会文化互动的过程中通过自身的努力主动建构起来的……不同的理论阐述了不同的观点。关于道德，有很多问题需要我们去深入理解，如"道德是什么""道德是怎么来的""儿童的道德和成年人的道德有什么区别""儿童的道德伦理世界是什么样的""个体道德的发展规律是什么"等。道德教育亦是如此。从古至今，儿童道德教育的涵义、内容和价值取向始终处于不断变迁的过程中。面对儿童道德教育这一公共话题，从"道德可教吗"的问题延伸到"我们如何开展道德教育"及"我们应该传递给儿童哪种价值观"，产生了种种分歧，这也正是我们需要明晰的问题。本篇将从研究道德本身出发到道德教育，厘清道德和道德教育的本质，以及儿童道德和道德教育的产生和发展，真正从科学的角度出发去看待道德问题和儿童道德教育。

---

① 万俊人. 人为什么要有道德：下[J]. 现代哲学, 2003（2）：46-50, 58.

② 刘晓东. 儿童文化与儿童教育[M]. 北京：教育科学出版社, 2006：243.

③ 达蒙. 儿童道德心理学[M]. 秦红梅, 译. 上海：上海社会科学院出版社, 2020：3.

④ 施维德, 图列尔, 玛奇, 等. 儿童的道德直觉[J]. 心理学动态, 1988（4）：22-26.

第一章　道德研究概论

在明晰儿童道德发展和儿童道德教育之前，我们需要理解"道德"的实质。道德伴随着人类产生至今，与我们的社会生活休戚相关，也一直是各领域学者研究的重点话题。从古至今，世界范围内形成了多种道德理论流派，也存在不少争议，厘清这些争议具有不可估量的现实意义。

第一节　关于道德的定义

道德的内涵是复杂的，至今还未形成一个统一的定义。学者们从不同的角度对道德做出了不同的定义，有的注重道德认知，有的重视道德情感，有的强调道德行为，形成了不同的流派。

一、道义论和功利主义的道德判断

道义论和功利主义都以道德行为为中心，不同之处在于道义论将纯粹的实践理性当作目的论，而功利主义将幸福和最大利益作为目的论。对于研究道德判断的研究者来说，道德的定义主要是从推崇道义论的道德哲学家那里得来的。道义是指道德义务，道义论源自西塞罗（Marcus Tullius Cicero）的《论义务》（De Officiis），康德（Immanuel Kant）继承和发展了道义论，研究道德生活的基本准则及人在社会生活中应当履行的各种道德义务。[1]据此，道德被当作一套关于

---

① 王晓朝. 论正当观念的源起与道义论的生成［J］. 云南大学学报（社会科学版），2021，20（2）：5-12.

个体应该如何对待他人或社会的预设规范，包括对公平、利益、平等和正义的关注。康德主张每个人都应遵循这个准则：一个行为在道德上是值得赞许的，当且仅当这个行为遵循的准则可以为所有具有理性的行为者赞同或意愿遵循。这个准则就上升为普遍法则或绝对律令（Categorical Imperative），这是康德道义论的核心所在。

康德道德学派的哲学家相信，人们应该行动起来，这样他们的行动才能成为一个普遍的标准，且每个人都应该遵守。[①]他们相信这样做会带来最大的好处，因为它促进了正确的意图和行动。而批评人士则认为，要求每个人总是遵循相同的原则是不可能的，而且普遍接受的原则之间可能也存在冲突，应该制定优先考虑哪些人的利益和哪些行为比其他行为更"正确"的任务，即功利主义的哲学观点。

研究者往往通过设计各种道德困境来研究个体的道德判断。例如，在"电车问题"这个道德困境中，驾驶员面临着两难选择：是继续前行撞死主道上的五名工人，还是扳动转向开关，撞死支道上的一名工人？如果扳动转向开关，牺牲一个人挽救五个人，就会被认为是一种功利主义的选择；如果不扳动转向开关，则被认为是一种道义论的选择。[②]这也被称为"开关困境"，后续又发展为"天桥困境"。

由此可以看出，道义论的道德判断侧重于个人良心和行为的正确性，注重人内在的理性法则，认为不应以外在的行为后果为标准，而功利主义则主张最优结果导向的道德判断，是一种强调以经验性的行为后果为中心的价值取向。穆勒（John Stuart Mill）、边沁（Jeremy Bentham）等人是功利主义的主要代表，穆勒提出了功利主义道德观，即最好的道德行为就是使最多人受益并产生最佳结果的行动。边沁提出了功利原则，功利主义的道德行为标准是追求全体相关人员的最大化幸福和利益，而不是行为者本人的最大化快乐和幸福。[③]从这个角度来看，功利主义追求最大集体和最大利益的道德判断和行为，似乎又体现了集体主义的意蕴。罗尔斯（John Bordley Rawls）曾指出，功利主义一直是现代道德哲学中的一种占优势的理论。[④]功利主义是一种影响较大的伦理思潮，人们在做选择判断时往往也更倾向于这一视角。

---

① 康德. 道德形而上学原理 [M]. 苗力田，译. 上海：上海人民出版社，1986：73.
② GREENE J. Moral tribes: Emotion, reason, and the gap between us and them[M]. London: Penguin, 2014.
③ 穆勒. 功利主义 [M]. 徐大建，译. 上海：上海人民出版社，2007：12.
④ 罗尔斯. 正义论 [M]. 谢延光，译. 上海：上海译文出版社，1991：1-2.

二、道德作为移情和亲社会行为

个体的道德判断容易受到自身情绪情感的影响，而人在面对道德困境时，道德直觉却倾向于使人做出道义论的判断，可以推断，情绪情感是个体进行道德判断的重要影响机制。[①]道德情感基础的路线源于休谟（David Hume）道德哲学学派，他们的关注点是人类同情和移情（empathy）的能力，而这些正是亲社会和利他行为的重要动机源。休谟和霍夫曼（Matin L. Hoffman）等都认为道德是由情绪情感定义的，研究者感兴趣的是，道德情绪是如何随着时间的推移而产生和改变的。移情源于理解他人情绪状态的情感和认知反应。因此，移情不仅具有情感反应，也包括个体的认知反应，往往会激发一个人的亲社会行为。

移情不仅在休谟的理论中受到关注，在康德的道德哲学理论中也受到一定关注。康德将道德分为完美的和不完美的。完美的道德包括高度的义务行为，如不伤害他人，以公平和公正的方式行事，将他人视为目的而不是目的的手段。不完美的道德包括善良和关心他人，是一种做好事的行为，但不像完美道德那样是强制性的。虽然帮助他人是件好事，但在某些情况下，帮助他人并不被视为一种道德义务。移情和亲社会行为的研究重点一直聚焦于不完美的道德义务上，如善良、对他人有同情心及关心他人。

对于年幼的儿童来说，他们可能理解朴素知识层次上的公平正义，但是在实际行动中，还达不到完全以义务感行事，正如道德判断的社会直觉模型认为的那样，个体可能更容易受到情绪情感的驱动，理性加工次之。[②]后来，Greene在社会直觉模型的基础上，进一步提出了道德判断的双重加工模型，认为道德判断和道德情感共同驱动着儿童的道德推理，两者处于一种竞争状态，如果情绪情感优先于认知过程就做出道义判断，而如果认知过程优先于情绪情感则做出功利判断。[③]

---

① 袁晓劲，刘昌. 道德直觉合乎道义却不客观[J]. 心理科学进展，2021，29（11）：2083-2090.

② HAIDT J. The emotional dog and its rational tail: a social intuitionist approach to moral judgment[J]. Psychological Review, 2001, 108（4）: 814.

③ GREENE J D, SOMMERVILLE R B, NYSTROM L E, et al. An fMRI investigation of emotional Engagement in moral judgement[J]. Science，2001（293）：2105-2108.

三、道德作为一种进化机制

根据生物进化论的观点，道德源于人的社会性本能，并在环境的作用下朝着理性发展。其目的在于将道德引入生物学而非哲学基础。生物学的进化理论提供了有关人类道德发展涉及的适应机制的观点，即道德的发展过程实质上是一种生物进化的结果。进化论倡导者指出，道德的作用在于促进人与人之间的合作互惠，进而实现社会群体的共同利益，而不是自私地规范社会互动行为。据此，合作行为的出现需要在生物体的自身利益与关心尊重他人之间取得特定的平衡机制。20世纪80年代，有研究者以社会生物学的研究成果为依据，在道德实在论和道德反实在论的争议下，提出了一种新型的基于进化视角的道德反实在论，也被称为"进化反实在论"，他们认为，实在论不能解释人如何产生道德冲突，人类保存下来的道德信念是生物进化的产物，这些道德信念赋予了人生存的优势。[1]此类观点赋予了道德新的内涵，也为朴素的自然主义道德观提供了科学生物学的基础。

许多研究人员认为，研究道德的神经结构要素对于理解道德发展来说至关重要。对道德进化基础的研究通常集中在解释道德判断和情绪对生存适应功能的行为机制上。作为进化观点的补充，功能性磁共振成像（functional MRI，fMRI）和脑电图（EEG）等技术通过探察个体有关解决道德问题和任务时触发的神经基础，为道德判断和情感提供了新的神经科学视角。道德神经科学旨在揭示与道德反应相关的神经回路和大脑激活区域，可以提供一些有关道德判断和道德情感的独特见解。

四、道德认同

"道德认同"（moral identity）一词源自布拉希（Blasi）的道德自我理论。关于道德行为的自我模型，是针对道德判断不能很强地预测道德行为这一重要发现发展起来的，道德认同是弥合道德判断和行动差距的重要因素。与科尔伯格的立场相反，布拉希认为，道德行为不是直接来自道义判断，而是通过一系列

---

① JAMES S M. An introduction to evolutionary ethics[M]. Malden: John Wiley & Sons, 2011: 167.

暗示自我的内在计算筛选出来的，也就是道德认同。① 在布拉希的道德自我模型中，当道德体谅（moral consideration）被认为是个人认同的本质和核心时，个体行动更可能遵循道德判断。道德行为的认知动机源于对行动中的自己的忠诚感，它源于自我一致性的倾向。布拉希认为，这是客观和真实的认知动机，它深深植根于对道德承诺的内在认同，事实上，这些承诺根深蒂固，以至于违背这些承诺就意味着背叛自我。布拉希让长期被这些遗忘的概念回归到现代心理学词汇中，包括欲望、毅力和意志，也就是个体的道德意志。

因此，在这一视角下，道德认同被视为道德的核心，并与个人责任和正直的判断联系在一起，道德判断与行动的一致性非常重要。这种方法的研究重点通常是探究道德认同、道德动机和人格发展方面的个体差异。当前关于道德认同的研究集中在其在促进公民参与，模范道德行为和积极政治行为方面的作用上。然而，大多数研究都是在青少年和成年人中进行的，尽管它与幼儿的良心、道德自我和羞愧感等早期研究存在概念上的联系。儿童在2~3岁时，其道德自我开始围绕着他们在人际道德行为中经历的积极的和消极的情感核心逐渐建立。② 幼儿的道德自我的本质是一种情感自我。个体在生命早期就产生了道德认同的情感基础（如移情、内疚和羞愧），幼儿时期就已经内化了一些道德知识，幼儿可以通过自身对是非的感受来指导自己的行动。

五、道德良知

"良知"或"良心"（conscience）一词翻译自拉丁语"conscientia"，意思是分享"共同"（con）"知识"（scientia），反过来翻译成等价的希腊术语"suneidenai"，指"与自己分享道德知识"。③ 在基督教传统中，良知指上帝；在弗洛伊德（Sigmund Freud）的超我理论中，良知是个体在文化或成长环境下的结果。从心理学的角度来看，良知包括内省、意识到自己的行为和自我评估。

弗洛伊德分析了个体的社会性和人格发展，他认为儿童的发展历程是由其生理欲望和社会期望产生冲突的一系列性心理阶段构成的。 根据弗洛伊德的

① BLASI A. Moral cognition and moral action: A theoretical perspective[J]. Developmental Review, 1983, 3（2）: 178-210.

② EMDE R N, BIRINGEN Z, CLYMAN R B, et al. The moral self of infancy: Affective core and procedural knowledge[J]. Developmental Review, 1991, 11（3）: 251-270.

③ SORABJI R. Moral conscience through the ages: Fifth century BCE to the present[M]. Oxford: Oxford University Press, 2014: 1-7.

观点，在每一个心理性欲阶段，儿童都面临着"怎样解决身体的欲望和需要与社会的要求之间的冲突"这个问题。这种冲突得到解决的方式对他们的社会和情绪功能发挥着终生的指导性作用。研究显示，早期良心表现出显著的个体可变性和跨情境的一致性，[1]以及纵向的稳定性。[2][3]

弗洛伊德将良心定义为超我的发展（成年人价值观内在化的结果）和对他人的积极行为，这是通过内疚维持的。良心是超我的重要功能，能对自我进行道德评价和自我控制。[4]其源于对生活或权威的恐惧，恐惧是社会化影响的重要调节因子。[5]良心主要是根据儿童的行为和情感反应衡量的，如对诱惑的抵抗力和自我调节能力，儿童的气质和父母社会化是儿童道德系统变化性的来源，且恐惧和努力控制与更成熟的道德行为有关。学前期是良心情感发展的关键期，早期的良心观涉及一种内部化的机制，该机制可使儿童做正确的事，并在他们做出不端行为时产生不适感或内疚。[6]良心是由认知、情感、关系和其他过程组成的，这些过程对幼小的儿童怎样始终一致地根据行为标准进行建构和采取行动产生着影响。

六、道德作为文化规范

受人类学和社会学理论的启发，一些研究者用文化规范来定义道德。道德被视为包括了正义和伤害。人类学方法扩展了道德领域，道德还包括人际义务、家庭义务乃至社会义务。文化相关观点往往侧重于道德判断中的跨文化差异，以及对影响和变化来源的不同看法。根据社会学的观点，道德是依附于一个同

① KOCHANSKA G, AKSAN N. Children's conscience and self-regulation[J]. Journal of Personality, 2006, 74（6）: 1587-1618.

② JANSEN P W, ZWIRS B, VERLINDEN M, et al. Observed and parent-reported conscience in childhood: Relations with bullying involvement in early primary school[J]. Social Development, 2017, 26（4）: 965-980.

③ GOFFIN K C, KOCHANSKA G, YOON J E. Children's theory of mind as a mechanism linking parents' mind-mindedness in infancy with children's conscience[J]. Journal of Experimental Child Psychology, 2020, 193: 104784.

④ 李霞, 李文虎, 刘润香. 良心心理学理论对学生早期良心教育的启示[J]. 教学与管理, 2010（21）: 48-49.

⑤ KOCHANSKA G, AKSAN N. Children's conscience and self-regulation[J]. Journal of Personality, 2006, 74（6）: 1587-1618.

⑥ KOCHANSKA G, GROSS J N, LIN M H, et al. Guilt in young children: Development, determinants, and relations with a broader system of standards[J]. Child Development, 2002, 73（2）: 461-482.

质群体（如社会）的功能，而导致基本道德价值观不同的原因是文化差异。[①]海特（Jonathan Haidt）认为，道德取向是和群体联系在一起的，这些取向包括：伤害和关心，公平和互惠，群体和忠诚，权威和尊重，纯洁和神圣。[②]从群体的角度来看，道德是某一社会群体内一致的风俗习惯或某些行为倾向，社会阶层中的角色和地位等决定了他们的道德立场，道德既是一种心理特征，也是一种意识形态。[③]由此看出，道德作为一种文化规范，具有文化差异性和群体异质性。

从历史上来看，文化发展方法以"相对主义"的术语来定义道德，但这一研究领域也审视了道德的普遍性，例如，个人在不同的文化背景下都表现出公平和避免伤害的行为。文化是具有凝聚力和整体性的，很多研究者通过个人主义或集体主义的取向来进行划分，西方文化（如美国和欧洲国家）和非西方文化（如日本、印度、中国、中东国家和非洲国家）之间产生了二分法的道德差异。个人主义背景下的人倾向于自给自足、自力更生、独立、自由选择和自主，道德被理解为建立在权利和正义的基础上。相比之下，集体主义文化则以习俗、责任、服从权威和相互依赖为导向，道德被理解为基于责任和义务。

七、道德和伦理

此外，我们还需要区分两个概念：伦理（ethics）和道德，两者往往是杂糅和僭用的。伦理与道德是理解伦理学和道德学的关键性概念，二者在不同研究中经常是不加区分或是互用的。就词义而言，二者具有同源性，伦理和道德都是指历代传承的社会习俗和规约。但是，不少学者明确指出伦理与道德有着实质区别，古代往往更重视伦理而轻道德，后来康德区分了二者，认为伦理是社会约定俗成的外在规约，而道德是个人内在动机引发的"善"，道德学开始占据优势。[④]随后，学者认为二者不是割裂的，伦理和道德的差异可以表现为谁对谁有优先解释权的问题，如黑格尔将道德上升到伦理，而李泽厚则主张从伦理进入道德。[⑤]伦理学和道德学的发展趋势是实现离而不分的自由发展，二者既

① 张静，福尼耶. 涂尔干的德育理论留给我们什么：社会学家马塞尔·福尼耶访谈录[J]. 安徽师范大学学报（人文社会科学版），2020，48（1）：147-154.

② HAIDT J. The new synthesis in moral psychology[J]. Science, 2007, 316: 998-1002.

③ 黄峰，李赫，丁慧敏，等. 社会媒体大数据视角下经济发展对集体道德的影响模式[J]. 科学通报，2020，65（19）：2062-2070.

④ 先刚. 伦理和道德的张力[J]. 中国德育，2017（23）：11-15.

⑤ 陈赟. 儒家思想中的道德与伦理[J]. 道德与文明，2019（4）：29-41.

不可粗糙地杂糅，也不可独立。伦理和道德本身侧重点不同，但是互为基础，两者的分离会促使伦理学侧向于社会整体利益关系调节，道德学侧向于道德本身的个体德行塑造。①

在中国古代，"道德"之理统称"伦理"之理，伦理高于道德但又源于道德。伦理是建立在"礼"这一宗法等级制的人际关系及其秩序上的。一般来说，伦理就是一种人与人的关系及其秩序。例如，孟子提出的"人伦"，指"父子有亲，君臣有义，夫妇有别，长幼有序，朋友有信"。正所谓"伦理正则道德兴，伦理乱则道德衰"，伦理离不开道德，道德则是伦理关系稳定的基石，即当所有人有道德时，就可以更好地稳固社会伦理关系和以"礼"为主的社会结构和秩序。道德也离不开伦理，将道德从伦理关系中抽离出来，将造成对"道德"概念与社会成员应尽的道德义务的混乱。②伦理和道德无法完全割裂开来，二者互为基础，共同构成和谐社会的基础。

八、总结

道德没有一个统一且普遍被接受的定义。几个世纪以来，不同领域的研究者为此争论不休。道德的定义具有时空差异，我们不妨从传统社会文化的角度来追溯"道德"一词的根源。在我国古代文献中，"道德"一词多分开使用。"道，所行道也。一达谓之道。""道"的最初含义是指道路，被引申为一条指导人们行为道路方向的原则，后来进一步引申为人、物应普遍或必须遵从的规律和原则，乃至整个社会、自然的运行规律等。而"德"最初是指一种动作，后来将正直的行为称为"德"。道德这一概念的范围较广，在不同时代和社会背景下具有不同侧重点。

那么在当代社会背景下，对于年幼的儿童来说，"道德"的定义应该是怎样的，具体包括哪些内容呢？根据上述观念，简单概括了本书对儿童道德内涵的界定：

（1）儿童道德是一种对行为和事件的正确评价取向，尤其是能够区分好与坏；

（2）儿童道德意味着关心他人的福祉，克服个人私欲，即一种道德关怀和

---

① 李建华.伦理与道德的互释及其侧向[J].武汉大学学报（哲学社会科学版），2020，73（3）：59-70.
② 朱贻庭."伦理"与"道德"之辨：关于"再写中国伦理学"的一点思考[J].华东师范大学学报（哲学社会科学版），2018，50（1）：1-8，177.

利他意识；

（3）儿童道德包括在人际交往中的一切行为准则，包括诚信、公平、平等和关心他人权益等；

（4）儿童道德包括对身边人关心而采取亲社会行动的责任感，如关怀、友善、安慰、同情等行为；

（5）儿童在违背道德规范时，会出现诸如羞愧、内疚、恐惧等社会性道德情绪；

（6）儿童道德还应包括基于特定社会文化内涵下的道德内容，例如，在中国文化背景下，社会群体将文明行为视为道德行为。

第二节　道德研究的简史

道德的不同定义反映了指导其中心结构、测量、发展描述和结论的不同理论方法。然而，简单的定义并不能完全捕捉到道德的复杂性。近年来，道德研究的一个重要趋势就是人们开始从多学科整合的角度来把握道德问题，更多的道德理论研究者倾向于从跨学科整合的视角来建构自己的理论，相关研究人员也加强了在不同学科领域的探究交流，不仅为实践研究提供了更坚实的理论基础，也为道德教育实践工作提供多样化的观察视角和广阔的理念框架。[①]

从道德理论研究的发展历史来看，研究者的世界观总体分为了二元论、关系发展系统和具身性三种研究视角。因此，为了突出当前研究中不同假设的来源，我们回顾了传统的道德理论及当前的研究进展。目前，研究人员的道德理论根源于不同的理论基础，我们将一起回顾这些理论。

一、基于二元论方法的理论

笛卡儿（R. Descartes）的"分裂-机械论"观点导致了心理和行为之间的分

---

① 杨修平. 立德树人视角下的当代西方德育考察及其启示［J］. 西华师范大学学报（哲学社会科学版），2021（6）：102-108.

裂，解决个体道德问题的选择被限制在唯心主义或行为主义中。唯心主义者认为道德活动依靠的是人的"灵魂"或"精神"，精神是身体活动的动力，要达到道德智慧，必须依赖控制个体活动和思维的精神主体，心灵和身体迥然不同，心灵是独立的，不依赖于身体。①从笛卡儿的观点来看，心理历程被理解为一个主观的和内在的过程，它与外部客观世界的物体和人相对立。从这个角度来看，我们是如何理解他人或我们自身如何被他人理解就变成了一个难题，因为个人无法直接触及他人的内在思想观念。

（一）先天主义者的理论

先天主义和经验主义（行为主义包括在这一传统中）出现在研究个体心理发展的方法中，"天性vs教养"始终是人类发展的一大问题和争论。关于人类本性的早期研究，学者得出了不同的结论。在我国古代，就有人倡导儿童道德天性的问题，如孟子支持"性本善"，而荀子等认为儿童"性本恶"。在西方，托马斯·霍布斯（Thomas Hobbes）提出了"原罪说"（original sin），即认为儿童天生是自私的自我中心主义者，必须由社会控制，而卢梭（Jean-Jacques Rousseau）则提出了"性本善"（innate purity）说——儿童天生就有直觉的对错感，他们常常被社会经验误导。经验主义者则认为儿童的道德能力是后天环境所致，与天性无关。例如，约翰·洛克（John Locke）提出的"白板说"（tabula rasa），他认为婴儿的心灵是一块白板，全凭借经验来涂鸦，换言之，儿童生性无论善恶，他们的发展都仰仗怎样被养育和教育。

当然，这些观点具有一定的教育价值，但这些人是通过思辨的方法得出这些结论的，缺乏可靠性，这种先天论的主张并没有基于生物学理论，他们的理论与基因和发育之间的关系没有确凿的证据，也没有进行实证研究。因此，在很大程度上，这些理论属于唯心主义的范畴，其提出是社会变革所致或为了维持所处社会的稳定秩序。此外，关于天性和教养的争论还存在一种中间立场，大多数现代发展研究者都持这种立场。他们认为，天性和教养的贡献孰大孰小，要看所说的发展是哪个方面。但是他们更多建议应该摒弃绝对的天性对教养的二分法，而应思考如何把这两种影响结合起来，探究二者之间的共同相互作用如何导致儿童的发展变化，统一"为了个体"和"基于个体"的教育价值其取向。②

---

① 冒从虎，张庆荣，王勤田. 欧洲哲学通史［M］. 天津：南开大学出版社，1985：401.
② 白雪苹. 天性与人类发展：对心理学中人类发展天性观的理论和现实审视［J］. 广州大学学报（社会科学版），2017，16（8）：59-65.

（二）行为主义者的理论

一般认为，基于二分法的道德理论除了上述唯心主义或朴素自然主义的解释外，还有一个选择——行为主义。行为主义实际上是基于相同的世界观，也就是说，它假设精神和物质之间存在分裂，这是一种机械唯物主义决定论。根据华生（John B.Watson）和斯金纳（B. F. Skinner）所述，心理仅源自可被观察到的行为。华生进行了以行为调节为重点的动物实验，提出了经典性条件理论，为如何解释儿童习得道德的有关学习原理研究做出了一定的贡献，他否认遗传的作用，且极其主张教育和环境的决定性作用。斯金纳在经典行为主义理论的基础上，进一步提出操作性条件反射理论、强化理论和程序教学理论。斯金纳运用不良行为和惩罚、恐惧与焦虑的联结来解释儿童道德发展过程，他认为道德价值观与任何其他习得的行为（如语言习得和骑自行车）都受到同样的环境影响，儿童的道德行为就是在避免惩罚中习得的，并且奖励和惩罚都与道德意识及道德行为的获得密切相关。①

斯金纳的新行为主义理论强调外部环境的支持作用，但是也开始关注到了人的主动性，这为行为主义学说注入了新的生命力，也为后续大量道德理论的衍生提供了基础，具有一定的积极意义。但是，在某些方面它也存在缺陷，虽然他在一定程度上看到了行为和环境之间的关系，但是过度强调外部刺激（强化和惩罚）塑造的操作行为，忽视了认知对社会学习的重要作用以及人具有主体性和能动性的客观事实，表现出还原论和机械论的倾向。②行为主义理论漠视人类主体在精神状态、感情和其他方面的传统诉求，未认识到人类行为其实是"情境（conditions）、环境或遗传"的函数。③

理论和证据对二元论这种传统概念提出了质疑。它们认为，儿童作为独立的、以自我为中心的主体开始生活，他们必须以某种方式融入社会关系的世界。为了解决这个问题，研究者提出，个人要么必须将自己的主观因素投射到他人身上④，要么必须建构心理理论能力来推断他人外部行为背后的心理状态类型⑤。越来越多的现象学、语言学和具身系统理论的观点认为，幼儿和成年人

---

① SKINNER B F. Beyond freedom and dignity[M]. Cambridge: Hackett Publishing, 2002.

② 冯晓宁. 浅析斯金纳新行为主义伦理思想[J]. 内蒙古农业大学学报（社会科学版），2011, 13（5）：213-214, 217.

③ CHOMSKY N. The case against B.F. Skinner[J]. The New York Review of Books, 1971, 17（11）：18-24.

④ GOLDMAN A I. Simulating minds: The philosophy, psychology, and neuroscience of mind reading[M]. New York: Oxford University Press, 2006.

⑤ GOPNIK A, MELTZOFF A N. Words, thoughts, and theories[M]. Cambridge: Mit Press, 1997.

都是有主体性的人，他们能够直接体验物质世界和社会世界。接下来，我们将讨论从关系发展系统角度出发的道德发展理论。

二、基于关系发展系统的理论

关系发展系统方法不假设两个预先存在的实体（如天性和教养）之间的分裂，然后相互作用。相反，不可能孤立这些实体，也就是说，社会环境与生物学因素是不可分离的，所以我们不能寻找主要的影响因素。[1][2]复杂性从一开始就不存在；相反，复杂性是通过相互作用的过程出现的。

发育生物学的研究也表明，将生物学水平和社会水平区分开来并不容易；相反，两者是相互渗透的。例如，人类新生儿眼睛（眼神）的无助感和敏感性引发了父母的回应，并开始了一个系统内的双向发展过程。[3]这说明了生物层面和社会层面的相互渗透，因为婴儿的具体化特征和视觉系统在社会性的发展中起着重要作用。基于关系发展系统方法的理论描述的是，个体的社会过程是如何开始的，以及更复杂的互动模式是如何出现的。

（一）精神分析理论

基于潜意识和本能理论，弗洛伊德提出了与"禁忌""矛盾情感""俄狄浦斯情结"相关联的道德起源观，图腾和禁忌被视为个体社会关系和道德约束的基础。[4]弗洛伊德认为，道德起源于个体的"俄狄浦斯情结"，"超我"是俄狄浦斯情结消解的产物。[5]道德产生的基础是在图腾与各项禁忌的压抑下产生的道德焦虑和矛盾情感，这也是道德起源的心理原因，且图腾与禁忌在人的行为规范和社会秩序稳定上具有一定价值。[6]

弗洛伊德认为，道德发展是分阶段进行的，但在生命的最初几年，在四五

① LICKLITER R. The growth of developmental thought: Implications for a new evolutionary psychology[J]. New Ideas in Psychology, 2008, 26(3): 353-360.
② MEANEY M J. Epigenetics and the biological definition of gene x environment interactions[J]. Child Development, 2010, 81(1): 41-79.
③ CARPENDALE J I M, LEWIS C. Reaching, requesting and reflecting[C]//FOOLEN AD, Lüdtke U M, Racine T P, et al. Moving ourselves, moving others: Motion and emotion in intersubjectivity, consciousness and language. Amsterdam: John Benjamins, 2012: 243.
④ 弗洛伊德. 图腾与禁忌[M]. 车文博, 译. 北京: 九州出版社, 2014: 1-11.
⑤ 弗洛伊德. 精神分析导论: 弗洛伊德文集（第七卷）[M]. 张爱卿, 译. 北京: 九州出版社, 2014: 169.
⑥ 弗洛伊德. 图腾与禁忌[M]. 车文博, 译. 北京: 九州出版社, 2014: 1-3.

岁时，开始逐步达到良心发展的制高点，父母与儿童的早期社会关系为儿童的个性发展和道德形成提供了基础。儿童生来是自私的（不道德的），他们被寻求快乐的本能（ego）冲动所支配，遵循现实原则的自我和理想原则的超我逐渐发展起来，且极容易受到父母的影响。儿童超我的形成是以父母的超我为模型的。①在超我发展的儿童期，除亲社会行为规则和黄金准则之外，父母给孩子提供的很多规则和价值观都得到了不同程度的内化。因此，弗洛伊德的道德理论强调父母与子女关系在早期生活中的核心地位。此外，弗洛伊德谈到了理解"绝对律令"中内在相互作用的必要性，"绝对律令"指的是康德关于黄金准则的概念。弗洛伊德的发展理论并未阐释个体如何从内化父母规范的过程中遵循绝对律令。弗洛伊德的道德发展理论是建立在亲子关系的社会情感方面的，融入了超我（superego）的道德价值观，超我是人格结构中的最高成分，遵循着理想原则，维持着个体的道德感和完美主义。②

就道德而言，由弗洛伊德的观点可知，儿童期最重要的经历就是伴随着性器官发展所发生的事件，大概从4岁开始，这是儿童道德内化的重要催化剂，且男孩和女孩的内化机制不同。男孩的超我或良心通过父亲的标准和父亲关于服从的要求进行内化或结合而得以发展起来，女孩的道德行为更有可能受情绪情感的影响，而男性则更容易受到公平和正义的道德问题观的引导。儿童可能因受父母控制等体验到挫折，这些挫折会使儿童对父母产生不满情绪，但这种情绪会被担心受父母惩罚或抛弃而被压制，反过来，接受父母的价值观和规则可能获得父母的允许和喜爱。因此，他们将对父母的敌意慢慢转化为内疚形式，而避免内疚的唯一方式就是遵从父母的规则，防御自己产生违背这些规则的欲望。③

当前，这个领域的研究揭示了道德情感（如内疚感、羞愧感和移情）的发展、自我控制行为的出现和道德自我的出现，还包括气质对道德发展的影响以及儿童内化父母规范时抑制负面行为和促进正面行为的发展机制。良心被概念化为一种内部指导或自我调节系统，涉及道德情感和行为的整合。其重点在于探究父母与孩子相互适应的发展方向，使孩子掌握正确的行为，关心他人的立场及坚定地遵守义务。

---

① 弗洛伊德.精神分析新论：弗洛伊德文集（第八卷）[M].汪凤炎，郭本禹，译.北京：九州出版社，2014：60.

② 朱刚.二十世纪西方文艺批评理论[M].上海：上海外语教育出版社，2001：99-103.

③ 弗洛伊德.文明及其缺憾：弗洛伊德文集（第十二卷）[M].杨韶刚，译.北京：九州出版社，2014：132.

(二)社会学习理论

班杜拉(Albert Bandura)和麦克唐纳(F.J.McDonald)继承并发展了斯金纳的基础研究,于20世纪60年代提出了社会学习理论的方法。社会学习理论的基础是"三元交互决定论"(reciprocal determinism)(见图1-1),"交互决定"强调人(person)、环境(environment)和行为(behavior)三者之间的双向互动,三者的关系是动态发展的,而不是一成不变的。人、环境、行为是一个密不可分的整体,三者间的交互影响和作用模式会因情境、个体及获得形式的不同而出现变化,尤其强调人在这个整体因素中的作用。[1]个体的道德判断取决于社会学习,儿童正是通过自身的观察学习和社会环境的影响逐渐习得道德知识和行为。

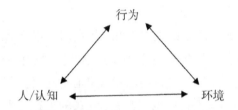

图1-1　班杜拉的"三元交互决定论"

资料来源:BANDURA A. Social foundations of thought and action: A social cognitive theory[M]. Upper Saddle River: Prentice Hall, 2001: 35。

1. 观察学习

与行为主义的观点相似,社会学习理论认为人们会重复那些得到强化的行为,而避免重复那些要付出代价或受到惩罚的行为。[2]这是一个有趣的悖论。他们假设:儿童通过模仿和观察来学习,而不仅仅是通过与强化相关的偶然性行为来学习。"替代性经验"是社会学习理论体系中的一个首要概念,亲身经验很重要,但是替代性经验同样发挥着重要功能。班杜拉和麦克唐纳使用的"禁止玩具"(forbidden toy)范式[3](要求儿童在没有成年人在场的情况下,避免接触玩具)的研究结果表明,儿童的道德是通过成年人的强制命令和向成年模范学习正确行为逐渐建立起来的。也就是说,儿童的道德发展需要纪律的约束,

---

① 徐欢,吴国斌. 班杜拉社会学习理论的德育价值探索[J]. 人民论坛,2015(2):208-210.

② BANDURA A, ROSS D, ROSS S A. Vicarious reinforcement and imitative learning[J]. The Journal of Abnormal and Social Psychology, 1963, 67(6): 601-607.

③ BANDURA A, MCDONALD F J. Influence of social reinforcement and the behavior of models in shaping children's moral judgment[J]. The Journal of Abnormal and Social Psychology, 1963, 67(3): 274.

纪律促使人的行为遵循道德规范。研究者从这个角度进行了广泛研究，集中在父母社会性、纪律策略的作用上，以及促使儿童行为符合成年人标准的环境模型，以此作为衡量成果道德内化的标准。

　　人类诸如语言、社会规范、情感态度等很多方面的学习，很难用刺激-反应或操作性条件反射来实现，观察学习可以解释大部分内容。一系列研究证明，观察学习对个体行为、情绪、认知判断都有影响，但观察获得的与实际表现的可以不同。观察学习的过程中，个体会主动地对所观察对象的行为具体特征进行编码，而不是简单、机械地模仿。个体所观察到的榜样的行为后果是影响其行为表现的重要因素之一，[①]除此之外，个体的选择性注意及其表现还与被观察者的自身情况有关，如榜样的性别、年龄、社会地位、声誉、熟悉程度、与儿童的情感联系等，也与示范活动的特点和实用价值相关。[②③④]

　　观察学习发挥如此巨大的作用，原因在于儿童的一种天性，即模仿。模仿是人具有的一种普遍存在的特殊能力，模仿学习好的榜样更能让人养成良好的社会道德和人格特征，而如果儿童观察到弄虚作假等行为受到宽容和表扬或鼓励时也能使其更快地变坏。儿童模仿学习的不仅仅是一个人的外在行为，还包括了一个人的情感、态度和价值观，以及表现个性的行为举止等。因此，榜样示范在儿童社会学习的过程中发挥着巨大力量。

2. 符号表征和自我调节

　　社会学习理论关于人的学习行为研究，源于行为主义，但不囿于行为主义。人的高模仿能力来源于高级认知功能——符号表征能力，人能在脑中把具体的变成抽象的，又把抽象的变成具体的，能在脑中将具体的视听信息表征出来，进行心理模拟。[⑤]符号涉及范围广，是人改变与适应环境的有力工具，[⑥]人会运用语词符号在头脑中表征外部和内部的各种事件。语言通过影响儿童的思维活

① BANDURA A, ROSS D, ROSS S A. Vicarious reinforcement and imitative learning[J]. The Journal of Abnormal and Social Psychology, 1963, 67(6): 601-607.

② MCCULLAGH P. Model status as a determinant of observational learning and performance[J]. Journal of Sport and Exercise Psychology, 1986, 8(4): 319-331.

③ BREWER K R, WANN D L. Observational learning effectiveness as a function of model characteristics: Investigating the importance of social power[J]. Social Behavior and Personality: An International Journal, 1998, 26(1): 1-10.

④ 袁文斌, 刘普. 榜样教育的理论依据与心理机制[J]. 河北大学学报(哲学社会科学版), 2010, 35(1): 122-127.

⑤ 喻丰. 有限自由的道德能动[J]. 心理研究, 2022, 15(2): 105-109.

⑥ 班杜拉. 思想和行动的社会基础: 社会认知论[M]. 林颖, 等译. 上海: 华东师范大学出版社, 2001: 25.

动，从而调节儿童的道德认知、情感和行为。语言是人们思维表征的第二个心理机制，道德教育工作可以充分运用儿童能进行思维表征的能力。

班杜拉假设，儿童具有按照行为的内在标准而发展和应用奖励和惩罚的能力，即自我调节（self-regulation）能力，这也是个人的自我强化过程。班杜拉认识到儿童并不只是对外部环境刺激做出单纯的被动反应，他们可以凭借经验推断和想象预期行为的诱因及后果，倾向性地选择作用于他们的刺激物，从而调节自身情感和行为。①自我调节由自我观察、自我评价和自我体验构成，观察之后做出评价，随之产生相应的自我体验。在教育过程中，需要提高儿童的道德认知能力，为正确的自我评价提供正确的价值标准，引导儿童进行适宜的自我评价，强调儿童对自己行为的内部归因，同时重视自我体验对道德能力发展的作用。自我强化可以是正强化（自我奖赏、自我鼓励），也可以是负强化（自我责备和自我否定），这种内在的自我评价和自我体验极大地影响着个体的动机状态。因此，不能过分使用外部奖惩来改变儿童的行为，需要看见儿童具有的自我调节能力，让儿童通过结果对自己的思想情感和行为施加某种影响。同时，行为的自我调节过程始终离不开教育者的引导。

3. 自我效能感

自我效能感（self-efficacy）是班杜拉提出的一个极具影响力的核心概念，是指个体知觉到的自己对某种领域特异性行为能成功或够达到某种结果的信念。②一般情况下，一个具有高度自我效能感的人倾向于挑战有难度的任务，并会不断弥补和提升自身能力，不断实现自我的社会价值。自我效能感在人类多种功能中起着关键作用，因为它不仅直接影响行为，而且能通过与其他因素作用发生影响，从而对个体在设定目标、预判结果以及感知障碍和机会等方面产生相应的影响。③

自我效能感被广泛运用于人类行为的研究当中，同样也运用在道德方面，尤其是对矫正不良品行具有积极意义。因为人只有在下决心改变并付出努力时，才可能改变自己的行为。自我效能感有助于激发个体的道德动机，影响个体在社会道德活动中的坚持程度，影响其在面临困难和诱惑时对坚持道义选择的韧

---

① BANDURA A. Social cognitive theory of self-regulation[J]. Organizational Behavior and Human Decision Processes, 1991, 50(2): 248-287.

② BENIGHT C C, BANDURA A. Social cognitive theory of post traumatic recovery: The role of perceived self-efficacy[J]. Behaviour Research and Therapy, 2004, 42(10): 1129-1148.

③ BANDURA A. Exercise of personal and collective efficacy in changing societies[M]// Bandura A.Self-efficacy in changing societies. Cambridge: Cambridge University Press, 1995: 1-46.

性和耐性。在道德教育的过程中，应关注儿童的进步并予以认可和鼓励，创造获得道德性体验的机会，提升个体的道德能力和自信心，激发其道德学习和实践的动机，增强道德行为的积极自我效能。[①]

儿童道德发展受到纪律约束、榜样示范及强化（包括直接强化、替代强化和自我强化）等方式持续不断地交互影响，其道德行为是内部因素和外部因素相互作用的产物。但是，社会学习理论更强调外部环境因素（环境、榜样等）对道德形成的作用。总体来说，社会学习理论蕴含丰富的德育价值，对开展德育理论与实践研究发挥了启发作用。

（三）道德认知流派的理论

20世纪30年代以来，道德认知发展的心理学研究经历了不断的继承和超越，先后经历了皮亚杰（Jean Piaget）、科尔伯格（Lawrence Kohlberg）和后科尔伯格三个时代，表现出强大的生命力。在每个发展阶段，道德认知发展研究都具有其独特的理论和方法论特征。

1. 皮亚杰的道德认知发展理论

皮亚杰是第一个系统地追踪儿童道德认知发展过程的人，虽然关于儿童道德发展的研究只是其研究体系中很小的一部分，但是他的研究范式和理论对后期的道德发展研究有较大的启发作用。皮亚杰认为，道德发展不是先天或生物决定的，即使道德判断和情感出现在生命的早期，但这是因为这些儿童经历了大量影响其发展的社会互动。皮亚杰的道德认知发展理论集中在道德判断方面，他采用对偶故事法考察了儿童对正误的判断以及对于"公正"的评价等；[②]同时，论述了与道德情感的相关内容，即儿童的尊敬情感、责任感以及对规则的态度等。

皮亚杰将道德的发生机制归结为个体经历大量的社会交往。儿童出生以来，就被一系列社会行为规则和不同的人包围，儿童对交往逻辑的认识或建构就是道德认识的发生过程。此外，皮亚杰认为，认知和情感是统一的，但是儿童对成人的情感反应是影响其是否接受成人的态度、价值观和规则的决定因素。从这一观念来看，亲子关系就显得格外重要。皮亚杰认为，儿童对爱的需求、对

---

① BANDURA A. Exercise of personal and collective efficacy in changing societies[M]// BANDURA A.Self-efficacy in changing societies. Cambridge：Cambridge University Press, 1995：1-46.

② PIAGET J. The moral judgement in the child[M]. Illinois：Free Press, 1932.

他人的畏惧感和尊敬感是影响儿童道德生活的主要情感因素。①此外，活动在儿童道德发生过程中起着中介作用，这与皮亚杰的认知发展理论相符合。离开了活动，道德就不可能发生，道德认知和道德情感的发生要通过个体的切身体验与外部道德主体的互动才能建构起来。

基于认知发展阶段理论，皮亚杰总结出了道德认知发展阶段论，即个体道德发展经历了前道德阶段、他律阶段、自律阶段和公正阶段，这主要是依据儿童对规则的理解和运用得出的。②0~3岁这一阶段的儿童处于前道德阶段（也称"无道德阶段"），该阶段对应认知发展的感觉运动阶段，其行为与本能的生理性满足有关，对问题的考虑主要以自我为中心，不顾规则，按照自己的想象去对待规则，有时幼儿也表现出对规则的接受，但往往是由于他们觉得有趣，并非把规则当作必须遵守的义务。第二个阶段是他律道德阶段（3~7岁），前运算阶段的儿童基本上处于他律阶段，以权威为导向。对于这一阶段的儿童来说，道德是不可更改的、神圣不可侵犯的、实在的行为规则，儿童会产生遵守成年人标准和服从规则的义务感。因此，皮亚杰也将这一时期的儿童称为"道德实在论者"，他们的是非标准取决于是否服从成年人的命令或判断。第三个阶段是自律道德阶段（7~12岁）。该阶段儿童开始认识到规则不再是外在的法则，也不是不可变更的规则，可以通过集体认同和斗争的力量改变成文或未成文的准则。

皮亚杰认为，社会判断的发展关系到一个建构性的过程，这个过程源于儿童在一个丰富多彩的社会世界中的互动。儿童在这种复杂和多方面的互动中，往往需要面对社会问题、冲突和斗争。皮亚杰强调社会互动的双向复杂因果关系：社会化绝不是单一原因的结果，如通过家庭教育和随后的学校教育等手段对儿童施加压力；相反，它涉及多种不同类型的交互作用的干预，有时会产生相反的效果。

2.科尔伯格的"三水平六阶段"论

科尔伯格认为，人的道德发展与人的认知活动及其年龄发展水平密切相关，强调道德判断、自我调节、自我控制等心理成分的作用。科尔伯格继承了进步主义的道德教育哲学思想，认为道德教育必须兼顾儿童与发展中的社会环境之间的交互作用，个体思维从低级向高级发展，他主张采用发展的方式来实施道德教育，用教学或课程促进儿童道德判断的高阶发展。科尔伯格的心理学基础

---

① 皮亚杰. 皮亚杰教育论著选 [M]. 卢睿，译. 北京：人民教育出版社，1990：103.
② 皮亚杰. 儿童的道德判断 [M]. 傅统先，陆有铨，译. 济南：山东教育出版社，1984：21-68.

来自皮亚杰的道德认知发展理论，认为心理是内外交互作用发展的产物，个体道德心理存在着一种结构性的发展阶段体系。

理性与道德思维是科尔伯格道德发展理论的核心所在。与皮亚杰一致，他认为道德发展其实是个体认知发展的组成部分，儿童道德成熟的过程主要表现为道德认知能力的发展，具体来说，道德认知能力的发展又依靠道德判断、推理和抽象逻辑思维能力的发展。[①] 在科尔伯格看来，道德性不是与生俱来的，而是个体认知发展和社会交往的建构结果。道德教育不是成年人通过简单的口头解释或实施奖惩就能获得的，而是一种儿童与社会和文化环境相互作用发展起来的道德认知结构，一个不断发展的人会主动建构社会环境，并赋予其意义。

在皮亚杰的研究基础上，科尔伯格开创了道德两难（moral dilemma）故事法，这是对偶故事法的发展，作为研究道德发展的重要方法，运用情境故事设置道德冲突并提出道德的问题，然后从其道德阐述中剖析个体道德发展水平。科尔伯格按照不同个体对道德两难故事的道德判断及推理，将人的道德发展划分为三种水平、六个阶段：一是前习俗水平，大约出现在幼儿园及小学低年级，该水平的儿童对是非善恶表现出敏感性，表现出权威导向和功利性，根据主体的行为结果或利害关系进行道德判断，其中包括"服从与惩罚"和"工具的相对功利主义"定向阶段；二是习俗水平，小学中年级开始出现，该水平的人对行为规范和社会秩序有进一步的正确认识，并能自觉维护与遵守，其中包括"人际协调"和"维护秩序或权威"定向阶段；三是后习俗水平，处于这一水平的人能不以法律与规则的要求为绝对参照，认识到规则和法律是为人而定，也应服务于人，开始以普遍的伦理原则和道德良知调节和指导自己的行为，其中包括"社会契约"和"普遍道德原则"定向阶段。[②] 而在此基础上，雷夫·艾斯奎斯（Rafe Esquith）在教育实践中，进一步总结出更加生活化的"道德发展六阶段论"：（1）我不想惹麻烦；（2）我想要奖赏；（3）我想取悦别人；（4）我要遵守规则；（5）我能体贴他人；（6）我有自己的行为准则并奉行不悖。[③] 这六个阶段分别对应柯尔伯格的六个阶段。

科尔伯格认为，个体的道德发展遵循着一种普遍的顺序原则，具有连续性

① KOHLBERG L, HERSH R H. Moral development: A review of the theory[J]. Theory into Practice, 1977, 16（2）: 53-59.

② KOHLBERG L. The philosophy of moral development: Moral stages and the idea of justice[M]. San Francisco: Harper & Row, 1981: 17-19.

③ 雷夫·艾斯奎斯. 第56号教室的奇迹: 让孩子变成爱学习的天使[M]. 卞娜娜, 译. 北京: 光明日报出版社, 2014: 30-43.

和阶段性,年龄和道德成熟具有紧密联系。他明确指出这六个阶段的顺序是不变的、不可割裂的,表明了道德发展的连续性,儿童道德发展的过程就是从量变到质变的螺旋上升过程。[①]同时,每一个具有道德认知能力的人都能发展公正的社会道德观或世界观。科尔伯格的理论也折射出个体道德发展的关键期,同年龄阶段的儿童对同样的道德两难问题几乎都做出了相似的道德判断和推理,幼年阶段往往以外部导向道德判断为主,慢慢转化为内部道德,应根据儿童在相应阶段的发展表现给予相应的环境刺激和引导,以推动其道德水平提升。

3. 社会认知领域理论

社会认知领域理论(Domain Theory of Social Cognition)是继科尔伯格之后在道德认知发展心理学研究中出现的一种重要的学术思潮,是"建构主义道德心理学的第三代"[②],第一代以皮亚杰为代表,第二代以科尔伯格为代表。

根据皮亚杰和科尔伯格的理论,在早期阶段,道德是由社会规范和权威定义的,只有在道德自主或后习俗思维的更高级阶段,道德才会取代习俗并独立运行。艾略特·特里尔(Elliot Turiel)是社会认知领域理论的创始人,曾是科尔伯格的学生并作为同事一起工作。20世纪七八十年代,随着科尔伯格的理论遭受大量批判,很多追踪研究发现,儿童道德心理的发展并不总是呈单向线性的增长。特里尔一方面继承其重要的学术观点,另一方面反对科尔伯格只研究儿童道德思维的形式而忽视道德思维的内容。社会认知领域理论强调道德认知水平对于道德整体发展的作用,并指出社会认知是在社会互动的过程中建构起来的,这与皮亚杰和柯尔伯格的观点一致。但是,特里尔认为社会规则具有多样性和异质性,道德领域不同于习俗领域,且人们在不同社会领域的认知发展规律和发展水平都有所不同。[③]

社会认知领域理论的研究表明,在儿童早期的社会交往中,他们就开始构建道德判断,并能将道德内容与社会习俗内容区分开来[④],已经可以通过推理辨

① KOHLBERG L. Continuities in childhood and adult moral development revisited[J]Life-Span Developmental Psychology, Pittsburgh: Academic Press, 1973: 179-204.

② SMETANA J G. Social-cognitive domain theory: Consistencies and variations in children's moral and social judgments[M]//KILLEN M, SMETANA J G. Handbook of moral development. Mahwah, NJ: Lawrence Erlbaum, 2004: 119-155.

③ TURIEL E. Domains and categories in social-cognitive development[M]// TURIEL E, MURRAY F B, DAMON W, et al.The relationship between social and cognitive development, New York: Psychology Press, 1983: 53-89.

④ TURIEL E. The development of social knowledge: Morality and convention[M]. Cambridge: Cambridge University Press, 1983.

别性质不同的领域，并采取相应的意识反馈。在个体与环境的相互作用中，儿童通过推理，对行为事件的性质进行分析和判断，进而抽象概括为不同领域的概念。[①]研究人员假设，在幼儿时期构建道德判断的过程很可能与移情和其他道德情感的发展有关。[②]幼儿能够建构道德判断，因为他们经历的涉及道德越轨的情况在情感上是显著的，他们将道德情感（如同理心或内疚）与这些越轨行为联系在一起。随着儿童道德理解能力的提高，他们开始认识到道德越轨行为是严重的，通常是错误的，应该受到惩罚。这种不断增长的认知理解很可能与更频繁的情绪预期水平有关。

特里尔指出，虽然道德规范着社会关系，但并非所有的社会规则都是道德的，有些规则可能在调节社会交往方面起作用，但缺乏道德规则的规范性和强制性基础。他将儿童置于社会文化背景中，首先区分了道德领域和习俗领域来看待儿童在道德、习俗领域中的不同表现。在此基础上，拉瑞·努奇（Larry Nucci）于1981年提出了个人领域的概念，从而形成了社会认知理论的三大领域：道德领域（moral domain）、习俗领域（conventional domain）和个人领域（personal domain）/安全领域（prudential domain）。

（1）道德和习俗领域。特里尔开始更深入地研究儿童青少年关于社会习俗的推理和有关公平及人类福利的道德概念间联系的理解，根据道德的哲学标准和社会习俗的社会学定义向儿童青少年提出关于社会行为的简单问题。特里尔认为，年轻人所表现出的道德和习俗观念起源于童年早期。他开始确定道德和习俗作为不同的概念框架出现的内容，并追溯它们的发展历程。特里尔和他的同事们提出如下问题："如果对（这项规则）没有规定是错还是对""如果（这个行为）没有规则，做（这个行为）还可以吗""如果在另一个社会，他们对（行为）没有规定可以吗"[③]。特里尔发现，儿童对这些问题的回答完全不同，这取决于所涉及的行为是否涉及伤害或不公平对待他人。

正如预期的那样，儿童将具有权威性的社会规范视为社会习俗行为，但他们对道德行为的判断不是基于行为本身对他人福祉和利益的影响。一般来说，道德领域的事件是关乎与伤害、福祉、权利、公平正义等有关的行为，这涉及自

---

① 刘春琼. 领域理论的道德心理学研究［M］. 上海：上海教育出版社，2011：38，65，194.

② HELWIG C C, TURIEL E. Children's social and moral reasoning［M］. Hoboken：John Wiley & Sons, Inc., 2011：475-479.

③ NUCCI L, POWERS D W. Social cognitive domain theory and moral education［M］//Handbook of moral and character education. New York：Routledge, 2014：137-155.

身和他人的福祉和利益关系以及社会的稳定。而习俗领域的事件（如称呼形式和餐桌礼仪）与不同社会文化背景下人们普遍认同的人际规范有关，旨在维持社会的正常运转。一些道德规范和价值观具有跨文化的普遍意义，是无条件必须遵守的，而社会习俗是在一定社会背景下建构的共同行为，习俗的使用情境具有相对性，其意义由所在的建构系统（如经济、政治、文化）决定。

在任何一个社会中，假若儿童要成为文化的参与者，就应当遵守一系列的社会规则和要求。比如，在公共场所要保持安静，避免大声说话；男生和女生要分开使用独立的卫生间；等等，这些都是社会习俗领域的例子。如果没有共同的规则，这些行为就无所谓是非对错之分。正是由于这一点，习俗被认为是武断的。例如，我们会简单地要求学生尊敬师长，不能直呼长辈名字。习俗领域不仅包括礼貌、仪式、待人接物的方式等，从性质上还可以划分出良俗、恶俗和中性习俗。[①]习俗在社会生活中发挥着重要作用，为我们创造了良好的生活秩序，它让我们的社会生活变得更加美好。没有既定的、共同的社会习俗，我们就不能组织社会机构，有组织的社会系统可能将不复存在。

道德和习俗作为截然不同的概念框架，它们解释了社会经验的本质区别和基本方面。支持这一主张的证据最初是在对学龄前儿童与同伴以及与成人互动的观察性研究中获得的[②]，随后在其他学前和小学环境中得到验证。[③]这些研究发现，与道德有关的互动倾向于关注这些行为对他人福祉的影响。[④]在道德事件中，儿童会以受害者、施暴者或第三人称观察者的身份体验这种互动。相反，围绕社会习俗的互动倾向于关注规范或规则的适用性以及关于规范的社会组织功能的反馈（如维持课堂秩序）。

道德的本质是关乎人们的福祉、公正和权利，当前关爱被逐渐纳入正义范畴之中，这些都是人际关系的内在特征产生的作用。道德领域的存在意义在于维护社会系统中的必要准则，相应地也要引导儿童认识到待人接物的正确做法、为什么要这样做以及这样做的意义。因此，道德行为的对错不是由社会共识或权威观点来简单决定的。习俗不是一成不变的，人们可以各种方式引导社会大

① 刘次林，钱晓敏. 领域理论与学校德育文化的改造[J]. 教育研究与实验，2018（3）：23-28.

② NUCCI L P, TURIEL E. Social interactions and the development of social concepts in preschool children[J]. Child Development, 1978（4）: 400-407.

③ KILLEN M, SMETANA J G. Social interactions in preschool classrooms and the development of young children's conceptions of the personal[J]. Child Development, 1999, 70（2）: 486-501.

④ TURIEL E. The Development of Social Knowledge: Morality and Convention[M]. Cambridge: Cambridge University Press, 1983: 100-157.

众的舆论，以此改变或解除一定时期的习俗规则，并适当调整社会系统的习俗价值观导向。社会习俗是协调社会互动行为一致性的规则，具有情境的相对适用性，是相对于社会情境的任意性行为。[①]

（2）个人领域和安全领域。道德和习俗领域区别于隐私和个人自行决定权的个人事务的概念。道德和习俗处理人际关系方面的规范，而个人问题的概念指的是个人私人生活方面的行为，如日记的内容和偏好选择的问题（如朋友、音乐、发型），而不是对错的问题。有人提出，建立对个人领域的控制源于在自我和他人之间建立边界的需要，这对建立个人自主性和个人身份至关重要。[②]

个人领域关系到儿童认识和区分自我、他人和社会的自然倾向，有助于儿童形成自主性和人格同一性，这是儿童道德和社会性发展的基础。[③] 个人领域的事件关注行为者自己，即主体的选择、认识和行为只作用于行为者自身，而对他人和社会团体影响较小。[④] 个人领域的事件与个体偏好、兴趣、需求或价值观有关（如穿衣打扮的选择、朋友选择偏好等），这也和自我与社会的认知界限有关，而这些认知界限是在儿童与社会成员的互动过程中形成的。[⑤] 与道德、习俗领域的价值取向不同，个人领域事件是关于个人喜好和自由选择的问题，一般不涉及对是非善恶的判断，而是一系列属于个体的特定合理权利。个人领域事件通常与社会性规则（习俗和道德领域事件）无关，人们自身掌握着选择的权利。

一般来说，年幼的儿童认为违反道德规范（如无端攻击、偷玩具）比违反社交习惯（如吃饭时把脚放在桌子上）更不正确，即使一个权威人物没有看到它们，也没有任何规则来禁止它们。学前儿童开始表现出对个人领域的初步意识，会通过类似"我想要这个"的表述来传达自己的愿望。随着儿童对道德要求和社会习俗的理解不断增强，他们开始相信某些选择取决于个人，而不是父母或其他成人。个人选择的观念，反过来又加强了儿童的不同道德理解。儿童对道德的理解不仅包含对个人应承担义务的理解，也包含对个人拥有权利的理解。儿

① TURIEL E. The Development of Social Knowledge: Morality and convention[M]. Cambridge: Cambridge University Press, 1983: 53-87.

② NUCCI L P, KILLEN M, SMETANA J G. Autonomy and the personal: Negotiation and social reciprocity in adult - child social exchanges[J]. New Directions for Child and Adolescent Development, 1996(73): 7-24.

③ NUCCI L P. Morality and the personal sphere of actions[M]// Values and Knowledge. New York: Psychology Press, 1996: 41-60.

④ NUCCI L P. Conceptions of personal issues: A domain distinct from moral or societal concepts[J]. Child Development, 1981, 52(1): 114-121.

⑤ NUCCI L P. Education in the moral domain[M]. Cambridge: Cambridge University Press, 2001: 12-31.

童早期已经萌发道德观念，他们对社会习俗和道德规则已经有了初步的分化，并随着年龄增长，开始利用个人意识来解决问题，而且能够理解行为背后的道德动机。

在此基础上，查尔斯·海尔维格（Charles Helwig）提出了安全领域，这被当作一个独立探讨的领域。安全领域不同于道德和习俗领域，它没有涉及社会互动，主要与自我、安全、健康等可能会对个人造成威胁的非社会性危害有关，[①]指给行为者本人带来潜在的或实际伤害的行为。可以将其归纳至个人领域，这在一定程度上也扩充了个人领域内涵。[②]

三、具身道德理论

行为主义道德理论强调经验和环境，建构主义道德理论强调人的理性成熟，但是它们都忽视了人的身体。[③]基于具身理论的道德理论与上述两种理论不同之处在于：一是它没有割裂社会和生理相互作用于个体道德发展的关系，且引入神经生物学的实证；二是它强调了身体机能和感受本身的重要性，身体和心理是不可分割的。

（一）具身道德理论的基本观点

1.具身认知理论的兴起

随着对认知科学的不断深入探究，具身认知（embodied cognition）理论兴起。相关学者认为，身体在塑造思想中起着核心作用。他们的理论起点不是致力于抽象问题的大脑，而是需要大脑来运作的身体。新兴的具身认知理论如下。

（1）认知是情境化的，认知活动发生在真实世界的环境中，它的本质涉及感知和行动。

（2）环境是认知系统的一部分，大脑和世界之间的信息流非常密集且具有连续性。

（3）认知的目的在于行动，大脑的功能是指导、调节个体的行动，而认知机制（如感知和记忆）需要从其指导的情境行为来理解。

（4）离线认知是以身体为基础的，即使脱离了一定的环境，大脑的活动也

---

① HELWIG C C. The development of personal autonomy throughout cultures[J]. Cognitive Development, 2006, 21(4): 458-473.
② 刘次林, 钱晓敏. 领域理论与学校德育文化的改造[J]. 教育研究与实验, 2018(3): 23-28.
③ 叶浩生. 身体的意义：生成论与学习观的重建[J]. 教育研究, 2022, 43(3): 58-66.

是建立在与环境相互作用的进化机制基础上的；等等。[①]

关于具身认知最常见的定义包括直截了当地宣称"身体的状态会改变心理的状态"。认知本质上与整个有机体的状态有关，与行动有关，具身认知理论将人的认知、身体的物理属性和感觉运动系统的体验紧密联系在一起，它的兴起是对抗身心二元论的结果。[②]

认知是基于身体与环境的相互作用，抽象概念与身体的感觉和运动系统有关。认知依赖于拥有具有特殊知觉和运动能力的身体体验，这些体验是不可分割地联系在一起的，共同形成了记忆、情感、语言和生活的所有其他方面都交织在一起的矩阵。[③④]身体的感觉和行动表征着个体的内在思想，认知过程植根于身体与世界的互动中，思想必须在它与和世界互动的身体关系背景下来理解，大脑不是我们解决问题的唯一认知资源，我们的身体和它们在世界上受思维和概念引导的运动执行了许多实现我们目标达成所需的工作。无论是低级还是高级的认知活动都与我们的身体联系在一起，不可割裂。

2.具身道德和具身道德教育

人都有一种通过身体表达自己的自然倾向，我们能通过观察理解他人通过身体行为和情感表达的东西。许多道德问题都涉及人的身体，人的身体行为和现状实质上是智力、情感和认知的自然表现，蕴藏着无穷无尽的表达能力。思维活动的产生与身体本身的力量是融合的，人是有思想情感的主体，能根据自己的自主意志和需要控制自己的行动和行为。[⑤]正所谓"身心合一"，这在认知领域主要表现为"具身化"的认知活动。[⑥]推理和直觉（无意识的理性）一样，不仅是一种与其他动物共有的进化能力，它还受到我们身体和大脑的塑造与束缚。身体与大脑思维互为一体，使得我们的理性主要是无意识的、隐喻性的和想象性的。思维是在与看护者的早期情感共同信号传递过程中形成的，它塑造了具形的概念，这些概念为我们的推理和想象提供了感觉运动的基础。

---

① WILSON M. Six views of embodied cognition[J]. Psychonomic Bulletin & Review, 2002, 9(4): 625-636.

② 叶浩生. 西方心理学中的具身认知研究思潮[J]. 华中师范大学学报(人文社会科学版), 2011, 50(4): 153-160.

③ LEUNG A K, QIU L, ONG L, et al. Embodied cultural cognition: Situating the study of embodied cognition in socio-cultural contexts[J]. Social and Personality Psychology Compass, 2011, 5(9): 591-608.

④ THELEN E, SCHÖNER G, SCHEIER C, et al. The dynamics of embodiment: A field theory of infant perseverative reaching[J]. Behavioral and Brain Sciences, 2001, 24(1): 1-34.

⑤ SCHWARZ-FRANCO O. Touching the challenge: Embodied solutions enabling humanistic moral education[J]. Journal of Moral Education, 2016, 45(4): 449-464.

⑥ 孙雨, 孟维杰. 具身道德的认知转向与文化维度[J]. 自然辩证法通讯, 2020, 42(10): 105-111.

早在1962年，梅洛-庞蒂（Maurice Merleau-Ponty）就提出道德是发端于身体之中的，身体是主体各种活动的外化表现，是塑造自我和世界的工具。①梅洛-庞蒂的现象学理论告诉我们，身体是语言和交流的中心媒介，一个人的经验和感受存在于他/她的身体和面部，并通过身体表达出来，从而直接传达给旁观者或身边的人。各学者在具身认知理论的基础上进一步提出了具身道德（embodied morality）或道德具身化的概念，意指身体体验同道德认知和道德情感体验等心理过程处于一体化的状态，强调身体及其活动方式与道德心理发展过程之间的互动性。②③一些常用的隐喻常常将抽象的意义制造与具体的身体体验紧密联系在一起，④道德、时间和人际温暖等抽象概念可以基于身体体验的隐喻。例如，我们把一个深情善良的人描述为性格温暖，而把一个行为越轨者描述为手脏，高兴时会感觉时间过得更快等。还有一些研究表明，身体越健康的学生践行爱国价值观的意愿越强烈，心理韧性越好，生活的积极性也越高；⑤当人感受到威胁时，更容易唤起其利己主义的思想；⑥等等。

具身道德教育是体现身体主体性的一种道德理念模式⑦，是针对"离身的"（disembodied）道德教育倾向提出的，即身心脱离的道德教育。人的心灵和身体是共生共存的，道德教育重在身体力行，而不是压制身体的过程。认知、情感和行为是统一的。正如中国古代道德教育常常提到的"修身"一词，"修身"强调身心一体、天人合一的道德养成，这就是一种具身道德教育的观念。具身道德教育将"认知"与"身体"（及其行动）有机统一起来，为有效克服道德教育知行脱节现象提供了支点。⑧当前道德教育存在"道德教育内容有心无身、道德教育形式有身无心、道德教育结果身心分离"⑨等二元的离身问题，从"离身"到"具身"是道德教育的应然转向。个体身心感受到的外界（如家庭、学校和社会）刺激反过来转化为自身身体的行为和内心体验，而外在身体和内在心

---

① MERLEAU-PONTY M. Phenomenology of perception[M]. London：Routledge，1962：3-10.

② 阎书昌. 身体洁净与道德[J]. 心理科学进展，2011（8）：1242-1248.

③ 陈潇，江琦，侯敏，等. 具身道德：道德心理学研究的新取向[J]. 心理发展与教育，2014（6）：664-672.

④ LAKOFF G，JOHNSON M，SOWA J F. Review of philosophy in the flesh：The embodied mind and its challenge to western thought[J]. Computational Linguistics，1999，25（4）：631-634.

⑤ 沈壮海，王培刚，王迎迎，等. 中国大学生思想政治教育发展报告[M]. 北京：北京师范大学出版社，2017：387，129+391-394.

⑥ HART J，SHAVER P R，GOLDENBERG J L. Attachment，self-esteem，worldviews，and terror management：evidence for a tripartite security system[J]. Journal of personality and social psychology，2005，88（6）：999.

⑦ 孙雨，孟维杰. 具身道德的认知转向与文化维度[J]. 自然辩证法通讯，2020，42（10）：105-111.

⑧ 姚茹. 具身道德的脑机制研究：具身德育的认知神经科学证据[J]. 中国特殊教育，2021（3）：91-96.

⑨ 沈光银，尹弘飚. 从"离身"到"具身"：道德教育的应然转向[J]. 全球教育展望，2022，51（2）：25-38.

理又互相作用于对方，这是一个综合的、整体的过程。

（二）三重道德理论

随着人类发展知识的增加和技术的进步，人们对人类行为的神经生物学也产生了兴趣。该部分内容主要是阐述道德发展的神经生物学理论——纳尔瓦兹（Darcia Narvaez）的三重道德理论（Triune Ethics Theory），它阐述了什么是最佳道德发展的基础。[①]三重道德理论是一种元理论，来源于麦克莱恩（Paul MacLean）基于进化角度提出的三重脑理论（Triune Brain Theory），该理论主张爬行动物脑、古哺乳动物脑和新哺乳动物脑分别对应了三种不同的道德动机类型，即安全（security）、卷入（engagement）和想象（imagination），它们是人类道德的基础，是从人类进化的生物倾向中产生的，这些功能受到文化和受文化驱动的育儿方式的影响。该理论强调大脑边缘系统和相关结构处理道德信息处理和调节道德行为的重要性，并指出早期经验影响儿童朝向社会道德世界的神经心理的发育和健全。安全道德处于原始阶段的初级进化水平，本质上是一种自我保护主义的道德，是由自我保护的本能所推动的，源自内在的防御系统，这种防御系统在强烈的压力反应下被激活；卷入道德属于中级进化水平，是基于关爱和社会性练习与他人发生情绪卷入，被称为下丘脑的内在情绪神经系统（visceral-emotional nervous system），这里出现大脑系统允许内部（学习）和外部（社交）的情感信号；对于新皮质的想象道德是高层次的道德功能，基于推理能力来适应持续的社会关系，这依赖于早期的培养，以实现个体的最佳发展。[②③]儿童早期支撑着大脑的道德和伦理行为架构，影响着个体道德人格和道德功能的发展潜力。

1. 安全道德

安全道德代表了人类最原始的道德观念。它植根于大脑最古老的部分，涉及 R-Complex 和锥体外系行为神经系统。哺乳动物的 R-Complex 驱动着领地意识、权力斗争、模仿、欺骗及对常规和先例的维持。与恐惧、愤怒和探索相关的情感系统也存在于此。例如，当安全受到威胁时，副交感神经系统可以触发战斗或逃跑反应（愤怒系统）；或交感神经系统可以引起瘫痪/冻结（恐惧系统）

① NARVAEZ D. Triune ethics: The neurobiological roots of our multiple moralities[J]. New Ideas in Psychology, 2008, 26（1）: 95-119.

② NARVAEZ D. Triune ethics: The neurobiological roots of our multiple moralities[J]. New Ideas in Psychology, 2008, 26（1）: 95-119.

③ NARVAEZ D. Embodied morality: Protectionism, engagement and imagination[M]. London: Springer, 2016: 32-33.

以减少疼痛和身体伤害的可能性。

安全道德主要基于这些本能，这些本能围绕着环境中的安全、生存和繁荣，这些本能是所有动物共有的，从出生就存在。自我保护的行为和价值观保护着个体和群体的生命。保护种群不受外界影响也是本能的，因为所有动物对陌生者都存在一种自然恐惧。在安全的环境中，R-Complex保持镇定，但当R-Complex在人类生活中感到威胁时，它会引发部落主义（tribalism）、竞争和暴徒行为，这些破坏大脑皮层活动的本能行为很难停止。当人类使用R-Complex进行道德决策（有意识或无意识地采取行动来保护自己或群体）时，它就变成了一种安全道德。如果没有其他伦理的调和，安全伦理就会变得冷酷无情，不惜一切代价达到安全目标，降低对其他甚至道德目标的敏感性。当人们担心自己的安全时，他们不太愿意帮助别人，且推理能力降低，因为身体能量（激素、血液流动）被安全（战斗或逃跑）动员起来。当威胁显著时，个人更容易被强人和对外人的强硬政策所吸引，从而很难关注其他人或事情。

广泛的儿童早期痛苦可能会建立一种基本体验——面对不确定性（不同的或不熟悉的）的不安全感，这会促进对世界的不信任和较少的共情观，结果也会表现在依恋障碍中。由于忽视或创伤，或由于不适当的情绪培养导致右脑发育受限，而形成的"压力脑"被认为会导致一种由安全道德基础上的默认系统支配的个性。默认系统的支配地位最容易在被忽视和青春期的孩子身上看到，他们对他人的反应是不信任、攻击和暴力，也很难做出亲社会行为。

安全道德是低级进化的一部分，由拟合度和自我利益驱动，对个人和群体的生存至关重要。它可以被描述为一种更原始的道德表达强调行动，似乎促进了生物体的一个关键目标——生存，其动机被视为道德需要。

2. 卷入道德

卷入代表着道德的核心。第二波大脑进化发展了大脑的核心组成部分——边缘系统和相关结构，也被称为"下丘脑-边缘轴上的内脏-情绪神经系统"。这些构造使哺乳动物"更聪明"，支持外部（社会性）和内部学习，它们对情感、认同、持续经历的记忆及个人对现实和真相的感觉至关重要。达尔文认为，这些是人类"道德感"的来源。

哺乳动物情感系统的功能依赖于早期护理。婴儿的神经系统是在延长的童年时期建构起来的，它依赖照顾/抚养者作为"外部心理生物学"的调节作用。随着大脑回应与环境的相互作用，婴幼儿逐渐发展成熟，从主要依靠外部调节逐渐转化为内部调节。哺乳动物的大脑通过生活中的依恋关系和社会过程来实现稳定，并形成相互适应彼此的心理状态。良好的早期护理、亲子关系和温暖教养是正常培育最佳社会成员及其道德品性必需的。婴幼儿早期受到温暖回应式的养育与儿童更好的良知和同理心有关。例如，二战中拯救犹太人的人，通常报告拥有积极的家庭环境。与勇敢的榜样相比，有爱心的榜样报告了更积极的童年经历，包括安全的依恋，这表明了早期生活的优势。不良的护理导致大脑结构、激素调节和系统整合的缺陷，导致与对他人产生更大的敌意和攻击性相关的大脑行为障碍、更大的抑郁和焦虑。

3. 想象道德

进化的第三个大脑层次涉及新皮质和相关的丘脑结构，也被称为"丘脑-新皮质轴上的躯体-认知神经系统"。它主要关注外部世界，提供解决问题和主动学习的能力。尽管不能自己产生情绪，但额叶已经成为情绪的最高控制中枢。想象的伦理主要表现在大脑的这些最近进化的部分，特别是前额叶皮层。前额叶皮层与大脑中每一个不同的单元相连，将来自外部世界的信息与器官本身内部的信息整合在一起。"三位一体"伦理理论认为，道德判断和决策的真正工作与审议头脑的本能、直觉、推理和目标的协调有关，也就是想象道德的工作。正如皮亚杰和科尔伯格指出的那样，作为想象道德的一种能力，协商推理依赖于外显记忆，并通过经验和训练缓慢发展。

想象道德依赖于一种支持人类选择哪些刺激可以触发唤醒情绪或系列动作的能力。想象道德根植于典型的左脑线性思维活动，以及对个体自我意识至关重要的其他方面。有意识的、深思熟虑的大脑允许个人考虑不同选择，选择在大脑潜意识部分培养特定直觉的活动和环境。当这样做是出于价值目的时，它反映了行动中的想象道德。想象道德依靠的第二种能力是框架行为的能力——解释过去和想象未来的能力，这有助于建立生活叙事和激励自我。文化叙事经常被采用并翻译成个人叙事，以推动行为。叙事可以促进和平或冲突，有利于社会或反社会的观点，并争取个人的资源来实现特定的目标和行动。

——以上内容节选自"Triune ethics theory and moral personality"①

三大道德成分根植于基本的情感系统，推动个体道德行为的发展，但是三类道德的发展均需要适宜的环境。卷入道德的开放性激发了助人和利他主义的想象力，而安全道德的封闭刚性则培养了防御和进攻的想象力。当卷入道德和

---

① NARVAEZ D, LAPSLEY D K. Triune ethics theory and moral personality[M]// NARVAEZ D, LAPSLEY D K. Personality, identity and character: Explorations in moral psychology. New York: Cambridge University Press, 2009: 136-158.

想象道德没有得到抚养者与社区的良好培育，或者有重大创伤时，安全道德就会成为默认行为系统。"三位一体"伦理理论强调在考虑道德功能时，关注到有机体、哺乳动物和人类的快乐本质的重要性。其主要贡献是指出初始条件对人类发展的重要性，以及这些条件如何影响大脑结构和回路，有时以微妙的方式影响个体的道德功能。想象力是个人必须具备自我调节（如自我抚慰）和与他人联系（如社会共鸣）的能力，其基础是在生命早期或随后的发展敏感期建立的发育良好的边缘和皮层结构。一个长时间独处的儿童，与一个和父母和兄弟姐妹和谐共处、未受到孤立的儿童相比，会形成不同的社会取向和对社会世界的不同理解。道德能力依赖于长期的家庭抚养和社会实践，这对促进卷入道德的系统形成的影响是持久的。

（三）综合伦理教育模式

综合伦理教育（Integrative Ethical Education，IEE）是一种面向各级教育者的道德教育模式[1]，它提供了一种有意的、整体的、全面的、经验派生的道德品格发展方法。IEE模式以三重道德理论为基础，旨在为培养个体参与伦理和想象伦理方面的专业知识提出指导，它以循序渐进的形式呈现，在理想情况下，这些步骤会同时发生。IEE模式建议新教师从第一步开始，在感到得心应手时，也须注重每个步骤。

1. 第一步：与每个学生建立关怀的联系

建立一种关怀的联系是任何师生关系的基础，也就是说，这是一种允许相互影响、互惠互利的关系，也是一种愉快的关系，允许开放的相互沟通和相互促进。理想情况下，家庭应为儿童提供深厚的情感滋养。但是，由于家长工作繁忙，教师成为重要的角色，与成年人的关爱关系是防止儿童遭遇不良后果的重要保护因素，首先是与家庭中的一个成年人，其次是与家庭外的成年人。为什么关爱如此重要？人类作为一种社交情感动物，在进化过程中，关爱关系和情感投入成为生存的必需品。也正是通过关怀的关系和支持性的氛围，个体参与道德得以形成和发展。

2. 第二步：创设一个支持成就和道德品格的氛围

儿童通过观察和与成年人的直接接触来学习道德，脱离了大多数成年人的

---

① NARVAEZ D. Integrative ethical education[M]// KILLEN M，SMETANA J G. Handbook of moral development. Mahwah, NJ: Lawrence Erlbaum, 2006：721-750.

日常生活，被置于学校这种人工的学习环境中。今天，儿童的社交生活围绕着教室和学校展开。在这里，他们学习如何与同龄人相处，如何参与团队工作和决策，如何成为一个公民，以及许多其他技能，他们将这些技能带进成年期，"为社会生活做准备的唯一方法就是参与社会生活"①。学校应该被构建为一个集智力和道德训练于一体的社会机构。具体来说，环境氛围与人们如何对待彼此、如何一起工作、如何一起做决定、鼓励什么样的感情、培养什么样的期望有关。事实上，有爱心的学校和教室有一些特定的特点，这些特点会给学生带来多种积极的结果。根据Solomon等的研究，有爱心的学校和课堂社区具有以下特征：学生能够表现出自主性、自我导向，并影响教师的决定；学生之间积极互动，合作讨论课程内容和课堂规则；学生接受社会技能培训；教师对学生表现出热情和接纳，提供支持和积极的榜样；教师为学生提供了多种互相帮助的机会等。②

3. 第三步：使用新手到专家的教学法，在课堂和课外教授道德技能

伦理知识学习包括在至少四个领域发展适当的直觉和复杂的审议：伦理敏感性（ethical sensitivity）、伦理判断（ethical judgment）、伦理焦点（ethical focus）和伦理行动（ethical action）。IEE模式提出了四个过程的技能和子技能，这些技能对于社交和情商及创造良好的生活是必要的，对于培养积极的全球公民也是至关重要的。为了维护国家和人民之间的和平，所有公民都需要这些特征。在一个多极化的世界里，教育工作者可以帮助儿童尽量减少安全伦理，培养参与伦理和想象伦理（见表1-1）。

表1-1 伦理技能

伦理敏感性	伦理判断	伦理焦点	伦理行动
理解情感表达	理解道德问题	尊重他人	解决冲突和问题
接受别人的观点	使用准则和确定判断标准	培养良心	主张尊重
联系他人	批判性推理	助人	成为一个主动的领导者
应对多样性	道德性推理	成为社会成员	计划实施决定

---

① DEWEY J. Moral principles in education[M]. Carbondale: Southern Illinois University Press, 1975.
② SOLOMON D, WATSON M S, BATTISTICH V A. Teaching and schooling effects on moral/prosocial development[M]// Richardson V. Handbook of research on teaching. Washington, DC: MacMillan Reference Books, 2001: 566-603.

伦理敏感性	伦理判断	伦理焦点	伦理行动
控制社会偏见	理解后果	发现生命（活）的意义	培养勇气
解释情况	反思过程和结果	重视习俗和制度	不屈不挠
顺畅交流	应对和韧性	发展伦理认同和正直性	努力工作

资料来源：NUCCI L P, NARVAEZ D.Handbook of moral and character education[M]. New York：Routledge, 2014：319。

道德素质应该如何建构？就像训练专业知识一样，教育者既要培养直觉思维，也要培养深思熟虑思维。直觉思维是通过模仿榜样和环境的适当反馈来培养的。深思熟虑思维可以在调节行动和如何为直觉发展选择良好的环境中得到训练。通过提供理论解释和对话机会，深思熟虑思维建立理解。通过提供一个宏大的亲社会叙事，儿童内化了一个个叙事，而深思熟虑思维的想象力参与了带来这种叙事的活动。学习涉及一个通过选择性注意和将新的信息与先前的知识联系起来，以转换一个人的概念结构，最佳实践指导应为学生提供机会，发展更准确和更好的组织表征与程序技能。为了做到这一点，儿童必须对他们学的每一项技能都经历一种专家培训教学法。教师可以根据以下四个层次的活动设计课程来帮助学生发展适当的知识。

第一层次：沉浸于榜样和机会中。教师提供模型和目标的建模，使学生注意到学科领域的"大图"，并帮助学生学习识别基本模式。

第二层次：注意事实和技能。当学生练习子技能时，教师将学生的注意力集中在该领域的基本概念上，以便构建更详细的概念。

第三层次：练习程序。教师允许学生在整个领域尝试许多技能和想法，以建立对技能之间的联系及如何最好地解决该领域问题的理解。

第四层次：整合知识和程序。学生理解各种指导或寻找信息来继续建立概念和技能。技能和知识在许多情况下会逐渐被系统地整合、应用。[①]

4. 第四步：培养学生自我创作和自我调节能力

柏拉图认为，人类的存在是自我的问题，即品格发展的最终责任在于个人。在他们的选择和行动、取向和时间分配中，每个人都在思考这些问题：我应该

---

① NARVAEZ D, BOCK T, ENDICOTT L, et al. Minnesota's community voices and character education project[J]. Journal of Research in Character Education, 2004, 2（2）：89-112.

成为谁，谁是我的榜样，我该如何做到？在丰富的道德环境中，学生需要培养品格的自我调节能力。但是，在一个人能够自我监督、通过明智地选择朋友和活动来保持美德之前，他需要导师来培养他的品格。个人不仅可以在技能和专业知识方面得到指导，还可以在特定领域的自我效能和自我调节方面得到指导。[①]儿童可以学习道德专家拥有的元认知技能，如引导一个人远离诱惑，当精力耗尽时自我鼓舞，选择或重新设计一个环境以最大限度地实现目标。自我调节一直是生物进化和发展的核心驱动力[②]，且自我创作是生命系统实现的[③]。自我实现是进化的驱动力，尤其是人类的进化[④]。

5. 第五步：重建"村庄"(Village)：资产建设社区(Asset-Building Communities)和协调发展系统

人类的美好生活不是孤立存在的。作为社会性动物，一个人不可能孤立地成长，儿童将受到一个由大孩子和成年人组成的"村庄"的影响。综合伦理教育是在社会中实现的，并与社会共同实现。社会环境建构和滋养着个人独特的道德声音，为儿童提供道德成长支柱，并在培养美德时提供引导。儿童正是在社区中实践和磨炼他们的道德能力。事实上，柏拉图和亚里士多德都认为，一个好人首先是一个好公民。真正民主的伦理道德教育应赋予所有参与的人以权力，教育者、社区成员和儿童共同组成了一个学习社区，个人和社区的实现必须发展人的伦理技能和自我调节能力。

——以上内容节选自 *Handbook of moral and character education*[⑤]

总的来说，具身视角下的道德理论既强调了道德进化和产生的神经基础，同时又强调道德学习主体身心体验的同一性，以及影响身心体验的外部环境。作为教育者，我们应该注重儿童的内部心理体验和外部身体反应，加强儿童生活空间（家庭、学校和社区的各个层面）之间的联系，为儿童的社会性发展建构有机联系的活动环境。生活在协调系统中的儿童具有社会适应的优势[⑥]，一个

---

① ZIMMERMAN B J, BONNER S, KOVACH R. Developing self-regulated learners[M]. Washington：American Psychological Association，1996.

② DARWIN C. The descent of man[M]. New York：D. Appleton，1871.

③ VARELA F, MATURANA H, URIBE R. Autopoiesis：The organization of living systems, its characterization and a model[J]. Biosystems，1974，5（4）：187-196.

④ MASLOW A H. Motivation and personality[M]. New York：Harper，1954.

⑤ NUCCI L P, NARVAEZ D. Handbook of moral and character education[M]. New York：Routledge，2014：316-321.

⑥ BENSON P L, LEFFERT N, SCALES P C, et al. Beyond the "village" rhetoric：Creating healthy communities for children and adolescents[J]. Applied Developmental Science，1998，2（3）：138-159.

孩子成为什么样的人，在很大程度上是由社区、家庭和文化之间的动态互动决定的，有爱心、温暖的高期望社区和积极参与的成年人更有可能培养出有道德责任感的公民。

第三节　关于道德研究的争论

纵观古今，道德始终是一个热点话题，各学科和各领域的研究者都热衷于道德问题的研究。尽管百家争鸣，但概括来看，大多数研究聚焦于"理性与情感""道德的文化相对性和文化普遍性"这两大主题的争论，学者各说其词，但又相互交叉渗透。

一、理性与情感

道德哲学中持续不断争论的"理性与情感"，一直延续到心理学理论，它集中于探讨两个方面的内容：一是集中于道德行为/决策上，争议理性和情感在道德实践和决策中发挥的作用和重要性；二是在道德认知/判断上，讨论理性和情感在道德判断中的不同作用。在道德哲学领域，康德和休谟分别为理性与情感的倡导者，他们在理性和情感不同立场上相应的陈述中具有相当的影响力，现今也有不少学者还在讨论其观点。一方面，康德的道德传统强调的原则是个体通过理性来指导道德决策，而不是通过情感来决定的；另一方面，休谟的道德传统将情感而非理性视为道德的根基，同情是道德行为的根本动机。在道德心理学领域，科尔伯格是道德理性主义倡导者，而吉利根（Carol Gilligen）、内尔·诺丁斯（Nel Noddings）等则强调道德关怀，是典型的情感主义者。但是，在当下流行的道德理论中，道德认知和道德情感处于融合发展的趋势，即认为道德理性和道德情感是相互交织、互为影响的，共同作用于个人的道德行为实践及道德判断。

虽然哲学家仍在争论情感和理性在道德中的作用，但是有几位哲学家提出，道德必须从问题实质的角度来分析，人们通过理性的过程来做出判断，但情感是判断和推理的重要方面。其中，努斯鲍姆（Nussbaum）[①]、格沃斯（Gewirth）[②]及哈贝马斯（Habermas）[③]等分析和考量了道德问题的实质，确定了道德一般包括正义、权利和公民自由，以及促进人类福祉和平等这些组成部分。虽然这些道德哲学家并不是都持统一立场，但是他们有共同的基本前提，其中一个与心理学模式相关，就是人类具备思考和推理的能力。正如努斯鲍姆所言，"人类首先是有理性的，而且……理性的尊严是人类平等的主要源泉"[④]。这也符合强调道德推理，阿马蒂亚·森（Amartya Sen）在论述经济发展和人类自由时，主张"正义"包括判断、思维和推理，"正是推理的力量使我们思忖我们的义务和理想，以及我们的利益和优势。否认这种思想自由，就等于严格限制我们的理性能力"[⑤]。可见，公平、正义之类的理性主义道德受到学者们的推崇，理性是人的高级思维方式，也是道德判断和决策的基础，但是理性并不是道德唯一的驱动机制。

当然，也不乏道德情感主义的观点，很多学者在强调理性的同时，也强调道德情感。道德情感主义伦理学创始人沙夫茨伯里（Shaftesbury）首先提出了"道德感"[⑥]，休谟、哈奇森（Francis Hutcheson）、亚当·斯密（Adam Smith）等则进一步发展了他的道德情感主义观点。此外，不少现当代的哲学家仍然强调情感的道德地位。在约翰·L. 麦基（John L. Mackie）的道德哲学中，他通过相对性论证和怪异性论证展开对客观道德价值的拒斥，使得部分道德反实在论者、非认知主义者特别是情感主义者接受他的观点，同情在他的道德哲学理论中具有关键性地位，它是情感投射的基础和规范伦理构建的目的。[⑦]迈克尔·斯洛特（Michael Slote）是当代西方情感主义伦理思想的集大成者，认为移情为正确的行动提供了基础。他如休谟一般高度捍卫道德情感主义，并创立了以移情为基础的情感主义认识论，推进了道德情感主义的理论构建高度，并为道德情感

---

① NUSSBAUM M C. Sex and social justice [M]. New York：Oxford University Press，1999.

② GEWIRTH A. Human rights：Essays on justification and applications [J]. Ethics，1982，94（2）：324.

③ HABERMAS J. Justification and application [M]. Cambridge，MA：MIT Press，1993.

④ NUSSBAUM M C. Sex and social justice [M]. New York：Oxford University Press，1999.

⑤ SEN A. Development as freedom [M]. New York：Knopf，1999.

⑥ 沙夫茨伯里. 人、风俗、意见与时代之特征：沙夫茨伯里选集 [M]. 李斯，译. 武汉：武汉大学出版社，2010：152.

⑦ MACKIE J L. Evil and omnipotence [J]. Mind，1955，64（254）：200-212.

主义理论注入了"先天"的成分，集中体现了传统道德情感主义在当代哲学语境中的创新和发展。①②此外，斯洛特还用中国哲学的"阴/阳"说建构认识论和宇宙论，把知识信念和道德态度都建立在人的道德情感品质方面。③④

在道德心理学领域，理性和情感的争议依然存在。科尔伯格推崇道德理性主义，其学生卡罗尔·吉利根（Carol Gilligen）批判继承了其理论。⑤吉利根最初与科尔伯格一起研究道德发展，但是她很快发现了科尔伯格理论中的缺陷。她认为，科尔伯格的研究是基于对享有特权的白人男性的研究，这一事实造成了他的理论漏洞。于是，吉利根指出，科尔伯格的理论存在一定的男性偏见，道德表现具有性别差异，男性更强调公平和公正之类的抽象概念，而女性则更强调关爱和人际关系，提倡建立一种注重互动关系的新道德概念。⑥吉利根用访谈的方法研究女性的自我意象、道德观念和选择上的困境，结果发现女性确实在道德观念、思考方式与行为方式上和男性存在差异，这促使她将道德发展理论概念化，其理论更加关注人与人之间的情感联结，强调个体的道德情感体验，关怀被当作是一种重要的道德教育方式。⑦

吉利根的女性道德观并不像科尔伯格那样从对与错的角度来看待道德困境，而是从责任的角度来看待困境。她注意到，解决道德困境需要"情境性和叙事性的思考，而不是形式化和抽象的思考"。与科尔伯格一样，吉利根描述了道德发展的三个阶段（见表1-2），但她的阶段划分不是严格不可逾越的，她认为个体的道德成长是一个流动的、灵活的过程。科尔伯格和吉利根的理论为教育者理解学生的道德推理方法奠定了宝贵的基础，并为支持他们发展道德思考技能提出了策略。了解科尔伯格的阶段论可以帮助幼儿教育工作者理解幼儿如何处理道德困境，例如，一个受规则约束的幼儿将很难在更高层次的道德推理基础上思考其他选择。而吉利根的情感道德则拓宽了道德的内容，提升了关怀道德的影响力。

---

① SLOTE M. Moral sentimentalism[J]. Ethical theory and moral practice, 2004, 7(1): 3-14.

② SLOTE M. The ethics of care and empathy[M]. New York: Routledge, 2007: 2-5.

③ SLOTE M. The philosophical reset button: A manifesto[J]. Dao, 2015, 14(1): 1-11.

④ SLOTE M. Yin-Yang and the Heart-Mind[J]. Dao, 2018, 17(1): 1-11.

⑤ GILLIGAN C. In a different voice: Psychological theory and women's development[M]. Cambridge: Harvard University Press, 1993: 2-9.

⑥ GILLIGAN C. In a different voice: Psychological theory and women's development[M]. Cambridge: Harvard University Press, 1993: 13-36.

⑦ GILLIGAN C. In a different voice: Women's conceptions of self and of morality[J]. Harvard educational review, 1977, 47(4): 481-517.

表1-2　吉利根的道德发展阶段理论

阶段水平	特征	道德决策道德方式
Ⅰ：前习俗水平	道德聚焦于生存	专注于自己的需要
Ⅱ：习俗水平	道德包括对他人的责任，自我牺牲被认为是可取的	优先考虑照顾他人的责任，有时以牺牲自己的利益为代价
Ⅲ：后习俗水平	道德包括努力保护自己和他人	不伤害自己或他人，自我的需要和他人的需要同等重要。避免冲突和保持关系是首要任务

资料来源：COUSE L J, RECCHIA S L.Handbook of early childhood teacher education［M］.New York：Routledge，2016：153.

吉利根过分强调性别的道德差异和无视社会文化背景，其道德理论也受到大量抨击。后来，诺丁斯将其理论丰富、发展并形成完整体系——关怀伦理学体系。她们的道德理论更关注情感在道德发展中的作用，强调建立和维持关怀关系，以关怀为核心组织道德教育。这也掀起了道德情感研究的热潮，成为道德教育领域的第三股浪潮，情感在道德教育中日益受到重视，在国际范围内得到广泛关注和认可。

进行21世纪以来，关于如何构建道德情感和道德认知在人类道德中的作用这一争论经历了一场复兴。虽然这个问题仍未得到解决，但有一个共识，即普通的道德观念和道德情感是联系在一起的。例如，努斯鲍姆认为道德情感（如同情或内疚感）会影响一个人对公平和关怀规范的规定性的理解。[1]发展研究人员斯梅塔娜（Judith G. Smetana）等也开始呼吁对道德认知和道德情感及其在人类发展中的出现进行综合研究。[2]虽然道德判断被认为是儿童道德的核心，但阿塞尼奥（William F. Arsenio）等声称道德情绪有助于儿童预测社会道德事件的结果，并相应地调整他们的道德行为。[3]

在道德认知和道德行为的研究中，对道德情感的重视也在理论和实证工作中得到了强调，并朝着整合的实证研究趋势发展。思想、情感和行为是交织在一起的：行动是思想的基础和思想的发展，而思想又反过来以行动作为反馈。思想和情感在本质上是相互联系的，也就是说，它们是一个系统中相互依赖的

---

[1] NUSSBAUM M. Upheavals of thought: The intelligence of emotions［M］. Cambridge, MA: Cambridge University Press, 2001.

[2] SMETANA J G, KILLEN M. Moral cognition, emotion, and neuroscience: An integrative developmental view［J］. European Journal of Developmental Science, 2008, 2（3）: 324–339.

[3] ARSENIO W F, GOLD J, ADAMS E. Children's conceptions and displays of moral emotions［M］// KILLEN M, SMETANA J G. Handbook of moral development. Mahwah, NJ: Lawrence Erlbaum, 2006: 581–609.

部分。道德情感被认为是有自我意识的，因为它们以通过自我评价获得的对自我和他人之间关系的理解为前提。换句话说，对这些情绪的预期预设了观点采择的认知能力，从而表明道德情绪和道德认知是相互依存的，道德情绪评价是考虑他人和自身反应的推理的一部分。然而，到目前为止，它们之间的研究还没有得到很好的整合，少数已发表的研究主要集中在某种特定的道德情绪，如内疚、羞愧和骄傲等，以及它们与道德判断的关系上。每种道德情绪都可能遵循不同的发展轨迹，我们如何描述这些概念上的区别，以及它们如何促进道德情感和道德认知之间关联的整合教育都是未来要考虑的问题，知情合一是知情意行统一的重要环节。

二、道德的文化相对性与文化普遍性

道德是否与社会制度、文化甚至个人有关，或者道德是否可以普遍适用于各种情况也是传统道德争论的问题，因为道德涉及对我们应该如何对待他人和人际互动关系的实质性判断。文化和背景问题是道德研究的基础，在过去的几十年中，在如何对这些问题进行概念化和研究上发生了巨大变化。文化在许多方面都至关重要，文化规范和意识形态通常为考虑谁值得或应该受到公正待遇提供参照框架，这体现在人格概念、动物的地位、人类与自然的关系及道德决定的许多其他基本成分上。从概念上讲，文化意识形态如何构成、影响和促进道德发展的问题仍在广泛争论中。

但是，根据文化规范来定义道德具有相对主义的风险或错误。人类学家斯皮罗（M.E. Spiro）指出："不能将自身的价值观强加于其他群体和文化，每个社会都有自己的道德规范。这种相对主义的形式实际上是对宽容的呼吁，而不是对任何事情的极端形式。"[1]文化相对论的推论之一，就是对一种文化中的信仰和行为，不能使用另一种文化中的标准来进行有意义的评价。[2]文化相对论之所以受到争议，是因为它可能被指责为道德相对论，即人类学家不能或不愿表态他们在道德问题上所持的立场。[3]此外，世界各地的大多数人认为种族灭绝、侵犯人权和挑起战争等是错误的，因为它们涉及对他人造成痛苦伤害、对国家

① 斯皮罗. 文化与人性[M]. 徐俊, 译. 北京: 社会科学文献出版社, 1999: 58.

② 李辉. 普遍论或相对论: 中国学前教育改革之文化学反思[M]// 朱家雄. 中国视野下的学前教育. 上海: 华东师范大学出版社, 2007: 60.

③ 姜勇. 国外学前教育学基本文献讲读[M]. 北京: 北京大学出版社, 2013: 261-262.

社会造成损失。与此同时，支持普遍主义并不意味着文化规范不重要，或者文化对道德没有影响。文化规范在人类日常生活中提供了挑战和障碍及保护性因素，必须结合道德理解文化规范。使用广泛的类别（如用个人主义与集体主义）描述文化，在过去的几十年里已经逐渐减少。相反，研究人员愈加关注群体文化内部的研究，并研究了不同的道德特征如何在文化多样性的社会和具有差异性的个体内部共存。

道德相对主义观点否定道德普遍主义，其核心观点是鉴于世界上的各种文化普遍存在的差异，尤其是东西方文化，双方之间存在本质上的原则差异。其实，这种差异不仅存在于东西方文化中，各种亚文化群体中也存在着大大小小的差异。因此，不同地区的政治、经济、科技、文化等都与其相应的社会道德准则联系在一起，道德标准或道德观念因不同社会的发展水平和历史因素而不同。进而，每个人的社会经济地位、家庭教养环境等都不相同，那他们及其子女在道德发展条件上的差异也会形成不同的道德观，道德就成为一种相对性的价值观念。道德相对主义认为一切价值观都是主观的和相对性的，这也导致了理解其他人和其他社会的距离性和不可观测性。因此，从哲学的角度来看，道德相对主义具有形而上学的意味，极端的道德相对主义将会导致道德虚无主义。[①]

人类是否存在着相同的道德发展秩序和共同的道德原则呢？如果有，那么这种共同的发展秩序和道德原则是否适用于跨文化地区，又是如何适用的？阶段论者（如科尔伯格）一般认为，道德的发展次序是普遍使用的，顺序是不可逆的和跳跃的，且适用于特定社会发展背景下的所有正常人。一些文化相对主义的信仰者一方面承认人类具有共同的普遍理性原则，另一方面又否定由此产生的道德原则的普遍适用性。虽然价值观具有个人相对性和文化相对性，但是我们不能因此否定一个合理的道德原则的普遍存在及其实际意义。因为在某些时候，一个社会信仰和推崇的理念本身可能就不是合理的。所以从某种程度来看，我们的世界中存在着一些人人应当遵循的普遍伦理法则，并且这种意义的道德标准不是一种文化霸权，重要的是我们也需要这种共同的法则来维系世界合理运转与维护人类的幸福和利益。我们不能以民族文化的差异来否定遵循共同道德价值观的必要性。这也符合当前全球化的发展趋势，我们需要承认、遵循并实践那些我们都认可的道德观念，在保持多元性的基础上建立普遍的道德观念和实践体系，推动世界和谐共生。

---

① 王晓升. 道德相对主义的方法论基础批判：兼谈普遍伦理的可能性 [J]. 哲学研究，2001（2）：25-31.

文化心理学认为，文化组织具有一致和相互联系的模式，把文化在广泛意义上划分为集体主义和个体主义。实际上，这种观点与新时代的儿童观相悖，尤其是在现今多元主义盛行的时代。文化不仅影响和塑造着儿童的成长与发展，同时儿童也在能动地创造着属于他们自己的文化，他们不只是被动地接受成人文化。这种个体主义-集体主义的建构作为人类思想、情绪和行为变化的一种模型，曾经一度很流行，导致过分看重文化内部的差异，或者不重视文化内部的差异。这种观点高估了社会规定意义的力量，低估了个体的主体性，使发展的过程称为"一种对文化的保守适应"，而儿童则称为"文化的印记和产品"。其实，自主（个体主义）和依赖（集体主义）在发展中并不是相互排斥的，而是相互交织的，共同存在于东、西方社会人们的思想和行为中。所以，当前把文化描述为集体-个人主义文化的做法有所减少，研究者开始将集体主义和个体主义的一些成分结合起来进行分析①。

这里需要提出的是，一些倡导道德生物学或遗传学起源的社会生物学家和进化心理学家也含蓄地做出假设：道德是普遍的，因为假定道德基于的大脑过程不太可能因文化而异。当这些研究人员描述人们在不同情况下表现出不同道德评价的区域时（如对旁观者和人行天桥电车情境的不同反应），这些差异被解释为是由于情绪反应的干扰而导致的一致性失败。这种基于生物学的观点夸大了生物机制的作用，而忽视了社会背景因素。因此，不管从哪一个角度来看，道德普遍主义还是相对主义的观点，都存在其合理和不妥的地方，应当综合视角、辩证分析，多角度、多层次地看待问题，而不是简单地把这些观点割裂开来，只讨论其好坏，而不作为。因为强调一个过程高于另一个过程的理论，可能会忽略这些过程如何通过相互作用来影响道德判断和决策的复杂性。②寻求道德相对主义和普遍主义以及多元主义之间的共识，为儿童青少年指引基本的发展方向，不陷入任一绝对性的陷阱。

---

① 梅拉妮·基伦，朱迪思·斯梅塔娜.道德发展手册[M].杨韶刚，刘春琼，等译.北京：教育科学出版社，2010：249-251.

② HELION C, PIZARRO D A . Beyond dual-processes: The interplay of reason and emotion in moral judgment[M]// CLAUSEN J, LEVY N. Handbook of Neuroethics . Dordrecht: Springer Netherlands, 2015: 109-125.

第二章　儿童道德的早期起源和发展

第一节　儿童道德的早期起源

儿童的社会性发展一直是各领域研究者热衷的探究主题,发展心理学家尤其对个体社会性的起源比较感兴趣,探究社会性的发生对找到个体社会性问题的潜在原因具有重要作用,从而有针对性地促进个体社会性发展。同样,理解儿童道德发展也需要溯本清源,从不同角度去考察它的起源。追溯道德的起源是非常关键的一环,因为它解决了关于先天和后天的作用及行为进化基础的基本问题。然而,由于研究方法和视角的多样化,也导致了其研究结果五花八门。而且,关于儿童早期的道德和社会性的研究往往交织在一起,这可能是因为婴幼儿早期的道德和社会性还没有完全分化,并且两者本身就是不可分割的。道德的出现本身就是社会性发展的重要体现,而其他社会性认知、情感和能力的发展与道德的成熟也密切关联。

在很长一段时间内,发展心理学家在探讨这样一个关于起源的问题:看似无道德的人类婴儿是如何转变为有道德的人的?很多研究表明,至少在某些定义上,儿童比我们之前认为的更有道德。就传统的观点来看,心理学家一般从学习和认知发展的角度来探索道德的起源,如科尔伯格和皮亚杰。这些研究认为,婴儿一开始是与成年人截然不同的道德动物——要么是非道德的(没有道德感),要么是不道德的(反对成年人的道德感,可能是因为自私或认知局限),处于"理性睡眠时期",然后随着时间的推移,通过各种发展历程,获得成熟的道德感。

实际上，目前的研究表明，在模仿或学习模仿之前，婴儿从一开始就是具有社会性的个体。虽然对早期道德根源的研究并没有否定这些社会化过程（诸如模仿）在道德内化中的重要性，但它表明，儿童在很小的时候就有道德倾向。随着儿童变得越来越关注他人、经验丰富、社会化，加上本身发展起来的认知技能，他们在道德相关的认知和评价方面表现出相应的改善。[①]此外，汉姆林（J. Kiley Hamlin）认为，成年人道德观念的跨文化差异只能是发展过程中不同输入的结果，发展和文化差异本身并不排除其先天能力的存在。[②]基于此，本书将从生物进化论的视角来探究个体道德的早期起源，并根据已有研究综述个体在儿童早期表现出来的道德意识范畴。

一、合作与道德的自然起源

作为生物进化论的创始人，达尔文同时也开创了道德自然史的起源研究，他认为人类社会性道德是一种生物性本能。达尔文指出，"不论任何动物，只要在天赋上具有一些显著的社会性本能，包括亲慈子爱的感情在内，又只要有一些理智的能力有了足够的发展，或接近于足够的发展，就不可避免地会取得一种道德感或是良心，人就是如此"。[③]生物社会学家和进化伦理学家都认为人类道德源自自然选择的生物本能。

迈克尔·托马塞洛（Michael Tomasello）认为，人类可以说是地球上最具合作精神、同情心和利他主义的物种，但也是最具评价性和报复性的物种。[④]托马塞洛的《人类道德自然史》一书记录了他20年来对儿童和类人猿的跨物种比较研究，记录了进化如何使人类成为具有道德性的动物，他提出了三个中心观点：①道德植根于我们进化的过去，源于合作和相互依赖（群体思维）；②同情道德的形成先于公平道德，"第二代理"被定义为同情和个人关系形式的道德，在自然历史故事和个体发生发展故事中先于客观和公平道德；③儿童在正式接受教学和社会化之前理解道德。他将人类当作天生的道德生物，合作、同情和公正是最重要的道德产物。

① KILLEN M, SMETANA J. The biology of morality: Human development and moral neuroscience[J]. Human Development, 2007(50): 241-243.

② HAMLIN J K. Moral judgment and action in preverbal infants and toddlers: Evidence for an innate moral core[J]. Current Directions in Psychological Science, 2013, 22(3): 186-193.

③ 达尔文. 人类的由来[M]. 潘光旦, 胡寿文, 译. 北京: 商务印书馆, 2009: 149.

④ TOMASELLO M. Why we cooperate[M]. Cambridge, MA: MIT Press, 2009.

越来越多的进化生物学家、人类学家和灵长类动物学家逐步探索道德与成功群体生活的不可分割性。尽管研究细节各不相同，但这些功能性解释通常认为，道德意识的进化是为了在本不相关的群体中维持集体行动和合作——这导致了群体之间巨大的互利互惠，但有时可能需要个人牺牲自己的利益。形成合作系统（至少）需要三种能力或倾向，并且都与道德感相关。

（1）道德善良：不顾个人代价而关心和帮助他人的倾向，大概根植于同理心过程。

（2）道德评价：识别和不喜欢那些不合作/无同情心/无帮助或未来可能合作/帮助的人的能力，需要分析他人社会行为的能力。

（3）道德惩罚：对那些行为不端的人实施或支持惩罚的倾向，这可能涉及情感过程、行为分析或两者都有。①

进化论观点认为，人类道德的本质及其发展至少部分是自然选择过程的结果，因为它们在总体上塑造了人类社会性的本质，并提出了一种假设：人类道德是一种合作形式。②具体来说，在人类适应了物种特有的新的社会互动和社会组织形式后，这种合作形式便产生了，并且合作是可以进化的。合作是人类共同生活方式的一个核心方面，在人类活动中无处不在。因此理解其演变和发展是认知科学的重要课题。智人（homo sapiens）是具有强烈合作性的灵长类动物，或许也是唯一有道德的动物，类人猿确实以某些方式进行合作。例如，黑猩猩为了群体防御而联合起来，它们为了群体冲突而结成小联盟，成群猎捕小猴子，这在类人猿中是独一无二的。在实验情况下，黑猩猩甚至表现出一种帮助他人达到目标的倾向，比如，为他们取东西，为他们开门，等等。有证据表明，在类人猿中存在互惠态度：个体会为过去与他们有过积极互动而产生良好感觉的人做有益的事情。③

人类特有的合作具有道德性，合作要求个人要么压制自己的利益，要么将个人利益与他人利益等同起来，本质上以两种类似的形式出现：一方面，个体出于同情、关心和仁慈的动机，从而做出自我牺牲以帮助其他个体或群体；另一方面，在群体或社会中，个体之间的相互合作出于公平、平等和正义类似的

---

① HAMLIN J K. Moral judgment and action in preverbal infants and toddlers: Evidence for an innate moral core[J]. Current Directions in Psychological Science, 2013, 22（3）: 186-193.

② TOMASELLO M, VAISH A. Origins of Human Cooperation and Morality[J]. Annual Review of Psychology, 2013, 64（1）: 231-255.

③ DE WAAL F B M. The chimpanzee's service economy: Food for grooming[J]. Evolution and Human Behavior, 1997, 18（6）: 375-386.

道德动机，以平衡人与人、群体与群体之间的利益冲突，为所有人谋求最大利益。① 与同情道德相比，公平道德更为复杂，公平道德很可能只限于存在人类社会。在竞争的状态下，需要公平的时候，往往个体或群体的合作动机和竞争动机会产生交互作用，如果想要做到公平，就意味着要尽力达到某种程度的平衡。人具有全面思考的能力，在面对种复杂的局面，会对相关人员的"应得性"进行道德判断，也包括对自己的判断。面对那些处事不公的人，人类产生了惩罚性的道德态度。

（一）血缘关系：同情道德的原始基础

合作进化的一个主要理论是基于亲属选择（kin selection）。这一观点认为，利他主义倾向是在小群体中进化而来的，在小群体中，利他行为很可能有利于亲属关系。因此，合作行为会将利他主义的基因传递下去，或者是因为在小群体中，帮助他人可以增加互惠的机会。还有一种观点认为，利他主义在文化上而不是生物学上。有更多利他主义成员的文化比其他文化更好，而利他主义将通过文化而不是生物传播，尽管生物进化可以在这样的文化中继续。

汉密尔顿（W.D. Hamilton）的广义适合度理论（inclusive fitness）从基因的角度考察了利他主义的进化。汉密尔顿将个体之间生物亲密关系程度作为影响人与人之间交往方式的决定性因素，即个体在面对较亲密的、特别是有血缘关系的人，会对彼此做出更多帮助、共享和关爱的行为。② 由于亲属共同拥有一定比例的等位基因，因而帮助亲属是提高自己遗传适当性的直接方式，汉密尔顿称这种观点为"广义适合度理论"，即个体是根据适合于该情境的关系程度来评价身边人的行为对自己的适当性的。③ 广义适合度这个概念在达尔文的作品中被称为"亲属选择"，这也是汉密尔顿对达尔文提出的"如果在群体中保护他人免遭危险这种利他行为，不利于行为者的适当性，那么这些行为怎么通过自然选择进化而来呢"这个问题的解答——因为亲属共享遗传基因，所以当一个人保护或关爱亲属的时候，关爱者也是在提升其自身的广义适合度。④ 广义适合度为激发关爱和分享行为的同情、移情以及其他情绪的起源提供了一个拟

---

① 迈克尔·托马塞洛. 人类道德自然史 [M]. 王锐俊，译. 北京：新华出版社，2017：3.

② SMITH J E. Hamilton's legacy：kinship, cooperation and social tolerance in mammalian groups[J]. Animal Behaviour, 2014, 92：291-304.

③ HAMILTON W D. Selfish and spiteful behaviour in an evolutionary model[J]. Nature, 1970, 228（5277）：1218-1220.

④ DUGATKIN L A. Inclusive fitness theory from darwin to hamilton[J]. Genetics, 2007, 176（3）：1375-1380.

合模型，它们促进的这些良好道德情绪和行为最初就是在亲属群体内部逐渐发展起来的。

同情是一种先天的情感，也是最基本的道德，同情早就刻画在人类的生物基因当中。[①]从进化的角度来看，同情关心指父母基于亲缘选择而对后代付诸的关心与爱护，而且这种关爱将会通过基因传递和年轻一代的耳濡目染一直保存下来。所有哺乳动物几乎都具有这种同情关心，至少是对他们的后代如此，但是也有一些物种会对所选择的非亲属人员表现出这种同情关心，则属于同情心泛化现象，且关心他人的福祉是道德行为的必要条件。

（二）相互依赖假说：公平道德

托马塞洛等阐述了人类特有的合作的演变，他关注智人的道德起源，以及当道德从早期人类进化到现代人类时它可能是什么样子。进化人类学家以类人猿为出发点，采用"相互依存假说"这种基本框架来阐述早期人类为了相互协作、相互支持，如何越来越相互依赖。人类的生活方式之所以出现，是因为人类通过群体觅食等活动相互依赖合作来生存。在这种相互依存的情况下，合作技能将会发展，因为利益是相互依存的。随之，将会扩大到更大的社会群体，涉及作为一个群体新思维方式的进化——"集体意向性"或"群体思维"，相当于托马塞洛提出的早期人类社会互动公式之一：你＝我，表示了早期人类公平道德的基本认知领悟。[②]随后，从关注"自我"（我）发展到第二个与"他人"相关的个体（你），然后发展到"我们"，这反映了一种相互依赖的内在合作形式。自我-他人平等认识对形成公平道德的最根本态度颇为关键，在为了合作觅食而进行伙伴选择的情况下，早期人类个体知道他们相互依存的意义。随着人类变得越来越相互依赖，越来越多的个体不得不合作觅食，所以便出现了越来越深入和广泛的同情关心与帮助。

道德具有社会性形式的进化基础，它最早出现在年幼的儿童身上，并在个体发育过程中不断发生变化。托马塞洛的观点和社会领域理论都认为，人类生来就具有社会性和社会性倾向，而不是将幼儿视为与道德无关或纯粹自我中心的人。[③]人类道德的基础甚至可以溯源至哺乳动物，尤其是灵长类动物，凡是

---

① 迈克尔·托马塞洛. 人类道德自然史[M]. 王锐俊，译. 北京：新华出版社，2017：62.

② 迈克尔·托马塞洛. 人类道德自然史[M]. 王锐俊，译. 北京：新华出版社，2017：115-120.

③ KILLEN M. The origins of morality: Social equality, fairness, and justice[J]. Philosophical Psychology, 2018, 31（5）：767-803.

群居类动物总是共同地保卫自己或者向敌人进行攻击。①生命与周围环境的变化息息相关，各种遗传特征在漫长的进化史中通过基因传递的方式保存起来。在生存与竞争的作用下，人类逐渐发现公平、合作、互助等社会性规则更有利于群体以及群体中的个体的生存，于是这些特征随着人类进化以基因传递的方式保存了下来，以至于婴幼儿也惊奇地表现出这些道德特质。②③

此外，认知能力也是人类道德得以产生的重要条件。例如，自发帮助行为就涉及社会认知能力，包括识别意图性的知识（关于他人的需求）和社会性知识（如何帮助亲属或朋友实现预期目标）。人是具有差异性的个体，面对着复杂多样的万千信息，人类个体与群体的信息交流和传播通过何种方式形成，为什么会形成某种共同的秩序和模式，而不是导致混沌的现象？这是人类学家感兴趣的问题。道德作为一种社会文化，具有久远的历史。认知人类学家认为，人类强大的认知能力和学习机能，这才使得文化的形成和积淀成为可能，并且有助于特定文化形式得以繁盛并成为集体的思维表征。④他们极为重视儿童的发展，因为儿童的成长与发展也是一部简短的自然发展史，因为很多先天能力可以体现在儿童的各种身体和情感行为中，也正是因为认知能力得以发展，儿童才能在传承历史文化的同时也在不断创造新的文化。

还需明确的一点是，合作是社会性和人类进化的标志，它为道德提供了基础，但它并不等同于道德。同样，相互依赖可能使道德在人类进化中得以出现，但仅凭这一点还不足以产生道德。除了合作，冲突对于变化的发生也是必不可少的。除了相互依赖之外，独立自主的思考对于确定合作是基于善意的还是恶意的目的，以及挑战那些合作对他人造成伤害或不公平待遇的群体是必要的。

二、儿童早期道德意识的范畴

社会性和道德是交叉概念，厘清社会性与道德之间的区别对于解释与道德起源的研究至关重要。所有的社会行为不一定是道德行为，道德的标准更为严格，其中包括以公平公正的方式对待他人的义务。关于道德的早期根源的许多

---

① 联合国教科文组织国际教育发展委员会. 学会生存：教育世界的今天和明天[M]. 华东师范大学比较教育研究所，译. 北京：教育科学出版社，1996：26.
② 达尔文. 人类的由来[M]. 潘光旦，胡寿文，译. 北京：商务印书馆，2009：147-158.
③ 蒋一之. 论道德教育的"自然"起源[J]. 社会学战线，2012（11）：211-215.
④ 许晶. 道德从何而来：心理认知人类学视野下的儿童道德发展研究[J]. 社会学评论，2020，8（4）：3-19.

研究都集中在合作和亲社会行为上。由于这些行为缺乏规定性和强制性的依据，因此有人质疑这些行为是否构成道德行为，还是只是有助于道德发展的、积极的社会行为。但社会意识其实是作为道德的核心前提，品德和社会性在个体发展中是相互促进、相辅相成、互相制约和互为发展条件的。尤其在学前教育领域，社会教育本身就包含了品德教育，亲社会性是个体品德形成和发展的基础和前提，品德的发展又驱动着个体良好社会性的发展，社会性和品德两者互为促进或阻碍。[1]因此，我们回顾了有关儿童早期道德发展的社会性相关文献，综合地看待儿童的社会道德意识。

从近年来的研究来看，越来越多的研究将该领域的研究对象转向年龄更小的儿童，如婴儿和学步儿[2][3]。不过，由于婴儿和学步儿的口头表达能力有限，一般研究者采取的是自然观察法或实验法，来测验儿童的反应。一旦儿童到了学龄前阶段(3~6岁)，研究人员可通过口头推理和判断来获得儿童的反应，比如在自发的同伴互动及在实验情况下对社会困境的反应。一系列研究表明，尽管不存在外部的回报奖励，婴幼儿也能自发地与人进行社交互动，并且倾向于帮助和关心他人。儿童在早期社会化的证据比较广泛，包括各种各样的行为，如对他人具有故意的行为目标，在家庭环境中与家人进行互惠和积极的互动，在2岁左右开始主动帮助他人并应对他人的悲伤做出一定的回应。接下来，我们将着眼于婴幼儿期道德的早期表现，主要考虑以下几个方面：婴幼儿的移情相关反应和亲社会行为，通过资源分配研究儿童对公平和平等的认识，儿童的合作与互惠，及自我意识的道德情绪。

（一）移情相关反应与亲社会行为

有证据表明，人在生命早期就有天生的移情相关反应和亲社会倾向。进化论的道德观点就表明人类的同情心和亲社会行为是通过基因的传递作用形成的。此外，还有大量研究发现，关心他人的特征在婴儿身上表现得也很明显，婴儿表现出喜欢那些帮助他人的人，而不是阻碍他人的人。但是，随着人类高级和复杂的认知能力不断发展，这可能会改变亲社会行为的表现和性质。须注重的一点是，个体的社会行为是有发展层次的，是从基本的社会行为逐渐发展至亲

① 林崇德. 教育与发展（修订版）[M]. 北京：北京师范大学出版社，2013：440-442.
② BROWNELL C A. Early development of prosocial behavior: Current perspectives[J]. Infancy, 2013, 18: 1-9.
③ DUNN J. Moral development in early childhood and social interaction in the family[M]// KILLEN M, SMETANA J G. Handbook of moral development. Mahwah, NJ: Lawrence Erlbaum, 2006: 331-350.

社会行为，最后发展为道德行为。①

移情相关反应通常包括移情（empathy）、同情（sympathy）和个人痛苦（personal distress），它们通常与亲社会行为一起考虑，因为参与亲社会行为的前提是一个人必须能够识别出另一个人正在经历需求、欲望或痛苦的负面状态的行为和（或）情境线索的存在，移情相关反应是促进个体亲社会行为的内部动机。因此，移情和同情是他人导向的亲社会行为和群际关系质量的重要因素。②移情是一种基本的道德情绪，受益于个体社会认知能力的发展。移情体现了个体对他人情绪情感或福祉的关注，并且在很早就出现在婴幼儿的日常生活表现中了。移情是一种情感反应，这种情感反应源于对他人情绪状态或状态的理解，与他人的感受或预期的感受相同或非常相似，与移情相关的情感通常被认为是有助于激发他人导向的亲社会行为表现。③

移情通常与相关的替代性情绪反应（包括同情和个人痛苦）不同。此外，虽然移情和同情都是最基本的道德情绪，但是二者内涵不同。艾森伯格（Nancy Eisenberg）认为，同情包含了对他人的关心，这种关心源于对他人情绪状态的理解，然而与移情不同的是，同情并不包括感受他人正在经历的同种情绪。④同情通常源于移情，但也可以直接从观点采择或其他认知过程中获得，包括从记忆中检索相关信息。个人痛苦是一种以自我为中心的、厌恶的情绪反应，它可能源于暴露于他人的状态或情况，也可以由与他人情况相关的认知或认知观点引起，但不一定经历移情。许多研究证明，儿童早期就表现出了关心他人的倾向，能对他人的行为反应做出相应的回应以示帮助。

移情反应和亲社会性在生命早期就出现了，美国心理学家霍夫曼是最早深入讨论移情过程的理论家或研究者之一。霍夫曼提出的移情理论包括三个部分。⑤

（1）移情的唤起成分，即对别人的情绪共鸣的唤起。至少有五种模式：一是新生儿具有的，听到别人啼哭而引起相应的情绪共鸣；二是婴幼儿因身体不

---

① 刘霞. 幼儿德育存在的问题及其对策[J]. 教育导刊（幼儿教育），2000（6）：10-12.

② EISENBERG N, EGGUM N D, DI GIUNTA L. Empathy-related responding: Associations with prosocial behavior, aggression, and intergroup relations[J]. Social Issues and Policy Review, 2010, 4（1）: 143.

③ EISENBERG N, SPINRAD T L, SADOVSKY A. Empathy-related responding in children[M]// KILLEN M, SMETANA J G. Handbook of moral development. Mahwah, NJ: Lawrence Erlbaum, 2006: 517-549.

④ EISENBERG N. Emotion, regulation, and moral development[J]. Annual Review of Psychology, 2000, 51（1）: 665-697.

⑤ HOFFMAN M L. Empathy and moral development: implications for caring and justice[M]. Cambridge: Cambridge University Press, 2000.

适而引起的求助亲人抚摸的情绪状态；三是由别人的痛苦和愉快，唤起自己过去的痛苦或愉快的体验；四是通过别人在发生某种情绪时不同的骨骼肌和面部肌肉活动的情况来理解和体验别人的情感；五是想象自己在遇到某种痛苦的刺激时将会有怎样的感受，从而产生某种情感，这是最高水平移情发展的模式。

（2）移情的认知成分，即移情者对自己情感产生的源泉及对别人情感的辨识和认知。他认为，一个认知发展良好的人，更能理解别人或其他团体的处境，从而做出助人的行为；如果能够认识到自己的行为引起别人的痛苦的话，则对于自己的行为能进行自我批评或自我责备，在内心深处产生一种内疚感，从而促发自己做出检查和改变价值观。

（3）移情的动机成分，即移情具有使人做出道德行为的动力作用，做出利他行为。他会想方设法去帮助别人，或通过自己的行为减轻或消除别人的痛苦等。这一理论还进一步阐述了移情与道德发展的关系。

霍夫曼认为，婴儿（0~1岁）没有获得区分自我与他人的意识及不能区分自己与他人的痛苦。[①]因此，他们在面对他人的痛苦时往往会体验自我痛苦，这一点可以从他们对他人哭泣的反应性哭泣中得到证明（被视为移情的一种简单形式或先驱）。他进一步论证，从1岁左右开始，婴儿才开始形成一种区分自己和他人的自我意识，然而，他们还不能完全区分自己的痛苦和他人的痛苦，所以他们经常以同样的方式对移情和自我相关的痛苦做出反应（称为"自我中心的移情忧伤"）。因此，当婴儿面对他人的不幸时，他们会寻求安慰。

接着，霍夫曼进一步提出，在幼儿2岁时，尽管他们仍然不能很好地区分自己和他人的内部情感状态，但他们能清楚地区分自我和他人的外部情感状态，有时甚至会混淆自己和他人的状态。[②]尽管如此，蹒跚学步的幼儿会对他人产生同理心（称为"准自我中心的移情忧伤"），而不是仅仅为自己寻求安慰。他们有时会试图安慰别人，但这种亲社会行为很可能涉及幼儿给别人能够安慰自己的东西。在霍夫曼的理论中，幼儿在2岁到3岁时，随着越来越意识到他人的情绪，他们能够理解他人观点和感受可以不同于自己，反映出感知对方的需求和他们能够体验真实的移情忧伤。此外，随着语言的发展，儿童会比以前更能理解比移情更广泛的情感，但更小的移情反应仅限于另一种直接的或特定情境

---

① HOFFMAN M L. Empathy and moral development[R]. The annual report of educational psychology in Japan，1996，35：157-162.

② HOFFMAN M L. Empathy and moral development[M]. Cambridge：Cambridge University Press，2000：11-19.

下的痛苦。黑斯廷斯（Paul D. Hastings）等进行的研究也证明，学步儿已能对他人的痛苦做出反应，显示出关心他人的倾向。[1]这些研究开发出了一种标准的实验范式：成年实验者假装遭到意外的自我伤害（在木板上割伤了手指或膝盖受伤并哭叫"哎呀！"），研究人员则根据幼儿对实验者痛苦的反应进行测量。采用这种范式的研究发现，儿童还未到14个月时，他们对成年人的痛苦反应会表现出非言语和言语的关心。这反映了幼儿的自发反应和定向，他们可以在没有成年人鼓励、外在奖励或指示的情况下关心或帮助他人。

其他研究表明，婴儿能够考虑他人的动机、意图和内在心理状态，这支持了婴儿已经具有区分自我-他人和移情的能力。戴维多夫（Maayan Davidov）等对婴幼儿在2岁左右才关心他人的倾向这一假设提出了质疑。他们报告称，1岁儿童的自我-他人分化能力已经很明显。[2]例如，婴儿对另一个婴儿的哭声比他们自己的哭声表现出更多的痛苦。[3]这些区分自我-他人的形式是含蓄不清的，但是具有一定明确心理表征的意义（如在镜子前摸自己红肿的鼻子就证明了这一点）。此外，18~25个月大的婴儿对那些没有受伤害的人，相比对受了伤害的人更容易表达关心和帮助，即使被伤害的人没有表达任何情感反应。这表明，在缺乏明显的悲痛情绪暗示情况下，儿童有时会同情受害者。[4]

虽然关心反应是亲社会行为的重要维度，但需要更多的研究来证明年幼的儿童是否认为对他人造成伤害的行为是错误的，以及潜在的受害者也因此受到伤害的行为也是错误的。为了衡量婴幼儿能否区分正面和负面的行为，哈姆林等发现，婴儿更喜欢会帮助人的玩偶，而不是对人没有帮助的玩偶，[5]并且更有可能在出生第二年后就对需要帮助的木偶做出积极的行为。[6]此外，在没有外

① HASTINGS P D, MILLER J G, KAHLE S, et al. The neurobiological bases of empathic concern for others[M]//KILLEN M, SMETANA J G. Handbook of moral development. 2nd ed. NY: Psychology Press, 2014.

② DAVIDOV M, ZAHN-WAXLER C, ROTH-HANANIA R, et al. Concern for others in the first year of life: Theory, evidence, and avenues for research[J]. Child Development Perspectives, 2013, 7(2): 126-131.

③ DONDI M, SIMION F, CALTRAN G. Can newborns discriminate between their own cry and the cry of another newborn infant? [J]. Developmental Psychology, 1999, 35(2): 418-426.

④ VAISH A, CARPENTER M, TOMASELLO M. Sympathy through affective perspective taking and its relation to prosocial behavior in toddlers[J]. Developmental Psychology, 2009, 45(2): 534.

⑤ HAMLIN J K, WYNN K. Young infants prefer prosocial to antisocial others[J]. Cognitive Development, 2011, 26(1): 30-39.

⑥ HAMLIN J K, WYNN K, BLOOM P, et al. How infants and toddlers react to antisocial others[J]. Proceedings of the National Academy of Sciences, 2011, 108(50): 19931-19936.

在奖惩的控制条件下，婴幼儿也更喜欢有意识地帮助他人的人。[①]例如，在哈姆林等进行的一项实验中，测量了 6~10 个月大的婴儿是更喜欢看"助人者"还是"阻碍者"，给儿童看的短片中描述了其中两个图形一起沿着陡峭的斜坡向上移动。在单独的试验中，婴儿看到的一个画面是一个圆形石块爬上斜坡，一个三角形的石块帮助圆形石块爬斜坡；另一个画面是同一个圆形的方块向上移动，另一个正方形的方块从后面推它，从而阻碍了它的行动（见图 2-1）。

图 2-1　哈姆林等进行实验的部分研究材料

资料来源：HAMLIN J K, WYNN K, BLOOM P. Social evaluation by preverbal infants[J]. Nature, 2007, 450（7169）：557-560。

该试验考察了婴儿是否会将前者的行为视为"好的"，而将后者的行为视为"坏的"。研究结果表明，6 个月和 10 个月大的婴儿会通过考虑一个人做出的行为性质，来判断这个人是具有吸引力的还是令人厌恶的；婴儿更喜欢帮助他人的人而不是妨碍他人的人，喜欢帮助他人的人而不是保持中立的人，喜欢中立的人而不是妨碍他人的人。

这些发现证明，婴幼儿是根据他人的社会行为评价一个人的，这种能力可能是道德观念和行为的基础。婴幼儿回应他人痛苦的先决条件是能够区分自我和他人。而且研究者发现婴儿早期已经具有了面对他人痛苦最初回应的基础。婴幼儿的这种亲社会取向是通过视觉偏好和行为来衡量的，为证明婴儿具有良好道德的天性和基础提供了证据。尽管这些发现引起了一些争议，但根据哈姆林等的研究结果，令人惊讶的是婴儿在非常早的年龄（6~10 个月）就表现出一种主体导向（社会对象）的偏好，而不是客体导向偏好。

随着观点采择和相关社会认知技能的发展，婴幼儿对他人的情绪状态和认知过程的理解越来越精细，他们能够更好地理解他人的情绪线索。[②③]1 岁之后，

① DUNFIELD K A, KUHLMEIER V A. Intention-mediated selective helping in infancy[J]. Psychological Science, 2010, 21（4）：523-527.

② EISENBERG N, FABES R A, SHEPARD S A, et al. Contemporaneous and longitudinal prediction of children's social functioning from regulation and emotionality[J]. Child Development, 1997, 68（4）：642-664.

③ 孙俊才. 情投意合：人际关系的儒家境界[J]. 南京师大学报（社会科学版），2018（4）：83-91.

儿童对他人不仅仅是做出移情反应，还会根据具体情境用自己的方式做出具体的助人或安慰等行为。例如，当成年人看起来有点痛苦或困惑时，14个月大的儿童会帮助一个陌生人打开盒子，拿一支铅笔和解决问题。[①]学步儿的行为是否反映出对成年人困扰的反应或旨在帮助他人的亲社会行为尚未完全证明，但数据提供了进一步的证据，表明关注他人的反应在儿童早期就已经发展得很明显。此外，这些行为并不仅仅是为了获得外部奖励。但还需要进一步的研究来确定婴幼儿是否认为帮助他人是必要的或是义务性的，即如果不这样做，那就错了。对婴幼儿的研究表明，他们对道德和非道德社会行为的评价是不同的，[②]也间接地表明他们的责任感和义务感在这个年龄开始出现。

随着社会认知能力的提高，学龄前儿童的道德意识更加明显化。瓦伊什（Amrisha Vaish）等研究了幼儿对那些帮助或伤害他人的人的行为选择，[③]这项研究是哈姆林研究的自然扩展。他们记录了幼儿的行为，同时观察了一个成年人帮助受助者（捡起下落的物体）或伤害另一个儿童（打破项链或撕毁另一个儿童的照片）。结果表明，儿童在决定是否帮助他们时会考虑到他人的有害行为，儿童不太可能帮助那些行为不良的成年人，但对帮助他人的成年人，态度上没有表现出差异对待。研究者承认，儿童可能一直害怕带有伤害性的成年人，其消极行为可能是出于自我保护，而不是出于对公平和权利的道德关注。为了检验这种可能性，瓦伊什等使用相同的实验范式，他们用两个木偶研究了3岁幼儿对第三者道德违规行为的干预。[④]幼儿观察到一个木偶破坏了另一个木偶制作的照片，另一个木偶以相同的方式进行表演但没有破坏木偶的图像。幼儿抗议木偶毁坏了这幅画，并对其进行了批评。他们对那些没有破坏物体的角色表现得更为亲切。由此可见，3岁左右的幼儿出现了反对道德犯规行为的意识，开始对道德真正进行关注。

婴幼儿早期已经出现了社会评价，这表明婴幼儿能通过人与人之间社会互动行为的性质来评判他人，这种评价能力可以被看作一种生物适应，虽然群体

---

① WARNEKEN F, TOMASELLO M. The roots of human altruism[J]. British Journal of Psychology, 2009, 100（3）: 455-471.

② SMETANA J G. Toddlers' social interactions regarding moral and social transgressions[J]. Child Development, 1984, 55（5）: 1767-1776.

③ VAISH A, CARPENTER M, TOMASELLO M. Young children selectively avoid helping people with harmful intentions[J]. Child Development, 2010, 81: 1661-1669.

④ VAISH A, MISSANA M, TOMASELLO M. Three-year-old children intervene in third-party moral transgressions[J]. British Journal of Developmental Psychology, 2011, 29（1）: 124-130.

狩猎、食物分享等亲社会行为对群体中的个体成员是有益的，但哈姆林等认为只有当个体能够区分"搭便车者"（free riders）与"合作者"或"互惠者"，才能成功地进化。[①]可见，正确的社会评价能力是做出亲社会行为的基础，且儿童的亲社会行为表现能提高个体的成功性和适应性，个体评价他人的能力是适应社会乃至世界的必要条件。个体必须能够评估周围人的行为和意图，并对谁是朋友，谁是敌人，谁是合适的社会伙伴等问题做出准确判断。事实上，所有的群居动物都有能力识别出可能会帮助它们的共同性个体，并将这些共同性个体与其他可能伤害自己的个体中区分开来。成年人会根据行为和身体特征迅速而自动地判断和评价他人，但这种能力的早期发生起源和发展还没有被很好地理解。

移情是亲社会行为的内在动机，让儿童自发地表现出关注他人利益与痛苦的情绪和行为，但亲社会行为不仅仅由内部动机激发，有时也受到外部动机的驱动，如为了获得社会奖励或避免惩罚、顺从权威、提升自己的声誉等。[②]随着儿童社会认知能力（如自我认知、情绪知识）和其他能力的进一步发展，幼儿的亲社会行为可能掺杂着复杂的动机，内部动机与外部动机可能相互交织，决定其亲社会行为的性质。

（二）公平的资源分配意识

公平（fairness）是道德的核心概念，在社会生活中发挥着重要作用。儿童对公平的理解影响着其行为方式和心理发展。[③]儿童表现出对公平的偏爱和敏感，并且公平观念在儿童早期阶段就出现了。长期以来，儿童关于如何分配资源的决策和推理的变化被认为是公平道德观念发展的关键标志。[④]儿童在分配资源的过程中，往往会考虑公正（equity）、平等（equality）、美德（merit）、贡献（contribution）和需求（need）等原则。从3岁开始，儿童就会对那些违背公平原则、平等原则或美德原则的分配物品方式的同龄人进行负面评价和口头抗议[⑤]，

① HAMLIN J K, WYNN K, BLOOM P. Social evaluation by preverbal infants[J]. Nature, 2007, 450(7169): 557-560.

② 王欣，张真. 学龄前儿童的亲社会行为动机[J]. 学前教育研究，2019(6)：45-57.

③ 贾艳红，施建农，张真. 4~6岁儿童在分配情境下的公平敏感性研究[J]. 中国全科医学，2017, 20(22)：2783-2787.

④ KILLEN M, SMETANA J G. Origins and development of morality[C]//LAMB M E. Handbook of child psychology and developmental science.7th ed. New York: Wiley-Blackwell, 2015: 701-749.

⑤ PAULUS M, NÖTH A, WÖRLE M. Preschoolers'resource allocations align with their normative judgments[J]. Journal of Experimental Child Psychology, 2018, 175: 117-126.

并且这种不满会随着年龄增长而增加。此外,移情可能与公平或正义分配的道德原则有潜在的紧密联系,高移情唤起者可能更喜欢基于"美德"但也受到"需求"和"平等"的分配调节,以防止极端贫困或对大量财富掠夺的发生,因为分配制度对每个人的福祉具有影响。[1]

　　幼儿在分配资源的时候,具有较强的平等偏好。[2]越年幼的儿童似乎越喜欢平等分配原则,尤其是在有足够多资源来进行分配的情况下,而不是考虑需求和美德原则。尽管儿童可以根据其他原则来匹配资源数量,但他们更喜欢平均分配这个选择。当有足够多的玩具或零食分发时,大多数幼儿会平均分配,而不是考虑接受者的优势或需求分配。[3][4]儿童有时也会给出一些非道德的分配缘由,例如,将较大的曲奇饼干分配给勤奋的儿童,这类儿童经常给出"她的嘴更大"之类的非道德原因。

　　研究表明,柔弱的婴儿也表现出了对平等分配的关注。[5]以往研究一般聚焦于儿童中期阶段对资源分配的公平道德理解,近些年来,针对在婴幼儿期是否出现了对资源平等分配偏好的公平道德理解的研究越来越多。这些研究依靠婴幼儿的视觉习惯和视觉观察时间来证明其公平偏好信息。杰拉奇(Alessandra Geraci)等研究了10~16个月大的婴儿对计算机动画事件结果影响的偏好观察和行为选择,这些事件描述了资源的平等分配和不平等分配。[6]年龄稍大的婴儿在平等分配行为上注视的时间比在不平等分配行为上注视的时间长,并且年龄较大的组中的婴儿更有可能拿起与计算机生成的公平形象相同的玩具,而不是不公平形象。因此,研究人员得出结论——婴儿显然倾向于公平分配的道德行为。

　　部分幼儿也会明确将美德、贡献、需求等作为分配决策的理由,如鲍马尔(Nicolas Baumard)等发现,学龄前儿童在为努力勤劳的儿童或懒惰的儿童分配大饼干或小饼干的选择权利时,他们更专注于努力程度,倾向于将大饼干分配

① HOFFMAN M L. Empathy and moral development[M]. Cambridge: Cambridge University Press, 2000.

② SLOANE S, BAILLARGEON R, PREMACK D. Do infants have a sense of fairness? [J]. Psychological Science, 2012, 23(2): 196-204.

③ SMITH C E, WARNEKEN F. Children's reasoning about distributive and retributive justice across development[J]. Developmental Psychology, 2016, 52(4): 1-17.

④ SCHMIDT M F H, SVETLOVA M, JOHE J, et al. Children's developing understanding of legitimate reasons for allocating resources unequally[J]. Cognitive Development, 2016, 37: 42-52.

⑤ SCHMIDT M F H, SOMMERVILLE J A. Fairness Expectations and Altruistic Sharing in 15-Month-Old Human Infants[J]. Plos One, 2011, 6(10): e23223.

⑥ GERACI A, SURIAN L. The developmental roots of fairness: Infants' reactions to equal and unequal distributions of resources[J]. Developmental Science, 2001, 14(5): 1012-1020.

给努力的儿童,这揭示了4岁儿童对美德的初步理解。[①]这些发现表明,基于美德的推理,在儿童早期会慢慢出现,有些儿童认可基于美德优势分配,但在有机会进行平等分配时,他们更喜欢选择平等分配,他们认为平等分配是最好的办法。但是,随着年龄的增长,儿童越来越明显地表现出不赞成奖励懒惰的人,也不赞成给资源丰富的人分配更多的资源。[②]再者,儿童在分配时会按照个体做出的贡献大小进行资源分配,倾向于将更多的资源分配给做出贡献大的一方,尽管在自身利益卷入的情况下,如果自己的贡献小于他人,也会主动分给自己较少的奖励资源。[③]而且,部分儿童会以需求作为公平分配的准则,再根据个体需求进行分配,给需要的人分配更多的资源。这说明儿童从小就表现出了反对不平等资源分配的意识,并且他们越来越重视遵循基于美德和其他原则的资源分配。

重要的是,需要注意到平等在许多方面是发展公平概念的基础。至少平等分配资源在道德上是正确的,因为它维护或恢复了人与人之间的公平。平等是儿童在早期阶段出现的维护公平问题的原则[④],而年龄较大的儿童通常会优先考虑个人利益。[⑤]幼儿对美德或公平原则的重视程度不同于平等原则,这取决于他们对资源差异的原因和后果的看法。从社会领域理论的角度来看,儿童认为日常生活中的不平等行为(如独占所有玩具)是错误的,其判断不是基于行为本身,而是基于行为者的意图和对接受者的影响。[⑥]因此,尽管在幼儿的社会交往中存在着各种其他公平问题,但在整个发展过程中,个人往往支持分配和获得有限资源方面的平等。但是,当不平等分配的影响后果不严重时,即使是年幼的儿童也会选择不平等的分配方式。例如,当平均分配不在选择范围内,幼儿被迫在给予优势者和劣势者之间做出选择时,4岁的儿童倾向于选择给予那些本就拥有较少的人。随着年龄的增长,儿童倾向于将更多的资源分配给贫

① BAUMARD N, MASCARO O, CHEVALLIER C. Preschoolers are able to take merit into account when distributing goods[J]. Developmental Psychology, 2012, 48(2): 492-498.

② ELENBAAS L. Against unfairness: Young children's judgments about merit, equity, and equality[J]. Journal of Experimental Child Psychology, 2019, 186: 73-82.

③ KANNGIESSER P, WARNEKEN F, YOUNG L. Young children consider merit when sharing resources with others[J]. PLOS ONE, 2012, 7(8): 1-5.

④ RAKOCZY H, KAUFMANN M, LOHSE K. Young children understand the normative force of standards of equal resource distribution[J]. Journal of Experimental Child Psychology, 2016, 150: 396-403.

⑤ KILLEN M, RUTLAND A, ABRAMS D, et al. Development of intra- and intergroup judgments in the context of moral and social-conventional norms[J]. Child Development, 2013, 84: 1063-1080.

⑥ KILLEN M, SMETANA J G. Origins and development of morality[C]//LAMB M E. Handbook of child psychology and developmental science.7th ed. New York: Wiley-Blackwell, 2015: 701-749.

困的接受者。① 因此，随着个体的不断成熟，他们的分配方式将变得更加灵活，考虑的因素也会越来越复杂，他们逐渐会整合相关的背景信息，将自身利益同他人利益共同纳入考虑范围，逐渐发展出灵活的新公平观念。

在生物进化论的理论中，资源分配被视为发展中的一种适应性机制。② 进化论的观点借鉴了跨物种和种系发育范式，使用行为任务来解决人类认知起源的核心问题，一项针对非人类灵长类动物的研究结果与之一致：卷尾猴在与人类实验者的交流中，表现出对不平等奖励分配的负面反应，如果猴子观察到某个动物付出同等的努力，但是会获得更具吸引力的奖励时，它们会拒绝参加分配。③ 这些发现表明，对公平的关注提供了进化论观点的基础，说明公平道德可能也是通过基因传递的。

社会等级塑造了人与人之间相对稳定的关系，但是这些社会等级制度为普遍的不平等奠定了基础，并经常导致资源分配不平等现象的永久化。④ 虽然所有社会都在为减少不平等而努力，但人类也经历了维持和加剧社会不平等的趋势。也就是说，尽管人们认为平等是一个重要问题，但也有人观察到我们在接受并延续不平等。最近，有些发展性研究发现，相比穷人，学龄前儿童倾向于偏爱富人，他们分配给富人更多的资源。这是新兴的不平等偏好理论的观点⑤，也就是说，大量学龄前儿童似乎使不平等得到延续，而不是参与平等或特殊的分配决策，这种趋势似乎不是基于公平考虑（如对美德或需求的考虑）。肯沃德（Ben Kenward）等向4岁、6岁和8岁的儿童展示了一个游戏环境，在这个环境中，他们可以在能够有回报的富有接受者和不能回报的贫穷接受者之间进行资源分配。⑥ 结果表明，在不同的年龄组中，儿童更喜欢富有的接受者，但年龄较大的儿童更倾向于平等地分配资源。有趣的是，当一个富有的人可以做出回

① ESSLER S, LEPACH A C, PETERMANN F, et al. Equality, equity, or inequality duplication? How preschoolers distribute necessary and luxury resources between rich and poor others[J]. Social Development, 2020, 29(1): 110-125.

② BROSNAN S F, DE WAAL F B M. Fairness in animals: Where to from here? [J]. Social Justice Research, 2012, 25: 336-351.

③ BROSNAN S F, DE WAAL F B M. Monkeys reject unequal pay[J]. Nature, 2003, 425: 297-299.

④ HAYS N A, BENDERSKY C. Not all inequality is created equal: Effects of status versus relational power hierarchies on competition for upward mobility[J]. Journal of Personality and Social Psychology, 2015, 108: 867-882.

⑤ PAULUS M. The early origins of human charity: Developmental changes in preschoolers' sharing with poor and wealthy individuals[J]. Frontiers in Psychology, 2014, 5: 344.

⑥ KENWARD B, HELLMER K, WINTER L S, et al. Four-year-olds' strategic allocation of resources: Attempts to elicit reciprocation correlate negatively with spontaneous helping[J]. Cognition, 2015, 136(1): 1-8.

报时，年幼的儿童给了他更多，但是当富人不能再回报，或者让儿童对回报产生失望时，他们就不再这样做了。此外，不在允许互惠的背景下，Essler 等报告称，在3~5岁的儿童样本中，约1/3的学龄前儿童分配给富人的资源高于穷人，他们也更喜欢不平等的分配策略。①

从理论的角度来看，研究者对上述现象有四种解释。首先，年龄较小的学前儿童可能会错误地从描述性事件中推断出分配规则，即他们可能会将规则归因于事实，即幼儿观察到富有者拥有很多的资源，而贫穷者拥有很少的资源，并错误地得出这个背景就是规范权重的结论（富有的角色应该拥有很多的资源，而贫穷的角色应该拥有很少的资源）②。其次，幼儿的不公平分配可能根本没有进行规范性考虑，他们可能只是将更多资源分配给富裕的接受者，因为他们普遍倾向于选择富裕的人而不是贫穷的人③。再次，幼儿可能主要不是从社会道德的角度来解释分配情景，而是将其视为一项任务，在这项任务中，幼儿认为人们应该在数量上与预先存在的资源数量相匹配才算得上是公平。④最后，幼儿对富人和穷人的分配策略可能与资源的类型（奢侈资源和必需资源）有关，幼儿倾向于将更多的必需资源分配给穷人，将更多的奢侈资源分配给富人。⑤

此外，儿童的分配倾向可能与其认知功能有关。一项针对患有孤独症谱系障碍（ASD）的3~6岁学龄前儿童的研究发现，较低的认知能力（通过工作记忆任务评估）和更严重ASD症状的儿童倾向于分配给富有的人资源。⑥此外，这项工作还得到了以下补充性发现：在资源分配环境中，幼儿更喜欢支配者而不是从属者。⑦值得注意的是，在某些情况下，学龄前儿童也期望其他人延续不

① ESSLER S, LEPACH A C, PETERMANN F, et al. Equality, equity, or inequality duplication？ How preschoolers distribute necessary and luxury resources between rich and poor others[J]. Social Development, 2020, 29（1）: 110-125.

② ROBERTS S O, CAI G, HO A K, et al. Children's descriptive-to-prescriptive tendency replicates（and varies）cross-culturally: Evidence from China[J]. Journal of Experimental Child Psychology, 2018, 165: 148-160.

③ SHUTTS K, BREY E L, DORNBUSCH L A, et al. Children use wealth cues to evaluate others[J]. PLoS ONE, 2016, 11（3）: e0149360.

④ CHERNYAK N, TRIEU B Y, KUSHNIR T. Preschoolers' selfish sharing is reduced by prior experience with proportional generosity[J]. Open Mind, 2017, 1（1）: 42-52.

⑤ ESSLER S, LEPACH A C, PETERMANN F, et al. Equality, equity, or inequality duplication？ How preschoolers distribute necessary and luxury resources between rich and poor others[J]. Social Development, 2020, 29（1）: 110-125.

⑥ PAULUS M, ROSAL-GRIFOLL B. Helping and sharing in preschool children with autism[J]. Experimental Brain Research, 2017, 235: 2081-2088.

⑦ CHARAFEDDINE R, MERCIER H, CLÉMENT F, et al. Children's allocation of resources in social dominance situations[J]. Developmental Psychology, 2016, 52（11）: 1843-1857.

平等。当他们面对两个群体之间资源分配不平等时，如果他们对资源分配的不平等做出积极评价，那么他们会期望优势群体的分配者增加不平等分配。[①]

儿童早期的学业成就与其公平、道德和人格观念的发展是交织的，尤其对于中国的儿童来说更是如此。[②]在中国历史文化思想中，历来重视儿童道德培养，对儿童进行道德教育一直被视为中国社会政治实现和社会秩序的核心内容。儿童不仅仅被置于家庭的中心位置，而且一直是中华民族复兴的核心意象，中国的教育往往和道德、维护政治秩序联系在一起。[③]在中国历史上，美德的观念（基于个人表现的差别奖励）提倡等级制度中的成比例平等，而不是无差异的平等，这种美德的概念源于儒家哲学。[④]通过精英式的教育-政治培养体系，在封建帝王时代构建了社会等级秩序。[⑤]历史文化传承下来的等级分配制度对中国人产生了根深蒂固的影响。因此，中国儿童可能也更可能愿意接受这种不平等的资源分配或比例平等。例如，一项研究让3~8岁中国儿童对不同财富和社会地位的人进行资源分配，发现3~4岁儿童更偏好财富地位的人，而7~8岁儿童更偏好权力地位的人，随着年龄的增长，儿童的资源分配从优先照顾高地位接受者转向补偿低地位接受者，以及从优先考虑财富地位转向优先考虑人际关系权力地位。这些结果反映了儿童中期越来越关注实现公平的分配结果，同时随着年龄增长出现了对社会地位的偏好而不是对财富的偏好。[⑥]

可见，道德发展是多元的，因为我们在自然和社会历史中形成了多种道德倾向，儿童倾向于公平分配资源但同时又尊重权威等级制度。公平是人类道德认知的中心，已成为多门学科的共同议题。[⑦]儿童早期已经发展出了公正和平等的道德意识，但是存在不公平的意识和行为。虽然研究结果主要取决于研究

① ELENBAAS L, KILLEN M. How do young children expect others to address resource inequalities between groups？ [J]. Journal of Experimental Child Psychology, 2016, 150: 72-86.

② XU J. Learning "Merit" in a Chinese Preschool: Bringing the Anthropological Perspective to Understanding Moral Development[J]. American Anthropologist, 2019, 121(3): 655-666.

③ ANAGNOST A. Children and national transcendence in China[M]//Constructing China: The interaction of culture and economics. Michigan: University of Michigan, 1997: 195-222.

④ LI C. Equality and inequality in Confucianism[J]. Dao, 2012, 11(3): 295-313.

⑤ ELMAN B A. Civil examinations and meritocracy in late imperial China[M]. Cambridge, MA : Harvard University Press, 2013.

⑥ ZHANG X, CORBIT J, XIAO X, et al. Material and relational asymmetry: The role of receivers' wealth and power status in children's resource allocation[J]. Journal of Experimental Child Psychology, 2021, 208: 105147.

⑦ HAIDT J, JOSEPH C. Intuitive ethics: How innately prepared intuitions generate culturally variable virtues[J]. Daedalus, 2004, 133(4): 55-66.

者的实验设计，但在一定程度上，确实揭示了很多的问题和现象。公平是道德的核心概念，追溯学前儿童阶段公平意识的产生和发展，有助于为更好地培养幼儿的公平意识和行为提供理论依据，同时为解决社会不公平问题提供微观的见解。

（三）互惠与合作

合作在所有人类社会生活中是必不可少的，它是由明确的道德教导和日常社会经验支撑的。托马塞洛认为，人类认知和其他物种认知之间的关键区别在于，人类能够以共同的目标和意图与他人一起参与合作活动。[①]参与共同意图的合作活动，不仅需要特别强大的意图理解和文化学习能力，而且需要与他人分享心理状态的独特动机，以及独特的认知表征形式。[②]参与互惠合作活动的结果，是一种人类形成的特有的文化认知和进化形式，从语言符号的创造和使用到社会规范和个人信仰的构建，再到社会制度的建立，这些都是体现合作互惠的文明进化形式。

合作是构成人类社会的一种基本的社会认知技能，在复杂的层面上是人类独有的，并且出现在婴幼儿时期。婴幼儿已经参与了与成年人和同龄人的合作活动，并理解共同协作的重要方面：出生几个月的婴儿已经能够配合抚养者完成某些基础动作，如拥抱、哺乳；2岁左右时，儿童开始参与协作活动，并对伙伴是否打算参与共同活动很敏感；从3岁起，儿童就认为共同合作的承诺是有约束力的，并在合作过程中不断协调角色之间的关系。但是对于类人猿以及一些孤独症儿童来说，他们可能理解意图行为的基本原理，但仍然不能或很难参与涉及共同意图和共同注意的合作活动。随着人类儿童的不断成熟，他们的共同意向性技能逐渐发展出建构对话认知表征的能力，以促进自身能够参与和适应人类集体生活。

人类合作的本质明显不同于群居昆虫之间的共同行动。合作意味着与他人协调活动以达成共同的目标意图。这需要每个人了解各项目标和实现这些目标的手段及在协调行动中可以发挥的种种作用。然而，目标的复杂性是不同的。例如，6~10个月的婴儿学习掌握到达终点获取目标物体，这一行动取决于涉及

① TOMASELLO M, CARPENTER M, CALL J, et al. Understanding and sharing intentions: The origins of cultural cognition[J]. Behavioral and Brain Sciences, 2005, 28(5): 675-735.

② TOMASELLO M, CARPENTER M, CALL J, et al. Understanding and sharing intentions: The origins of cultural cognition[J]. Behavioral and brain sciences, 2005, 28(5): 675-691.

的手的发展和预期的完成目标行动的能力及婴儿有关的生产操作的能力。[①]如果合作涉及与其他人协调行动,那么这种合作的早期迹象可以在婴儿期看到,甚至在2个月大的时候,婴儿已经对看护者抱起他们的动作有了足够的了解,他们可以预期这个动作并保持身体僵硬,3~4个月大的时候,这个动作的协调变得更加顺畅。[②]这可能算不上完全意义上的合作,但如果果目的是描述导致合作的日益复杂的互动形式,那么这是人类开始能够预测他人行为并做出反应的早期表现。

此外,儿童的合作从人生的第一年到第二年将发生巨大变化,年龄较大的幼儿已经开始能够自发地进行合作。[③]一些早期研究同样表明,2岁是儿童亲社会反应真正开花结果的时期,他们表现出与他人分享、帮助和合作的各种行为,尤其是在父母情感和行为支持的日常环境中。[④⑤]沃内肯(Felix Warneken)等对14个月的幼儿进行了研究,发现即使不需要外部奖励,婴儿也会帮助成年人做一些简单的事情。[⑥]在12个月和18个月大的同龄人中,幼儿还不会考虑与同伴一起活动,因此,无法合作实现共同目标。但是,有24~27个月大的幼儿能够成功地做到这一点;到30个月时,他们已向同龄人传达了分工行动的信息。沃内肯等进行了跨物种比较的研究,以此考察分享的意向性是否为人类独有的。[⑦]在这项非言语研究任务中,18~24个月大的幼儿完成了4项任务,这些任务涉及需要合作才能完全解决问题。例如,在一个任务中,一个有把手的管子里有一个玩具,要得到这个玩具需要两个人同时拉两端。结果表明,合作行为在幼儿时期就有了源头。幼儿也能够与成年人合作,其协调能力在18~24个月大时显著提高。这些研究指出了个体合作意识和行为的早期发展。

此外,值得关注的一点是,幼儿在选择合作伙伴时也会考虑对方带来的

---

① AMBROSINI E, REDDY V, DE LOOPER A, et al. Looking ahead: Anticipatory gaze and motor ability in infancy[J]. PLOS One, 2013, 8(7): 1-9.

② REDDY V, MARKOVA G, WALLOT S. Anticipatory adjustments to being picked up in infancy[J]. Plos One, 2013, 8(6): 1-9.

③ BROWNELL C A, SVETLOVA M, ANDERSON R, et al. Socialization of early prosocial behavior: Parents' talk about emotions is associated with sharing and helping in toddlers[J]. Infancy, 2013, 18(1): 91-119.

④ ROSS H S, LOLLIS S P. Communication within infant social games[J]. Developmental psychology, 1987, 23(2): 241.

⑤ BROWNELL C A. Early development of prosocial behavior: Current perspectives[J]. Infancy, 2013, 18(1): 1-9.

⑥ WARNEKEN F, TOMASELLO M. Helping and cooperation at 14 months of age[J]. Infancy, 2007, 11(3): 271-294.

⑦ WARNEKEN F, CHEN F, TOMASELLO M. Cooperative activities in young children and chimpanzees[J]. Child Development, 2006, 77(3): 640-663.

价值和利益，其思维方式已经接近成年人的选择模式。这与关系调节理论（Relationship Regulation Theory，RRT）[①]的观点是一致的，如果儿童从合作伙伴的不道德行为中能获得利益，就可能激励他们在这种利益关系中保持合作。研究也证明，与反社会行为同伴的利益合作增加了儿童对他们的喜欢和偏好，但不影响儿童的道德判断。例如，4岁左右的儿童在面对自己的合作伙伴伤害了别人时，他们会判断同伴的行为不道德。[②]学龄前儿童能以系统和理性的方式，选择性地看待合作伙伴和相关信息，基本上与成年人的方式相同：他们将多种特征（能力和知识）视为良好合作伙伴的前提。这些发现表明，学龄前儿童对他人的感知并不是简单地依赖于整体评价，而是以理性的方式推断个人特征，并灵活地调整他们选择伙伴的标准，以适应任务情境的要求。[③]

由此可见，人类婴幼儿时期已经产生了不同社会化程度的表现，他们在生命的第一年就开始与他人形成社会关系，并随着身心成熟而不断社会化。虽然婴幼儿在大多情况下都是自私的，但以自我为中心并不总是绝对的，在某些情况下，他们会选择把自己的利益放在次要地位，会根据行为来评价他人，并开始更有选择性地与他人合作。

（四）自我意识的道德情绪

自我意识的道德情绪不同于基本情绪，且相对如快乐或恐惧这些基本情绪出现得晚。自我意识的道德情绪在认知上是复杂的，可能需要一定的心理理论能力。[④]婴幼儿在做坏事或做好事时，能够明显体验到自我的消极道德情绪和积极道德情绪，道德情绪是个人约束道德行为和激发道德行为动机的重要指标，道德情绪提供以动力和能量促使个体去做好事与避免做坏事。内疚（guilt）、羞愧（shame）、尴尬（embarrassment）等是负面评价的"自我意识情绪"家族的成员，其他与道德有关的正义、愤怒/蔑视/厌恶、感戴（gratitude）、骄傲（pride）、提升感（elevation）等也包括其中。

自我意识的道德情绪是由自我反思和自我评价引发的，这种自我评价可能

① RAI T S, FISKE A P. Moral psychology is relationship regulation: moral motives for unity, hierarchy, equality, and proportionality[J]. Psychological Review, 2011, 118(1): 57-75.

② SZAREK K M, BOCIAN K, BARYLA W, et al. Partner in crime: Beneficial cooperation overcomes children's aversion to antisocial others[J]. Developmental Science, 2021, 24(2): 1-45.

③ HERMES J, BEHNE T, STUDTE K, et al. Selective cooperation in early childhood—how to choose models and partners[J]. Plos One, 2016, 11(8): e0160881.

④ MALTI T, ONGLEY S F. The development of moral emotions and moral reasoning[M]//KILLEN M, SMETANA J G. Handbook of moral development. 2nd ed. NY: Psychology Press, 2014: 163-183.

是含蓄的，可能是明确的，也可能是有意识地经历过的或是在我们意识的雷达下发生的。重要的是，"自我"是这些道德情绪的对象。当自我反思本我时，道德自觉的情绪会立即强化行为。羞愧、内疚、尴尬和自豪等情绪就像一个道德晴雨表，对我们的社会行为的道德可接受性提供直接和明确的反馈。当个体在违法或犯错时，羞愧、内疚或尴尬的厌恶感可能会随之而来。当我们"做正确的事情"时，很可能会产生积极的自豪感和自我认可感。此外，道德情绪的压抑并不一定需要实际的行为才能产生影响。个体可以预测自己可能的情绪反应（如内疚与自豪），因为他们可以考虑假设替代的行为。因此，自我意识的道德情绪通过对预期行为（以预期羞愧、内疚或自豪的反馈形式）和实际行为（以相应的羞愧、内疚或自豪的反馈形式）进行批判性思考，并对道德决策和行为施以强大的影响。人们的预期情绪反应通常是基于过往经验——他们过去对类似的实际行为和事件反应中的相应情绪，进行推断的。

绝大多数关于道德情绪的研究都集中于两种消极的自我意识情绪——内疚和羞愧，二者都是消极情绪。因此，两者都会引起心理痛苦。研究表明，在生命的第二年时，幼儿开始体验到内疚感和羞愧感。[①]内疚会激发个体做出旨在弥补过失的行为，反过来，弥补行为能减轻个体的内疚感，以防止个体因为内疚而造成适应不良的结果（如抑郁等）。羞愧被认为是更痛苦的情绪，羞愧总是让人关注自身的缺点，想象他人看待自己的眼光，这会让人伴随着一种退缩感或"渺小"感，以及一种无价值感和无权力感。

内疚是一种由犯过行为引发的情绪和认知体验，涉及两个必要组成部分：产生移情体验及对越轨行为的责任意识。补偿行为是犯过者针对自身错误行为，对受害者做出亲社会行为或弥补行为（如坦白和道歉），以消除犯过行为的情绪和行为后果。移情是补偿行为和亲社会行为的基础，当个体并没有造成他人的痛苦，而是旁观者时，儿童也会做出这些行为。因此，正是这种造成受害者痛苦的个人责任感从理论上区分了内疚和移情。[②]内疚和补偿行为在整个童年时期会变得越来越复杂，儿童的内疚和行为能力随着认知技能（如自我认知、心理理论和对社会理解能力）而不断发展。[③]处于童年中期的儿童通常会因为他

① KOCHANSKA G, GROSS J N, LIN M H, et al. Guilt in young children: Development, determinants, and relations with a broader system of standards[J]. Child Development, 2002, 73(2): 461-482.

② TILGHMAN-OSBORNE C, COLE D A, FELTON J W. Definition and measurement of guilt: Implications for clinical research and practice[J]. Clinical Psychology Review, 2010, 30(5): 536-546.

③ MURIS P, MEESTERS C. Small or big in the eyes of the other: On the developmental psychopathology of self-conscious emotions as shame, guilt, and pride[J]. Clinical Child and Family Psychology Review, 2014, 17(1): 19-40.

人的外部评价而感到内疚，而青少年通常会因为自己的内部标准而感到内疚。[①]
虽然研究发现年龄越大的儿童越会表现出更多的补偿行为[②]，但是内疚感和补偿行为之间的关系随着发展成熟可能更加复杂，因为儿童的一般亲社会行为往往在发展中变得更具选择性[③]。

内疚和羞愧与移情的不同关系在情绪倾向和状态两个层面都很明显。具体来说，内疚是一种他人导向的情绪，与移情反应相关，而羞愧是一种自我导向的情绪，相比之下，羞愧显然会干预个体与他人建立共情联系的能力，因为他们倾向于否认或避免羞愧的情况，将注意力集中于关注别人对自己的评价上，与关注自己痛苦倾向呈正相关关系。[④]尽管这两种情绪通常具有关联性，但在理论上它们会导致不同的动机和行为。内疚引发对错误消极方面的关注（如"我做了那件坏事"），激发补偿行为以弥补过失，而羞愧引发对坏的自我的关注（"那件坏事是我做的"），无法激发补偿行为。

事实上，对儿童和成年人的研究表明，羞愧与非亲社会行为有关，可能与违反社区道德更紧密地联系在一起。[⑤]在描述导致羞愧的情况时，一个羞于面对负面自我评价的人会被他人的评价吸引，他们更关心别人对自己的评价。相比之下，在描述内疚经历时，受访者更关心自身犯过行为对他人的影响，内疚感使人专注于某种程度上与自我分离的负面行为本身。虽然内疚和羞愧对社会风险行为或不道德行为具有抑制作用，但是经验结果表明，内疚相对羞愧在激励人们选择生活中的道德道路方面最有效。内疚的能力更倾向于产生一种稳定的道德行为模式，激励个人承担责任，并在偶尔的失败或过失后采取补救行动。相比之下，强烈的羞愧感却与一系列非法、有风险或有问题的行为相联系。因此，如何纾解儿童早期羞愧感并预防其带来的一系列负面影响是一个值得探究的问题。

总体来说，儿童早期的道德意识已经表现得非常明显了。在婴幼儿阶段并非像科尔伯格描述的"前道德阶段"，"一些年幼的儿童时常会以真正道德的方

① GAVAZZI I G, ORNAGHI V, ANTONIOTTI C. Children's and adolescents' narratives of guilt: Antecedents and mentalization[J]. European Journal of Developmental Psychology, 2011, 8(3): 311-330.

② COLASANTE T, ZUFFIANO A, BAE N Y, et al. Inhibitory control and moral emotions: Relations to reparation in early and middle childhood[J]. The Journal of Genetic Psychology, 2014, 175(6): 511-527.

③ HAY D F, PAYNE A, CHADWICK A. Peer relations in childhood[J]. Journal of Child Psychology and Psychiatry, 2004, 45(1): 84-108.

④ TANGNEY J P, STUEWIG J, MASHEK D J. Moral emotions and moral behavior[J]. Annu. Rev. Psychol., 2007, 58: 345-372.

⑤ MAHAPATRA M, PARK L. Divinity and the "Big Three" Explanations of Suffering[M]//BRANDT A M, ROZIN P.Morality and health. New York: Routledge, 1997: 101-119.

式而非只是以前道德的方式在行动"①。儿童第一阶段的自然道德表现为帮助、安慰、分享等亲社会行为和与之对应的同情态度，以及对这些态度的判断等。但是，学前儿童是以自我为中心，儿童早期的道德理解又总是与自己的利益、外部权威（服从和避免惩罚）相联系的，例如，儿童主要是根据自己的需要来决定是否分享玩具和帮助他人等，但是至少能帮助他们通过各种社会互动体验到最初的"道德感"，所以这种自我中心倾向并不总是不好的。然后，他们开始理解社会规范及认识到自我和他人遵守这些规范的需要，进而将婴幼儿早期的亲社会行为转变为一种真正的道德。而且，在不同的社会意识形态下，所有的个体（尽管是婴幼儿）都用同一套与文化相关的道德和习俗标准进行社会评价，做出符合社会规范的行为。在人类进化过程中，个体具有这种规范心理是群体互动特征的必要条件，在这种大规模的群体社会中，所有成员（使是群体内的陌生人）会以道德和习俗的方式对待彼此，以维持社会的正常运转。

第二节　儿童道德的发展

一、儿童道德发展的特性

儿童的道德发展具有情境性和不确定性，因而是极其复杂的，需要借助科学的理论框架去理解。动力系统理论（Dynamic Systems Theory，DST）和关系发展系统理论（Relational Developmental Systems，RDS）契合人本身发展的动态发展性，为正确认识儿童道德发展提供理论基础，有助于揭示儿童道德发展的特性。

（一）基于动力系统理论的儿童道德发展：整体性和不平衡性

人类活动既是有组织的、系统的，也是可变的、易变的，根据系统原则动态变化。认知、情感和发展科学的主要目标是描述这些原则：认知、情感和行动

---

① 马修斯. 童年哲学 [M]. 刘晓东，译. 北京：生活•读书•新知三联书店，2015：69-73.

是如何组织的？人们需要什么原则来改变他们的表现？随着时间的推移，有组织的思维、情感和行为模式是如何形成的？这些原则——"情境中的人"和"信息的可变性"——代表了动力系统理论的主干思想。一般来说，动态系统理论具有三个基本原则。（1）复杂性。重新考虑任何单一原因的解释，关注相互作用，并考虑相互作用是非线性的可能性；心理活动不仅建立在情感、感知和行动上，也是贯穿终身行为因果网络的一部分。（2）时间上的连续性。系统在任何时候的状态都取决于其先前的状态，并且是未来状态的起点；在这些不同的时间尺度上发生的过程完全相互嵌套，并且相互耦合。（3）动态稳定性。人类行为具有不同程度的稳定性，但稳定并不意味着一成不变，当产生冲突或其他变化时，发展也会呈现不同程度的灵活性。[①]这些原则同样适用于儿童的道德发展，且不少研究者基于此对儿童道德发展进行了理论延伸。

以往儿童道德发展的研究最初则主要探讨的是道德认知与道德判断等，然后研究者又开始了道德推理、情绪以及动机等方面的研究，他们往往将道德推理、道德情绪和道德行为孤立看待，忽视了发展结果和时间变化、发展过程之间不可分割的联系，卡普兰（Ulas Kaplan）等人将其称之为"发展性分歧"（developmental fissure），用以比喻静态结果与动态过程之间的裂缝。[②]为了填补这一分歧，卡普兰等人将道德发展领域的众多研究统合到作为一个整体的发展模型当中，基于动态系统理论和自我决定理论，构建了关于道德动机、判断与行为的新道德发展模型——道德动机的动态系统理论（Dynamic System Approach to Moral Motivation）[③]。他以动力系统的思维方法分析了个体道德的发展与演进过程，指出道德判断与道德行为之间的不一致是多种道德动机不同组合的结果。[④]

拉普斯利（Damie K. Lapsley）等指出，从发展心理学的角度来看，科尔伯格的"标准模型现在看起来有点过时了"，并且"人们越来越认识到道德发展领

① THELEN E. Dynamic systems theory and the complexity of change[J]. Psychoanalytic Dialogues, 2005, 15（2）: 255-283.
② KAPLAN U, TIVNAN T. Moral Motivational Pluralism: Moral Judgment as a Function of the Dynamic Assembly of Multiple Developmental Structures[J]. Journal of Adult Development, 2014, 21（4）: 193-206.
③ KAPLAN U. Moral motivation as a dynamic developmental process: Toward an integrative synthesis[J]. Journal for the Theory of Social Behaviour, 2017, 47（2）: 195-221.
④ KAPLAN U, TIVNAN T. Moral Motivational Pluralism: Moral Judgment as a Function of the Dynamic Assembly of Multiple Developmental Structures[J]. Journal of Adult Development, 2014, 21（4）: 193-206.

域正处于一个重要的分叉路口……"。^①对此，金（Minkang Kim）等提供了一种动态系统方法（Dynamic Systems Approach，DSA）^②，其基本前提是道德发展与全人类发展（包括认知和运动发展）具有相同的动态过程。虽然人类发展有时是线性的和定量的，但也是非线性的和定性的，根据经验和情况变化而不断变化或稳定发展。人类发展包括道德发展在内，都是自发的、自我组织的自然过程，儿童的道德发展是高度可变的、动态的、非线性的。因为儿童青少年本身与他们身处的丰富的自然和社会环境相互作用，而作为人类有机体，他们本质上也归属于这些环境。

儿童的道德发展不是呈直线式发展，而是整体性、复杂的、动态性的。受到科尔伯格等人的理论影响，我们往往认为认知是道德发展的首要因素，随后才能发展出来一系列的情绪情感。但是，很多研究发现儿童似乎天生就具有道德感（如同情心）和亲社会倾向，这可能是生物基因的进化和遗传作用，这似乎表明人们的道德情感和道德行为发展在先，道德认知发展在后，因为认知发展需要一定的时间让大脑逐渐发育成熟。道德要素发展先后的问题很难确定，或者在进行道德判断时是情感优先还是理性占主导地位。在过去的很长一段时间中，道德认知领域主要关注直觉和理性在道德判断中的作用。例如，社会直觉主义模型指出，直觉提供了一种自动的内部信号以此引导道德判断，人类的理性能力在很大程度上被纳入事后合理化的作用，仅仅用来证明最初的道德直觉。^③当然，也有很多人主张理性在道德判断中起主导作用。神经科学领域强调超越简单的道德判断的双过程二分法（情感或直觉 VS 理性）的现实需要，并追求建构动态的、本质的，融合人类心理学和神经科学的道德认知模型。^④

综合各种理论来看，儿童的道德认知、道德情感、道德动机和道德行为等结构成分在生物与环境因素的不同交互作用下，呈现动态发展，这是一个复杂的过程，很难总结出一个普遍的规律，我们只能通过发现哪些因素是有助于儿童道德发展的、哪些因素是不利于儿童道德发展的，以及哪些因素可以改善或

① LAPSLEY D K, HILL P L. On dual processing and heuristic approaches to moral cognition[J]. Journal of Moral Education, 2008, 37(3): 313-332.

② KIM M, SANKEY D. Towards a Dynamic Systems Approach to moral development and moral education: a response to the JME Special Issue, September 2008[J]. Journal of Moral Education, 2009, 38(3): 283-298.

③ HAIDT J. The emotional dog and its rational tail: A survey and comparison of experimental results[J]. Journal of Economic Psychology, 2001, 11: 417-449.

④ BAVEL J V, FELDMANHALL O, MENDE-SIEDLECKI P. The neuroscience of moral cognition: From dual processes to dynamic systems[J]. Current Opinion in Psychology, 2015, 6: 167-172.

促进某种不利影响和有利影响,从而在真正意义上促进儿童道德发展。道德的复杂性决定了个体道德发展的复杂性,个体不同道德心理成分的发展具有综合性或整合性以及难以解释的复杂性。尽管人与人之间及人在不同环境中的行为存在差异性,但是世界上的行为必然涉及认知、动机、情感、评价和活动过程在某种程度上的整合。我们不是作为一系列可分离或孤立的模块,而是作为一个整体有机地行动,即使认知、意志和情感的发展特定模式因环境和人而异。

(二)基于关系发展系统模型的儿童道德发展:个人←→情境

随着关系发展系统理论的出现,研究者倾向于将儿童道德发展置入"个人←→情境"中理解其内涵和发展方式,个体道德品格是个体与所处情境之间相互作用的结果,具有复杂性、可变性以及不确定性。[1]关系发展系统理论支持者批判了基于先天道德知识主张的观点,关注儿童在平等的人际关系中发展的实际生活中的道德观。从这个角度来看,道德是一个多维度的动力发展系统,而不仅仅是个体内部的一种特质或本质,道德在不同时间和地点是不固定的。[2]道德和合作出现在人类的生活方式中,一个同时具有社会性和生物性的系统,儿童通过社会互动逐渐理性地构建和理解隐含在平等关系中的原则。[3]

根据关系发展系统方法,个体的道德或品格的发展具有可塑性、不一致性和相互影响性:一是可塑性,个体的道德可随着环境和时间的变化而变化,并可培养、可塑造,[4]总体呈现阶梯式的非连续性发展状态,历史中的嵌入性(时间性)具有根本意义;二是不一致性,道德品格在各种情境中的表现呈现连续性,但不是在所有情境中都表现一致,具有可变性;三是个体与环境的互相影响性,道德特质是一系列特定的个体与环境间互惠关系的组合,在个体与环境相互影响的背景下,个体的道德品质也在不断产生一系列不确定的变化。[5]

人类发展的基本过程涉及发展中的个人与其不断变化的环境中的多个层次

---

① LERNER R M, LERNER J V, BOWERS E P, et al. Positive youth development and relational-developmental-systems[M]//Handbook of Child Psychology and Developmental Science. New York: John Wiley & Sons, 2015: 1-45.

② ROBERTS B W, WALTON K E, VIECHTBAUER W. Patterns of mean-level change in personality traits across the life course: a meta-analysis of longitudinal studies[J]. Psychological Bulletin, 2006, 132(1): 1-25.

③ CARPENDALE J, HAMMOND S I, ATWOOD S. A relational developmental systems approach to moral development[J]. Advances in Child Development & Behavior, 2013, 45: 125-153.

④ LERNER R M. Character development among youth: Linking lives in time and place[J]. International Journal of Behavioral Development, 2018, 42(2): 267-277.

⑤ 李晓燕,刘艳,林丹华. 论儿童青少年品格教育[J]. 北京师范大学学报(社会科学版), 2019(4): 23-31.

之间相互影响的关系，这些相互的双向关系可以表示为个体←→情境关系。历史或时间，是人类发展生态的一部分，通过发展规则与个人融为一体。因此，在整个生命周期中，总是存在着变化，而且至少有一些系统性的变化和可塑性（即在不同条件下发生变化的能力）的潜力。[1]个人思维、感觉和行为结构的发展是开放式概率表观遗传过程的结果，[2]该过程包含多个生物、心理和社会文化系统，将其聚集在一个关系矩阵中。一个人的行为不能被分解成可分离的遗传和环境成分。为了理解人类道德行为及其发展，有必要理解人作为综合关系系统如何在特定的物理和社会文化环境中发展。

以往的发展模式主要是用静态的、刻板的方式来描述心理结构，包括线性增长、普遍发展阶段、先天（由严格的生物学因素决定）等语言结构模式和先天的认知胜任能力等概念，都将道德心理发展描绘成固定不变的组织结构。例如，心理弹性反映了一个人的适应性品质，但它不是一种内在属性或特征，其产生与个体的外部生活环境和相关经历密切相关，心理韧性是以风险为前提的；它是一个发展过程，家庭和社区环境与儿童自身某些特质的交互影响使个体发展出了正适应和负适应的特点。[3]道德同样如此，虽然我们并不否定人类学家提出的"道德是天生的""儿童是天生的道德哲学家"等观念，但是绝对不能忽视个体与情境的发展变化对儿童道德产生的影响。

儿童和成年人在其道德认知与行为等方面都表现出了一定的灵活性及创造性。具体表现为，在他们从事的丰富多样的文化实践中，他们会使其已有的观念去适应新的情境，并提出新的概念，制订新的计划及提出各种相应的假设等。这些表现对心理学家和教育学家来说是有意义的，他们看到了人类心理加工过程的关系性、建构性、自组织性、自我调节性和文化背景依赖性的证据。然而，大多数广泛采用的有关心理结构及其发展的概念，却并未反映出心理加工过程具有的关系型、动态性、建构性和文化融入性等特征。这是理解个体道德发生和发展的缺陷，在未来的发展性研究中应有所改观。

---

① BALTES P B, LINDENBERGER U, STAUDINGER U M. Theoretical models of human development[M]// Life-span theory in developmental psychology[M]. New York: John Wiley & Sons, 1998: 569-664.

② GOTTLIEB G. Probabilistic epigenesis[J]. Developmental Science, 2007, 10(1): 1-11.

③ LUTHAR S S, GROSSMAN E J, SMALL P J. Resilience and adversity[M]//Handbook of Child Psychology and Developmental Science(Volume 3).New York: John Wiley & Sons, 2015: 247-286.

二、儿童道德发展的保护性和脆弱因素

道德发展的自然主义和社会文化基础不是对立的，而是互相建构的，"儿童生来就有获得知识和道德的能力，但这些素质的发展依赖于与社会成员的日常互动经历"[①]。我们人类思维的发展都是通过与他人的互动成为可能的，儿童喜欢与他们亲近的人共同活动，这种互动形式似乎是社会性和道德发展的自然基础。儿童的道德感是在社会互动的过程中发展起来的。因此，家庭、学校、社区及社会文化等都影响着儿童的道德发展，其中存在种种复杂的保护性和破坏性因素。

（一）家庭环境中的道德发展

家庭是学习社会规则和服从义务的摇篮，是儿童早期社会化的主要媒介。作为早期发展的关键背景，家庭不仅是儿童最接近的外部环境，在孩子品德教育上也具有独特优势和不可替代性，以及最持久和最深刻的影响力。根据家庭系统理论，儿童发展结果会受到抚养者因素和自身因素的单独或交互影响。在道德发展的研究中，家庭环境特别是父母对孩子道德发展的影响，一直是许多关于道德研究的焦点。父母被视为核心影响，因为他们通常有抚养孩子的主要责任，有最多的时间和机会来影响他们。抚养者与儿童被强大的情感纽带联结，这使儿童特别容易接受父母的影响。对父母角色的研究兴趣主要来自精神分析和行为主义（社会学习）理论，这些理论传统上强调家庭早期经历对儿童道德社会化的重要性。根据社会学习理论的观点，儿童对父母的道德价值观和期望的内化就是在亲子互动中的过程中发生的，儿童如何接受和反思父母的管教或灌输道德的方式是非常重要的。[②]但是，家庭在儿童道德发展中的作用是复杂的，道德判断发展的研究已经转向研究不同的亲子互动模式（单边和双边）如何影响儿童正义、公平和权利观念的构建，以及兄弟姐妹关系如何与亲子关系相互作用，从而影响儿童道德发展。[③]

---

① OCHS E, KREMER-SADLIK T. Introduction: Morality as family practice[J]. Discourse & Society, 2007, 18（1）: 5-10.

② KUCZYNSKI L, PARKIN C M. Agency and bidirectionality in socialization: Interactions, transactions, and relational dialectics[C]// GRUSEC J E, HASTINGS P D. Handbook of socialization: Theory and research. London: Guilford Press. 2007: 259-283.

③ KILLEN M, SMETANA J G. Handbook of moral development[M]. 2nd ed. NY: Psychology Press, 2014.

1. 抚养者的社会化方式与实践

（1）亲子关系和亲子互动：依恋与相互回应。家庭生活中的道德教育是亲代与子代间进行的道德传承活动，亲子关系和亲子互动是亲代引导子代学习道德文化的有力保障。在以传统教养方式为主的中国家庭中，纵向的亲子互动贯穿个体社会化的整个过程。亲子关系建立在遗传基因和血缘关系的自然基础上，后天的社会情感关系建立在抚养者与婴幼儿的亲密互动过程中。同时，在主动与被动的互动过程中，年幼的孩子首次接触到各种道德规范和各类价值观念，奠定和塑造了儿童个人品德和社会道德发展的基础。

良性亲子互动为儿童成长提供了舒适的家庭气氛，为幼儿形成积极的自我概念、信任感和合作性等奠定了基础，而且父母的温暖与回应有助于儿童亲社会道德发展。[1]亲子之间的相互回应导向以安全性依恋关系为基础，积极、信任、合作和互动的亲子关系与幼儿道德积极发展呈正相关关系，安全性依恋关系有助于成年人构建儿童早期的道德认同和道德情感的发展，[2][3]例如，帮助儿童产生对家庭的归属感以至进一步产生对集体和家乡甚至对祖国的归属感。父母对儿童的支持、关爱及回应被认为可以促进亲社会行为，亲子关系中亲密性和温暖的性质，尤其是彼此之间的积极回应性，将有助于提升儿童对社会性问题的道德感受性和敏感性，提高儿童对父母的社会化要求的接受程度及儿童的亲社会性水平。[4][5]

（2）教养方式和管教策略：支持、惩罚、纪律和监督。父母教养方式及其表现出来的教养行为是家庭微系统中影响儿童发展结果最稳定、最直接的因素之一。不同程度地影响着儿童的道德情感体验和社会行为。研究证实，受到权

---

① KOCHANSKA G, FORMAN D R, AKSAN N, et al. Pathways to conscience: Early mother-child mutually responsive orientation and children's moral emotion, conduct, and cognition[J]. Journal of Child Psychology and Psychiatry, 2005, 46(1): 19-34.

② YOO H, FENG X, DAY R D. Adolescents' empathy and prosocial behavior in the family context: A longitudinal study[J]. Journal of Youth and Adolescence, 2013, 42(12): 1858-1872.

③ WALKER L J, FRIMER J A. Moral personality of brave and caring exemplars[J]. Journal of personality and Social Psychology, 2007, 93(5): 845.

④ KOCHANSKA G, FORMAN D R, AKSAN N, et al. Path- ways to conscience: Early mother-child mutually responsive orien- tation and children's moral emotion, conduct, and cognition[J]. Journal of Child Psychology and Psychiatry, 2005, 46: 193-194.

⑤ DIAMOND L M, FAGUNDES C P, BUTTERWORTH M R. Attachment style, vagal tone, and empathy during mother-adolescent interactions[J]. Journal of Research on Adolescence, 2012, 22(1): 165-184.

威型教养方式的孩子在社会性和心理健康水平方面发展更好，[①]重视推理并详细解释说明为何依从的民主管教方式则更有可能发展儿童的内在价值感，[②]温暖和支持性的家庭教养环境能创造一种亲近和信任的氛围，这有助于提升儿童的亲社会性水平和外化亲社会行为。专制的教养行为会引发儿童对惩罚的恐惧，从而导致儿童过度觉醒和自我关注。忽视型（冷漠、拒绝）和专制型教养方式与儿童的反社会行为有关，阻碍儿童道德认知的发展。[③④]父母温暖的缺失及高水平的拒绝惩罚是儿童外化问题行为发生和持续的重要预测因素。[⑤⑥]大多数研究认为，不良的父母教养方式是儿童暴力行为和反社会行为的一个危险因素，如网络欺凌、校园暴力[⑦⑧]，在父母极端消极控制下，儿童的身体虐待与儿童低水平的同情心和亲社会行为有关。[⑨]

在不同的文化体系下，人们对教养行为与儿童道德发展关系的观念不一致。尽管专制和惩罚可能会促使孩子立即服从父母主导的期望，但从长远来看，这些做法通常被认为是与孩子的问题行为有关的教养行为。然而，这种说法在非西方文化中可能不太正确，特别是对于那些惩罚或控制行为被认为是规范的文化中。例如，亚穆尔鲁（Bilge Yagmurlu）等发现，在生活于澳大利亚的土耳其学龄前儿童中，父母要求服从的行为与更高的亲社会行为有关，但在英澳儿童中没有发现类似的关系。[⑩]

① BAUMRIND D. Patterns of parental authority and adolescent autonomy[J]. New directions for child and adolescent Development, 2005, 108: 61-69.

② PATRICK R B, GIBBS J C. Inductive discipline, parental expression of disappointed expectations, and moral identity in adolescence[J]. Journal of Youth and Adolescence, 2012, 41: 973-983.

③ 陈梦一，祝大鹏. 家庭教养方式对青少年道德认知的影响：道德完美主义的中介效应[J]. 中国健康心理学杂志，2021, 29（9）: 1399-1407.

④ 马云青，乔晓光，邢晓沛. 父母温暖和拒绝与学龄儿童违纪行为的关系：冷漠无情特质的调节作用[J]. 中国临床心理学杂志，2022, 30（1）: 139-143, 186.

⑤ WANG M. Harsh parenting and adolescent aggression: Adolescents' effortful control as the mediator and parental warmth as the moderator[J]. Child Abuse & Neglect, 2019, 94: 104021.

⑥ YUN H J, CUI M. The effects of parental warmth on adolescent delinquency in the United States and South Korea: a cross-cultural perspective[J]. Journal of Youth and Adolescence, 2020, 49（1）: 228-237.

⑦ SUÁREZ-RELINQUE C, DEL MORAL ARROYO G, LEÓN-MORENO C, et al. Child-to-parent violence: Which parenting style is more protective? A study with Spanish adolescents[J]. International Journal of Environmental Research And Public Health, 2019, 16（8）: 1320.

⑧ GROGAN-KAYLOR A. Corporal punishment and the growth trajectory of children's antisocial behavior[J]. Child Maltreatment, 2005, 10（3）: 283-292.

⑨ ANTHONYSAMY A, ZIMMER-GEMBECK M J. Peer status and behaviors of maltreated children and their classmates in the early years of school[J]. Child Abuse & Neglect, 2007, 31（9）: 971-991.

⑩ YAGMURLU B, SANSON A. Parenting and temperament as predictors of prosocial behaviour in Australian and Turkish Australian children[J]. Australian Journal of Psychology, 2009, 61（2）: 77-88.

此外，严厉的父母管教策略与移情或亲社会行为的关系可能因儿童的气质特征而异。例如，康奈尔（Amy H. Cornell）等的报告称，父母教养观念的不一致与行为不受约束儿童的移情水平呈负相关关系，但与受约束的儿童无关。[①]此外，与相对无所畏惧的、大胆的儿童相比，父母的专制型教养方式对胆小和易恐惧儿童的道德自我（包括移情）的不利影响似乎更大[②]。这一发现与霍夫曼的观点一致，即儿童需要体验最佳的唤醒水平才能获得有效的社会化信息[③]。

而且，强调纪律/管教（discipline）和监督（monitoring）是道德教育中必不可少的，父母为孩子设定适当的限制和监督儿童，有助于发展儿童的自律道德。设定限制，是指使用适当的规则和期望，以及始终一致地执行这些行为规范，这对于塑造儿童未来的遵守行为和社会理想行为至关重要。[④]父母的监控是"一套相关的养育行为，包括关注和跟踪孩子的行踪、活动和适应能力"[⑤]，随着儿童独立性的慢慢增强，也意味着他们越来越多地暴露在一系列风险当中，父母须了解儿童的社会行为和心理状况，与儿童建立亲密的联系，但是不要试图控制孩子，只是帮助儿童规避一些不必要的伤害[⑥]。

（3）引导和说教。父母的悉心引导是儿童道德发展的重要教育实践，要求孩子改变其行为必须提供解释或理由，引导孩子关注他人的情绪反应或深刻认识自己行为将造成的后果，能促进儿童内化有关道德规则和社会理解。父母的适当引导能激发孩子学习的最佳水平，即吸引孩子的注意力，但不会干扰其学习。随着时间的推移，儿童也会逐渐内化这些信息，因为他们在处理信息方面关注的焦点是自己的行为及其后果，而不是作为惩戒代理人的父母。有证据表

① CORNELL A H, FRICK P J. The moderating effects of parenting styles in the association between behavioral inhibition and parent-reported guilt and empathy in preschool children[J]. Journal of Clinical Child and Adolescent Psychology, 2007, 36（3）: 305-318.

② KOCHANSKA G, AKSAN N, JOY M E. Children's fearfulness as a moderator of parenting in early socialization: Two longitudinal studies[J]. Developmental Psychology, 2007, 43（1）: 222.

③ HOFFMAN M L. Empathy and moral development: Implications for caring and justice[M]. Cambridge: Cambridge University Press, 2001.

④ SCHNEIDER W J, CAVELL T A, HUGHES J N. A sense of containment: Potential moderator of the relation between parenting practices and children's externalizing behaviors[J]. Development and Psychopathology, 2003, 15（1）: 95-117.

⑤ DISHION T J, MCMAHON R J. Parental monitoring and the prevention of child and adolescent problem behavior: A conceptual and empirical formulation[J]. Clinical Child & Family Psychology Review, 1998, 1: 61-75.

⑥ LUTHAR S S, BARKIN S H, CROSSMAN E J. "I can, therefore I must": Fragility in the upper-middle classes[J]. Development and Psychopathology, 2013, 25（4pt2）: 1529-1549.

明，父母使用引导方式与儿童的亲社会行为和同情心之间存在关联。[①]鼓励孩子换位思考的养育方式能提高儿童的观点采择能力，而这一能力与亲社会行为有关。[②]而且在不同种族背景的家庭中，父母善于引导与儿童的同情心和各种亲社会行为呈正相关关系。[③]

父母引导管教和与儿童移情相关反应或亲社会行为之间的关系取决于各种因素，父母在引导儿童时的说话语气、强化方式及在家庭互动过程中的情绪反应影响着幼儿对道德规范的吸收。例如，父母在极为愤怒的情况下进行引导可能无效或可能与低亲社会行为有关；[④]同样地，当父母使用专制型教养策略时，引导的有效性也可能会降低。[⑤]基于社会学习理论，表扬和强化能增加孩子的分享与帮助，但是研究表明，提供外部奖励可能会削弱儿童亲社会行为的内在动机[⑥⑦]，进而诱发他们参与亲社会活动的外在动机，而非物质化的强化方式（如口头表扬）则可能增加儿童的亲社会行为[⑧]。此外，情绪具有感染性，父母的愤怒和厌恶等情绪在向儿童传达遵守重要规则方面发挥着重要作用。父母对幼儿道德越轨行为的情绪反应提供了有关事件性质的重要信息。邓恩（Judy Dunn）观察到，当父母带着强烈的负面情绪传达规则时，儿童对规则的感知最敏锐。[⑨]母亲对孩子负

① LAIBLE D, EYE J, CARLO G. Dimensions of conscience in mid-adolescence: Links with social behavior, parenting, and temperament[J]. Journal of Youth and Adolescence, 2008, 37(7): 875-887.

② FARRANT B M, DEVINE T A J, MAYBERY M T, et al. Empathy, perspective taking and prosocial behaviour: The importance of parenting practices[J]. Infant and Child Development, 2012, 21(2): 175-188.

③ CARLO G, KNIGHT G P, MCGINLEY M, et al. The roles of parental inductions, moral emotions, and moral cognitions in prosocial tendencies among Mexican American and European American early adolescents[J]. The Journal of Early Adolescence, 2011, 31(6): 757-781.

④ DENHAM S A, RENWICK-DEBARDI S, HEWES S. Emotional communication between mothers and preschoolers: Relations with emotional competence[J]. Merrill-Palmer Quarterly(1982-), 1994, 40(4): 488-508.

⑤ EISENBERG N, FABES R A, SPINRAD T L. Prosocial development[C]//EISENBERG N. Handbook of Child Psychology. New York: John Wiley&Sons, Inc., 2006: 646e718.

⑥ WARNEKEN F, TOMASELLO M. Parental presence and encouragement do not influence helping in young children[J]. Infancy, 2013, 18(3): 345-368.

⑦ CARLO G, CROCKETT L J, RANDALL B A, et al. A latent growth curve analysis of prosocial behavior among rural adolescents[J]. Journal of Research on Adolescence, 2007, 17: 301-324.

⑧ HASTINGS P D, MCSHANE K E, PARKER R, et al. Ready to make nice: Parental socialization of young sons' and daughters' prosocial behaviors with peers[J]. Journal of Genetic Psychology, 2007, 168(2): 177-200.

⑨ DUNN J. Moral development in early childhood and social interaction in the family[M]// KILLEN M, SMETANA J G. Handbook of moral development. Mahwah, NJ: Lawrence Erlbaum, 2006: 331-350.

面情绪的恰当反应与孩子的同情心、亲社会行为和个人痛苦反应有关[①]，如母亲对儿童痛苦的反应与儿童的移情和亲社会行为呈正相关关系[②]。由此可见，儿童的道德品质应在积极向上的教化体验中才能真正发展起来。

2. 兄弟姐妹

父母并不是家庭中唯一的社会化媒介，同胞关系是人生中持续时间最长的人际关系，对儿童的观念和行为有着重要影响。同胞关系也是儿童道德发展的重要背景，而且随着年龄的增长会越来越重要。[③]有时候，家里的兄弟姐妹之间会发生很多冲突导致家庭不和谐，因为很可能会出现家长对一个孩子关注过多而对另一个孩子关注不足，或者兄弟姐妹之间互相竞争，弟弟妹妹的出生给哥哥姐姐带来心理创伤，以及导致攻击性增强等问题。不过，也有研究表明，兄弟姐妹对个体心理和行为发展具有积极意义，但是家庭中的其他因素可能通过影响同胞关系对儿童的道德社会性发展产生积极或消极作用，例如，一些研究倾向于将同胞关系与父母教养方式、婚姻关系等因素联系起来，共同考察对儿童发展的交互影响。[④⑤]

兄弟姐妹之间的互动可能是学习大胆表达自己的想法、通过争论和解决争端的理想环境。虽然兄弟姐妹之间的问题确实存在，但兄弟姐妹对个体社会发展的影响可能是积极的而不是消极的，人们普遍认为，像父母一样，哥哥姐姐有助于弟弟妹妹的移情和亲社会倾向的社会化。[⑥⑦]比如，在兄弟姐妹争论过程中，尤其是在年龄相仿的同性兄弟姐妹之间，大一点的孩子可以通过指导他们的弟弟妹妹来增加说服、表达能力，年幼的孩子可能会习得一些协商技能。[⑧]积极的兄弟姐妹关系可能会给孩子提供了解他人需求和如何有效照顾他人的机

① GARNER P W. Prediction of prosocial and emotional competence from maternal behavior in African American preschoolers[J]. Cultural Diversity and Ethnic Minority Psychology, 2006, 12(2): 179-198.

② DAVIDOV M, GRUSEC J E. Untangling the links of parental responsiveness to distress and warmth to child outcomes[J]. Child Development, 2006, 77(1): 44-58.

③ DUNN J. Moral development in early childhood, and social interaction in the family[M]//KILLEN M, SMETANA J G. Handbook of moral development. 2nd ed. New York, NY: Psychology Press: 2014: 135-159.

④ 孙雪洁. 头胎儿童移情与同胞关系的关系：父母婚姻关系的调节作用及同胞关系干预研究[D]. 苏州：苏州大学，2017.

⑤ 朱静. 同胞关系对幼儿社会性发展的影响：教养方式的中介作用[D]. 杭州：杭州师范大学，2020.

⑥ LAM C, SOLMEYER A, MCHALE S. Sibling relationships and empathy across the transition to adolescence[J]. Journal of Youth and Adolescence, 2012, 41: 1657-1670.

⑦ TUCKER C, UPDEGRAFF K, MCHALE S. Older siblings as socializers of younger siblings' empathy[J]. The Journal of Early Adolescence, 1999, 19: 176-198.

⑧ BRODY G. Siblings' direct and indirect contributions to child development[J]. Current Directions in Psychological Science, 2004, 13: 124-126.

会，这种关系可能会为他们提供一个缓冲，使他们免受压力和负面情绪的影响。①由于哥哥姐姐拥有更多的知识和能力，人们普遍认为弟弟妹妹至少在童年时期——更有可能模仿哥哥姐姐，并向其学习，反之亦然。②但是，兄弟姐妹之间的社会化是互惠的，而不是单向的。③弟弟妹妹的社会能力不仅仅是受益于哥哥姐姐，同样，更有同理心和更有爱心的弟弟妹妹也可能促进哥哥姐姐的类似倾向。④⑤

兄弟姐妹之间的互动交流有助于个体社会性发展，但这并不意味着兄弟姐妹数量越多越好，而是取决于儿童之间的关系性质和关系质量，而且兄弟姐妹之间的年龄差距具有一定的影响。相较于独生子女，拥有一定数量兄弟姐妹的儿童表现出更高水平的情绪理解能力和社会交往能力，以及更多的亲社会行为和更少的外化问题行为。⑥⑦但兄弟姐妹的数量不是关键因素，同胞关系质量才是更为重要的影响指标。积极、温暖的兄弟姐妹关系是个体应对外部风险的保护性因素，他们将拥有更好的同伴关系；而消极的兄弟姐妹关系往往会导致个体产生各种内化问题和外化问题行为。⑧⑨由于兄弟姐妹相处的时间较长，尤其是年龄差异较小的兄弟姐妹，彼此之间比较熟悉，也比较无拘无束。因此，他们在社会理解和社交技能的发展中会起到相当大的作用⑩，同时年龄差距小也

① WHITEMAN S, BECERRA J, KILLOREN S. Mechanisms of sibling socialization in normative family development[J]. New Directions for Child and Adolescent Development, 2009, 126: 29-43.

② WHITEMAN S, JENSEN A, MCHALE S. Sibling influences on risky behaviors from adolescence to young adulthood: Vertical socialization or bidirectional effects? [J]. New Directions for Child and Adolescent Development, 2017, 156: 67-85.

③ JAMBON M, MADIGAN S, PLAMONDON A, et al. The development of empathic concern in siblings: A reciprocal influence model[J]. Child Development, 2019, 90(5): 1598-1613.

④ DUNN J, BROWN J, MAGUIRE M. The development of children's moral sensibility: Individual differences and emotion understanding[J]. Developmental Psychology, 1995, 31: 649-659.

⑤ SCOTT R, KOSSLYN S. Emerging trends in the social and behavioral sciences: An interdisciplinary, searchable, and linkable resource[M]. NJ: John Wiley & Sons, Inc, 2015: 1-15.

⑥ YUCEL D, YUAN A V. Do siblings matter? The effect of siblings on socio-emotional development and educational aspirations among early adolescents[J]. Child Indicators Research, 2015, 8(3): 671-697.

⑦ DOWNEY D B, CONDRON D J. Playing well with others in kindergarten: The benefit of siblings at home[J]. Journal of Marriage and Family, 2004, 66(2): 333-350.

⑧ BUIST K L, DEKOVIĆ M, PRINZIE P. Sibling relationship quality and psychopathology of children and adolescents: A meta-analysis[J]. Clinical Psychology Review, 2013, 33(1): 97-106.

⑨ DIRKS M A, PERSRAM R, RECCHIA H E, et al. Sibling relationships as sources of risk and resilience in the development and maintenance of internalizing and externalizing problems during childhood and adolescence[J]. Clinical Psychology Review, 2015, 42: 145-155.

⑩ 赵凤青, 俞国良. 同胞关系及其与儿童青少年社会性发展的关系[J]. 心理科学进展, 2017, 25(5): 825-836.

具有更高水平的亲密和冲突[①]，也提供了更多交流互动的机会（如共同游戏）。但是，有研究证明，在年龄相距较大的兄弟姐妹中，哥哥姐姐对弟弟妹妹移情发展的影响更明显，年龄差异越大，哥哥姐姐的社会化实践就越频繁越有效。[②]

同胞关系对个体社会性的发展常常受到父母教养方式及行为、婚姻关系等因素的影响。一般来说，专制型教养方式往往与同胞冲突和竞争呈正相关关系，而民主型教养方式则与同胞亲密之间呈正相关关系。[③]父母在处理同胞冲突时的态度和解决方式会影响兄弟姐妹之间的关系性质。在家庭中，父母通常会介入兄弟姐妹之间发生的物体争执的类似冲突，如果父母关注协调他们之间的关系以促进家庭和睦[④]，将为儿童解决问题和冲突树立榜样，潜移默化地教给儿童某些社会技能和人际交往技巧。孩子不仅会将父母的训导信息内化，而且会从与兄弟姐妹的互动中、与父母传达公平信息的过程中，建构自身的权利和公平等概念。[⑤]父母通常会以不同的方式对待孩子，因为他们有不同的个性、需求或兴趣。孩子通常认为父母的区别对待是公平且合适的，可以满足兄弟姐妹的不同需要[⑥]；但是，当它被视为不公平或不合理时，就会给孩子的适应和家庭关系带来问题。也许是因为随着儿童年龄的增长，特别是进入青春期，他们会对父母差别对待的不公平会做出更多反应[⑦]，父母的差别对待对于儿童来说极为有害，尤其是在它涉及儿童感知到的父母温暖差异时，这也会影响到同胞间的温暖关系。婚姻关系也会影响同胞关系，一项研究通过对小学四年级到六年级的儿童进行问卷调查，发现良好的父母婚姻关系对头胎儿童移情水平与同胞关系之间的关系具有正向调节作用。[⑧]

---

① BUHRMESTER D, FURMAN W. Perceptions of sibling relationships during middle childhood and adolescence[J]. Child Development, 1990, 61：1387-1398.

② CAMPIONE-BARR N, KILLOREN S. Sibling relationships and development[M]//SCOTT R, KOSSLYN, S. Emerging trends in the social and behavioral sciences：An interdisciplinary, searchable, and linkable resource. NJ: John Wiley&Sons, 2015：1-15.

③ 庄妍. "二孩"家庭儿童同胞关系调查[J]. 中国校医, 2017, 31（10）：737-738, 742.

④ ROSS H S. Negotiating principles of entitlement in sibling property disputes[J]. Developmental Psychology, 1996, 32（1）：90.

⑤ ROSS H, TESLA C, KENYON B, et al. Maternal intervention in toddler peer conflict：The socialization of principles of justice[J]. Developmental Psychology, 1990, 26（6）：994.

⑥ KOWAL A, KRAMER L. Children's understanding of parental differential treatment[J]. Child Development, 1997, 68：113-126.

⑦ MCHALE S M, UPDEGRAFF K A, Jackson-Newsom J, et al. When does parents' differential treatment have negative implications for siblings？[J]. Social Development, 2000, 9：149-172.

⑧ 孙雪洁. 头胎儿童移情与同胞关系的关系：父母婚姻关系的调节作用及同胞关系干预研究[D]. 苏州：苏州大学, 2017.

3. 早期照护：生理压力和社会剥夺的破坏作用

一般在讨论家庭对儿童道德发展中的作用时，我们往往在家庭互动的层次上进行探讨，从而忽视了一些早期照护因素，早期的生理压力和早期社会剥夺（early social deprivation）对儿童社会性发展具有破坏性作用。

纳尔瓦兹在 *Neurbiology and the Development of Human Morality*[①] 中，从更加新颖的视角来阐述了影响个体道德发展的生理性因素，论述了早期照护对儿童道德发展的影响。在我们的关系发展系统中，我们获得的被支持或拒绝的条件，在一定程度上预测着我们成为什么样的人。在很多时候，一个有生命的实体如何发展和成熟的过程，构成了这个实体最终是什么和会发展成什么样的个体。如果早期护理不到位，就会把一个人置于一种次优的轨道上，并导致其走上一条不同的成长道路。在生命早期，如果抚养者对儿童发展缺乏照顾，没有满足其基本需求，就会导致其大脑结构完整性、荷尔蒙调节和系统整合的发展缺陷，从而导致社会性发展障碍。早期的压力对长期的健康尤其有害，因为它会破坏大脑和身体系统的发育。当一个儿童没有得到适当的照顾时，更原始的大脑系统可能会支配其社会关系，限制儿童最佳的道德成长。应激反应会压倒其心理和道德功能。

糟糕的社区、糟糕的家庭和糟糕的关系之所以会滋生暴力，可能并不是因为个体道德品质的恶化，而是因为应激反应能力的不断恶化。随着压力在神经系统中的磨损消耗，个体对危险的评估变得越来越不准确，可能将微小的侮辱也当作对自己的重大威胁。即使处于温暖的环境，也会呈现出一种新的情感紧迫感，导致个体的同情心退居二线，从而不能在早期顺利发展，取而代之的是缓解紧张神经系统的麻木不适感。在真实的和想象的威胁情境中，个人会采取人类祖先的历史生存策略——战斗、逃跑或瘫痪（freeze）。

生物对压力的反应进化在个体面临严重威胁时有所帮助，是帮助个体生存下来的有力保障。但如果它们很容易被触发，如当下丘脑—垂体—肾上腺轴总是处于敏感状态时，这些常用的保护机制就会变得有害。当慢性激活时，它们会转化为功能障碍或病理。如果压力过大且压力持续时间过长或发生在早期阶段，就会对 NMDA 受体等神经递质造成长期损害。通过大数据可以看出，在我国新一代组成的家庭中，父母和孩子面临的显性与隐性压力正在逐渐增加。近

[①] NARVAEZ D. Neurobiology and the development of human morality[M]. New York：W. W. Norton & Company, 2014.

几十年来，由于过度活跃的压力反应系统而导致的心理健康问题激增，这些过度活跃和冲动的应激反应会损害生理与心理健康——这关系到个体的道德发展。破坏生理健康的因素也能改变道德品质。压力可以让我们进入一种不同的道德心态——从大脑冻结瘫痪转化为好斗，这种早期的生理压力对大脑神经发育（道德脑）具有极大的阻碍作用。

早期缺乏物质和照料将造成儿童经历社会剥夺。剥夺一般分为绝对剥夺（absolute deprivation）和相对剥夺（relative deprivation）：绝对剥夺是指个体或群体受不公平、非合理的待遇等影响，基本的生活需求（食品、衣物、住所等）难以满足的客观状态；[1]相对剥夺指个人或群体在纵向自我比较中，对自身不利地位的感知。[2]这些处于困境的弱势儿童在成长过程中极易遭遇社会剥夺[3]，尤其是早期经历绝对剥夺的个体可能也会更多地体验相对剥夺，他们大多属于社会贫困阶层或弱势群体。儿童在生命发展早期由于居住环境差，营养和护理状况不良，加上主要照料者频繁变换，个性化照料缺失，亲子互动沟通和社会性刺激贫乏，人际交往多被忽视，不良的早期生活经历导致个体出现种种心理问题和社会性问题。[4]早期暴露于社会剥夺环境中，可能引发身体、认知、行为和社会情感发展的严重迟缓[5]，早期剥夺与儿童不适应行为和社会问题有关，包括适应不良、冲动控制和违反规则[6]。

早期社会剥夺的影响会延续至儿童的青少年时期，社会认知障碍可能持续存在，甚至可能随着时间的推移而增加。[7]尤其是儿童处在青少年时期时，道德认知对神经发育特别敏感。[8]一项神经发育科学研究首次报告了遭遇社会剥夺个体的道德敏感性的非典型神经发育过程，控制执行功能和教育水平，使用

① 李强. 社会学的"剥夺"理论与我国农民工问题［J］. 学术界，2004（4）：7-22.

② SMITH H J, PETTIGREW T F, PIPPIN G M, et al. Relative deprivation：A theoretical and meta-analytic review［J］. Personality and Social Psychology Review, 2012, 16（3）：203-232.

③ 陈立，王倩，赵微，等. 早期社会剥夺的发展风险与儿童依恋障碍［J］. 学前教育研究，2021（10）：22-31.

④ CARLSON M, EARLS F. Psychological and neuroendocrinological sequelae of early social deprivation in institutionalized children in Romania［J］. Annals of the New York Academy of Sciences, 1997（7）：419-428.

⑤ POLLAK S D, NELSON C A, SCHLAAK M F, et al. Neurodevelopmental effects of early deprivation in postinstitutionalized children［J］. Child Development, 2010, 81（1）：224-236.

⑥ HAWK B, MCCALL R B. CBCL behavior problems of post-institutionalized international adoptees［J］. Clinical Child and Family Psychology Review, 2010, 13（2）：199-211.

⑦ COLVERT E, RUTTER M, KREPPNER J, et al. Do theory of mind and executive function deficits underlie the adverse outcomes associated with profound early deprivation：Findings from the English and Romanian adoptees study［J］. Journal of Abnormal Child Psychology, 2008, 36（7）：1057-1068.

⑧ DECETY J, MICHALSKA K J, KINZLER K D. The contribution of emotion and cognition to moral sensitivity：a neurodevelopmental study［J］. Cerebral Cortex, 2012, 22（1）：209-220.

高密度脑电图（hd EEG）和意图推理任务（Intentional Inference Task, IIT）来测量大脑活动。[1]结果表明，具有早期社会剥夺经历的儿童在前额叶皮层处理道德信息时表现出非典型的大脑活动，说明前额皮质的不成熟发育与早期的压力经历和社会剥夺有关，这是第一次证明早期社会剥夺在道德决策领域影响后期神经发育。由此可见，社会环境在早期道德发展中的重要性，支持了社会剥夺导致的前额叶不成熟模型。

因此，早期的照护虽然只是直接作用于儿童的大脑神经系统的发展，但是身心发展是相辅相成的，未得到充足的营养和安全的物理环境很有可能对儿童造成压力[2]，进而间接影响儿童的心理健康和道德发展，外部的家庭环境和社区环境对儿童造成的影响是长远且深刻的。

（二）家庭之外的儿童道德社会化

1. 社会文化

每个人都处于某种社会文化中，文化的形态和观念塑造了人们的道德生活，人是在其所属文化中通过参与不同的社会交互活动并对此做出反思而发展道德或其他社会性概念的。文化是历史的建构，是在合作、异议、权力争斗、个体间对意义进行争议的背景下存在并持续发展的。[3]这种观点认为，文化并没有使个体感受、思考或用这种或那种方式行为，文化只是多样化的外部环境，能够提供多元化社会交互作用的机会而已。同时，也应注重文化差异的影响，并认识到道德的文化差异性。其实，在不同时期基于共同文化建构的社会政治制度、经济发展水平、社会氛围等集体记忆，都不同程度地塑造了人们的核心道德素养，并且影响着个体或群体品德的发展变化。[4]

不同学者总是试图对人类道德做出结构划分，总结人类共有的、最重要的、普遍的道德基础。特里尔（Elliot Turiel）基于规范、习俗之间的区别，区分了道德领域和非道德领域，道德是对正义、权利和福利的规定性判断，与社会环境无关，而有关团体、宗教和传统的规则属于非道德领域的"社会习

① ESCOBAR M J, HUEPE D, DECETY J, et al. Brain signatures of moral sensitivity in adolescents with early social deprivation[J]. Scientific Reports, 2014, 4（1）: 1-8.

② SHONKOFF J P, GARNER A S. Committee on psychosocial aspects of child and family health committee on early childhood, adoption, and dependent care section on developmental and behavioral pediatrics the lifelong effects of early childhood adversity and toxic stress[J]. Pediatrics, 2012, 129（1）: e232-e246.

③ ABU-LUGHOD L. Writing against culture. In R. E. Fox（Ed）, Recapturing anthropology Working in the present[M]. Santa Fe, NM: School of American Researcch Press, 1991.

④ 章乐. 集体记忆与德育[J]. 教育学报, 2022, 18（2）: 89-99.

俗"（social convention）①。史威德指出，世界上存在着"自治（autonomy）、社区（community）和神性（divinity）"三种伦理，每种伦理都是一套相互关联的道德主张，其功能是保护不同的实体。②"自主伦理"的功能是保护个人，使用伤害和痛苦、权利和正义、自由和自主等概念；"社区伦理"通过责任、尊重、荣誉、忠诚和习俗等概念来保护团体、机构和其他集体实体。"神性伦理"起着保护和颂扬上帝的作用，包括纯洁、虔诚、贞洁和其他形式的自我约束等道德观念，目的是帮助人们以一种更神圣的方式生活。海特（Jonathan Haidt）等人结合进化心理学和人类学的研究，试图确定跨文化的所有现象，这些现象需要用任何适当的人类道德理论来解释，他们确定了五组关注点，每一组都与适应性挑战和一种或多种道德情感相关联，作为人类道德心理基础的最佳候选者，即"关怀/伤害（harm/care）、公平/互惠（fairness/reciprocity）、内群/忠诚（ingroup/loyalty）、权威/尊重（authority/respect）、神圣/堕落（purity/sanctity）"。③

在不同文化背景下，社会关注的道德内容和道德结构可能存在差异性，导致社会要求的道德教育目的和要求有所不同，也导致社会中的人们的道德关注点不一样。不同文化的个体对每种道德领域的认可和偏好也各不相同，西方人崇尚自由主义，因此更关注自治伦理（私德），而东方人重视集体主义和社群主义，则更多考虑社区伦理和神性伦理（公德）。④深受儒家思想和集体主义文化的影响，中国人非常关注社会公德，且道德和文明是密不可分的。中国人经常把"不文明"作为典型的不道德行为，并以"文明"程度作为判断一个人行为道德与否的重要标准。⑤⑥例如，布克特尔（Buchtel）等研究发现，中国人将不文明行为和有害行为都视为不道德行为，而西方人更多将伤害性行为当作不道德

① HUEBNER B, LEE J, HAUSER M. The moral-conventional distinction in mature moral competence[J]. Journal of Cognition & Culture, 2010, 10(1): 1-26.
② SHWEDER R A, MUCH N C, MAHAPATRA M, et al. The "Big Three" of morality (autonomy, community, and divinity), and the "Big Three" explanations of suffering[C]//BRANDT A, ROZIN P. Morality and Health. New York: Routledge, 1997: 119-169.
③ HAIDT J, JOSEPH C. The moral mind: How five sets of innate intuitions guide the development of many culture-specific virtues, and perhaps even modules[M]//CARRUTHERS P, LAURENCE S, STICH S. The Innate Mind. England: Oxford University Press, 2008: 367-391.
④ SHWEDER R A, MAHAPATRA M, MILLER J. Culture and moral development[C]//KAGAN J, LAMB S. The emergence of morality in young children, Chicago: University of Chicago Press, 1987: 1-83.
⑤ 张彦彪, 赵英男, 李华智, 等. 社会规范的文化延伸: 文明作为中国人的一种道德基础[J]. 自然辩证法通讯, 2022, 44(5): 19-26.
⑥ BERNIŪNAS R, SILIUS V, DRANSEIKA V. Beyond the moral domain: The normative sense among the Chinese[J]. Psichologija, 2019, 60: 86-105.

行为，这表明中国人非常注重个体的文明行为，往往将不文明行为定义为"不道德"。^①可见，在文化背景下，人们对于道德的理解不一致，对于不同行为的道德认同度也不同。

2. 社区环境的协同作用

（1）同龄人与社交网络。社会互动在获得更复杂的道德推理中起着关键作用，但是儿童在与成年人和与同伴交流中产生的社会知识在本质上是不同的，同伴之间的平等关系为道德建构提供了基础。^②随着儿童交往范围的扩大和独立行动能力的提高，其交往重心逐渐从成年人转移至同龄人，同伴群体可以满足儿童的社会需要，儿童也对同伴群体具有强烈的归属感，但是不良的社交网络潜藏着危险因素，不利于儿童的道德成长。

友好的同伴群体和同伴关系是促进儿童道德社会化的重要催化剂，同伴接纳让儿童体验到归属感，具有高质量友谊的儿童更可能关注别人的利益、情感和人际关系，且友谊能抵御儿童受到同伴欺凌的风险^③，为儿童道德发展和成长营造了积极社会环境。同伴关系是儿童道德决策的重要组成部分，同伴依恋（peer attachment）与个体支持牺牲自己利益的程度有关，尤其是对于女孩来说^④。同伴之间的积极或消极互动，使儿童能够直观地考虑他人的观点、感受和理解道德规则，因为儿童的人际冲突为他们提供了一个学习行为和结果直接联系的环境，如打人会引起疼痛。儿童对这些经历的回忆，以及他们对其他孩子被打和哭泣的反应的观察，可以使他们推断出故意打人是错误的，尤其是当他们与受害者产生共情的时候。友谊通常被定义为一种互惠的关系，这种互惠关系包括回应、合作和协调，高质量的友谊为儿童提供了社会支持，为其公正、平等和同理心等概念的发展奠定了基础。^⑤积极的同伴关系对儿童的亲社会发展很重要，同伴关系质量通过信任对后期亲社会行为产生了间接影响，促进儿童

① BUCHTEL E E, GUAN Y, PENG Q, et al. Immorality East and West: Are Immoral Behaviors Especially Harmful, or Especially Uncivilized? [J]. Personality and Social Psychology Bulletin, 2015, 41（10）: 1382-1394.

② BROWNELL C A. Early development of prosocial behavior: Current perspectives[J]. Infancy, 2013, 18（1）: 1-9.

③ DUNN J, CUTTING A L, DEMETRIOU H. Moral sensibility, understanding others, and children's friendship interactions in the preschool period[J]. British Journal of Developmental Psychology, 2000, 18: 159-177.

④ KOENIG S, GAO Y. Moral decision making in adolescents: The effects of peer attachment, interpersonal affect, and gender[J]. Journal of Adolescence, 2022, 94: 166-175.

⑤ MCDONALD K, MALTI T, KILLEN M, et al. Best friends' discussion of social dilemmas[J]. Journal of Youth and Adolescence, 2014, 43（2）: 233-244.

早期亲社会技能的项目可能受益于对建立和维持儿童人际关系的信任度，根据幼儿在4岁时的高质量同伴关系能直接预测其5岁时增加的信任度；反过来，幼儿5岁时增加的信任预示着其6岁时亲社会行为的相对增加。①

但是，不平等的同伴关系会通过欺凌、关系攻击（relational aggression）、排斥和拒绝等对儿童造成道德伤害。同伴关系有可能是互惠的，并促进儿童形成平等主义观念，但许多同伴关系反映了不平等、排斥和歧视的关系，这种关系不只是对儿童造成心理伤害，也可能对其情绪和行为健康产生不利影响②，从而制造了儿童道德发展的障碍，如歧视的频率预示着亲社会行为的减少③、较低的学业成就④和低自尊⑤，以及更多的抑郁症状、痛苦甚至躯体不满⑥。涉及欺凌和伤害的同伴互动是违反道德的行为，不公平和不尊重地对待他人的互动行为对他人造成了不同程度的伤害，受害程度越大的儿童面临负面结果的风险越高，包括学习成绩差、心理障碍和社交困难等⑦。

此外，与人际经验不同，当一个群体的成员仅仅是基于群体成员身份，如性别、种族、民族、文化或性取向，将某人排除在外时，就会发生群际间的同伴排斥⑧。群际关系是指内群和外群之间相互作用的关系，这对道德发展既有积极的一面，也有消极的一面：一方面，群际交流关注规范的社会期望，这些期望促进了群体认同和群体从属关系认知，从而提供了一种增强自尊和自信的归属关系；另一方面，群内认同往往会产生群体内部偏好，从而导致对外部群体的厌恶，

① JAMBON M, MALTI T. Developmental relations between children's peer relationship quality and prosocial behavior: The mediating role of trust[J]. The Journal of Genetic Psychology, 2022, 183（3）: 1-14.

② KILLEN M, RUTLAND A . Children and social exclusion: Morality, prejudice, and group identity[M]. New York: Wiley/Blackwell, 2011.

③ COYNE S M, GUNDERSEN N, NELSON D A, et al. Adolescents' prosocial responses to ostracism: An experimental study[J]. The Journal of Social Psychology, 2011, 151: 657-661.

④ BUHS E S, LADD G W, HERALD S L. Peer exclusion and victimization: Processes that mediate the relation between peer group rejection and children's classroom engagement and achievement？ [J]. Journal of Educational Psychology, 2006, 98: 1-13.

⑤ VERKUYTEN M, THIJS J. Ethnic discrimination and global self-worth in early adolescents: The mediating role of ethnic self-esteem[J]. International Journal of Behavioral Development, 2006, 30: 107-116.

⑥ BUHS E S, LADD G W. Peer rejection as antecedent of young children's school adjustment: An examination of mediating processes[J]. Developmental Psychology, 2001, 37: 550-560.

⑦ GRAHAM S, BELLMORE A, NISHINA A, et al. "It must be me": Ethnic diversity and attributions for peer victimization in middle school[J]. Journal of Youth and Adolescence, 2009, 38: 487-499.

⑧ KILLEN M, MULVEY K L, HITTI A. Social exclusion in childhood: A developmental intergroup perspective[J]. Child Development, 2013, 84: 772-790.

这些显性的或隐性的态度都有可能导致偏见、歧视和偏好[1]，并且，研究人员证实，与外群体成员的经常接触能增加道德推理、同理心、观点采择和对他人的亲社会行为[2]，减少偏见最重要的因素是跨群体/种族友谊，因为友谊和同伴关系在道德发展中起着重要作用。因此，群体间的接触是改善对外群体态度的最有效方法之一[3]，拥有来自"外群体"的朋友与减少对整个群体的负面态度有关。阿布德（Frances E. Aboud）等的报告说，歧视早在儿童4岁时就出现了。[4]因此，针对跨群体友谊的干预在发展早期尤为重要。

（2）学校环境和教师。最近，教育工作者和学者越来越认识到积极的学校氛围对预防学生消极发展的重要性，如欺凌犯罪和网络受害等[5]。积极的学校氛围特征是学生社会性良性发展的保护性因素。学校对儿童的学业教育很重要，对他们的道德发展也很重要。学校环境氛围是学校相对稳定的属性，是指学校文化的品格和质量[6]，具体包括学生与学生间的关系、学生的参与机会、学校认同和师生关系，还包括学校的道德风气。儿童对自己学校整体氛围的感知与其道德发展存在潜在联系，影响着儿童的道德认知、道德情绪和道德行为。例如，学生主观感知的学校风气与其道德动机存在显著的相关性，尤其是对于男孩来说[7]，而且具有欺凌经历和被欺凌经历的儿童通常对学校的道德氛围表现出更

① ABRAMS D, RUTLAND A. The development of subjective group dynamics[C]// LEVY S R, KILLEN M. Intergroup attitudes and relations in childhood through adulthood . Studies in Crime and Public Policy . Oxford：Oxford University Press, 2008：47-65.

② TROPP L R, PRENOVOST M A. The role of intergroup contact in predicting children's interethnic attitudes：Evidence from meta-analytic and field studies[C]// LEVY S R, KILLEN M. Intergroup attitudes and relations in childhood through adulthood . Studies in Crime and Public Policy. Oxford：Oxford University Press, 2008：236-248.

③ BRAMBILLA M, HEWSTONE M, COLUCCI F P. Enhancing moral virtues：Increased perceived outgroup morality as a mediator of intergroup contact effects[J]. Group Processes & Intergroup Relations, 2013, 16(5)：648-657.

④ ABOUD F E, SPEARS BROWN C. Positive and negative intergroup contact among children and its effect on attitudes[C]//HODSON G, HEWSTONE M. Advances in intergroup contact. Hove：Psychology Press, 2013：176-199.

⑤ HOLFELD B, LEADBEATER B J. Concurrent and longitudinal associations between early adolescents' experiences of school climate and cyber victimization[J]. Computers in Human Behavior, 2017, 76(9)：321-328.

⑥ WANG X, ZHAO F, YANG J, et al. School climate and adolescents' cyberbullying perpetration：A moderated mediation model of moral disengagement and friends' moral identity[J]. Journal of interpersonal violence, 2021, 36(17-18)：NP9601-NP9622.

⑦ DOERING B, BERGMANN M C, HANSLMAIER M. Die Bedeutung der Schule für die Entwicklung moralischer Motivation unter besonderer Berücksichtigung des Geschlechts[J]. Psychologie in Erziehung und Unterricht, 2015, 62(2)：136-146.

多的负面看法[1]。由此可见，学校环境氛围对儿童道德发展作用的显著性。

教育作为一种道德活动[2]，是建立在两个或更多个人之间的关系基础的。因此必须以关系道德为指导，教师致力于改变他人的行为以达到规定的目的，这些目的包括决定其他人应该知道什么和成为什么样的人——这样的判断是基于价值和价值观的问题，使它们成为一种道德判断。师幼对话是幼儿生活的一个重要方面，其中蕴含着丰富的道德教育意义。每种教育和教学环境都是一种道德环境，教师对学生说什么确实很重要，也正因如此，教育活动才是道德的。

在儿童时期，与父母一样，教师也是儿童发展最重要的影响中介之一。教师对幼儿道德品质和价值观成长的影响蕴含和体现在广泛的日常交往过程中，也渗透于各领域的教育教学中，教师通过树立榜样、课堂教学、道德叙事、实践劳动等多种多样的方式为儿童道德学习和实践提供机会。儿童对权威和社会地位的作用很敏感[3]，教师作为儿童心中的权威人物，其行为举止和综合素养对儿童具有示范性作用，对儿童品性的发展具有长远的影响。例如，教师和学生的道德判断对课堂道德氛围有重要影响，并影响学生在同伴情境下的包容和排斥决策。[4]可见，教师和班级社会背景对儿童的道德意义。此外，教师对儿童道德发展和道德教育教学策略的认知与掌握，还涉及教师自身的儿童观、教育观、教学观等，都是科学道德教育的前提。

真诚、平等、信任和相互尊重的师幼关系建立在情感联结上，积极的师幼关系具有滋养儿童道德品质的作用。研究表明，幼儿的亲社会行为与师生关系密切有关，主要表现为师生关系的温暖、友爱和坦诚交流。[5][6][7]在师幼交往形

[1] VAN DER MEULEN K, BRUGMAN D, HOYOS O, et al. Peer bullying, self-serving cognitive distortions and school moral climate perception in Spanish and Dutch secondary school students[J]. Infancia y Aprendizaje, 2019, 42(2): 337-373.

[2] BUZZELLI C A. The moral implications of teacher-child discourse in early childhood classrooms[J]. Early Childhood Research Quarterly, 1996(12): 515-534.

[3] 李莹丽, 吴思娜. 模糊道德事件中权威对儿童道德推理影响的研究[J]. 心理发展与教育, 2002(3): 12-17.

[4] GASSER L, TETTENBORN A. Teachers' and peers' moral reasoning about exclusion of children with disabilities: relations with exclusive behavior[J]. Psychologie in Erziehung und Unterricht, 2015, 62(1): 30-39.

[5] HOWES C. Social-emotional classroom climate in child care, child-teacher relationships and children's second grade peer relations[J]. Social Development, 2000, 9(2): 191-204.

[6] PIANTA R C, STUHLMAN M W. Teacher-child relationships and children's success in the first years of school[J]. School Psychology Review, 2004, 33(3): 444-458.

[7] ROORDA D L, VERSCHUEREN K, VANCRAEYVELDT C, et al. Teacher-child relationships and behavioral adjustment: Transactional links for preschool boys at risk[J]. Journal of School Psychology, 2014, 52(5): 495-510.

成的关系中，师幼之间是否呈现出真诚、平等和互相尊重与信任信赖的互动关系，是涵养儿童在人际交往中的价值观并使其形成一定的道德品质的关键契机和重要途径。[①]理想的师幼关系是一种情感性关系。在良性师幼互动的过程中，幼儿逐渐摆脱依赖的消极性质，发展出判断能力，并产生对社会群体的依恋。[②]一项横断面研究考察了被同龄人提名为亲社会或攻击性的儿童在道德和非道德领域的越轨行为的评价和正当性，以及他们与师生关系的关系，与被提名为攻击性的儿童相比，更多被提名为亲社会性的儿童认为道德越界是错误的，而且积极的师幼关系与儿童同伴指定的社会行为的关系比儿童对道德和非道德领域的越轨行为的评价更密切。[③]一些研究调查了亲社会行为中的亲子关系和师幼关系的作用，这些研究都是在学龄前的情境下进行测量的，并表明师生关系的质量与儿童的亲社会行为之间存在显著的联系，但母子关系与儿童的亲社会行为之间没有显著的联系。[④⑤⑥]基恩鲍姆（Jutta Kienbaum）等人甚至发现，师生关系对儿童亲社会行为的贡献比母子关系的贡献更明显。[⑦]而且，就算在控制儿童性情的情况下，教师和孩子的亲密关系也与孩子的亲社会行为有关。[⑧]虽然结果不具有绝对性或普遍性，但也可以看出师生关系在学前阶段对其亲社会性发展的重要性。

　　（3）社区/邻里环境。"社区即学校"。社区是"进行一定的社会活动、具有某种互动关系和共同文化维系力的人群共同体及其活动领域"，带有较强的共地性、共生性[⑨]，甚至在生活方式、社会习俗和行为习惯等方面也表现出类

---

① 朱小蔓. 朱小蔓：积极师生关系中蕴藏德育力量[J]. 中小学德育，2018（5）：79.

② 徐虹. 借助依赖的教育：情感性师幼关系的建构研究[J]. 中国教育学刊，2019（5）：53-57.

③ SHAVEGA T J, VAN TUIJL C, BRUGMAN D. Aggressive and prosocial children's evaluation and justification of transgressions and their relationship to the teacher-child relationship in Tanzania[J]. Early Childhood Research Quarterly, 2016, 36: 233-243.

④ HOWES C, HAMILTON C E, MATHESON C C. Children's relationships with peers: Differential associations with aspects of the teacher-child relationship[J]. Child Development, 1994, 65（1）: 253-263.

⑤ KIENBAUM J, VOLLAND C, ULICH D. Sympathy in the context of mother-child and teacher-child relationships[J]. International Journal of Behavioral Development, 2001, 25（4）: 302-309.

⑥ MITCHELL-COPELAND J, DENHAM S A, DEMULDER E K. Q-sort assessment of child-teacher attachment relationships and social competence in the preschool[J]. Early Education and Development, 1997, 8（1）: 27-39.

⑦ KIENBAUM J, VOLLAND C, ULICH D. Sympathy in the context of mother-child and teacher-child relationships[J]. International Journal of Behavioral Development, 2001, 25（4）: 302-309.

⑧ MYERS S S, MORRIS A S. Examining associations between effortful control and teacher-child relationships in relation to Head Start children's socioemotional adjustment[J]. Early Education and Development, 2009, 20（5）: 756-774.

⑨ 卢波. 社区德育的功能及其特征[J]. 西南师范大学学报（人文社会科学版），2003（2）：92-95.

似①。积极的社区德育在道德教育系统工程中发挥着社会关系调节功能、行为规范功能以及综合育人的保障功能，对培育儿童的社会意识和社区归属感具有潜移默化的影响力，强化和制约着家庭和学校传递的思想道德观念，对儿童的价值取向和行为方式具有深刻影响。

社区发展包括集体效能（collective efficacy）、社区凝聚力、邻里关系、暴力/安全暴露、物质/社会失调及社区网络的范围，所有这些过程都与儿童的发展有关②，如社区的集体效能高与儿童的有利发展结果（包括亲社会能力和友谊）有关③。成功和健康的儿童发展需要积极的个人和其所处环境之间的相互作用，更广泛的社区环境可以直接影响儿童和青少年，也可以通过影响父母和其他人（如邻居、同伴）间接作用于儿童④，对儿童道德发展发挥着直接/间接、显性/隐性和积极/消极的影响。

（4）社区暴力和安全暴露。长期暴露于社区暴力中可能产生不可逆转的不利影响，尤其是加之家庭功能不佳会显著增加社区暴力的风险——当儿童在其近端和远端环境中受到显著干扰时，其精神病理风险就会变得非常大。暴力暴露会显著提高儿童内化问题（如焦虑、抑郁和创伤后应激障碍），以及外化问题（如犯罪和反社会行为）的风险⑤。反复接触暴力，特别是在发育早期，是一种慢性应激源，它可以从根本上改变神经系统的发育，从而可能影响儿童的生理觉醒和处理压力的能力⑥，从而影响"道德脑"的发育。有证据表明，父母的积极作用可以缓和社区暴力对儿童的影响⑦。家庭功能对不同暴力暴露程度的积极作用具有限制性：在低水平的社区暴力暴露中，积极的家庭功能（如与父母相

---

① 宋春宏. 比较德育新论[M]. 重庆：西南师范大学出版社，1999：145.

② LEVENTHAL T, BROOKS-GUNN J. The neighborhoods they live in：The effects of neighborhood residence on child and adolescent outcomes[J]. Psychological Bulletin, 2000, 126（2）：309-337.

③ ELLIOTT D S, WILSON W J, HUIZINGA D, et al. The effects of neighborhood disadvantage on adolescent development[J]. Journal of Research in Crime and Delinquency, 1996, 33（4）：389-426.

④ LUTHAR S S, GROSSMAN E J, SMALL P J. Resilience and adversity[C]//LAMB M E. Handbook of child psychology and developmental science.7th ed. New York：Wiley-Blackwell, 2015：247-286.

⑤ FOWLER P J, TOMPSETT C J, BRACISZEWSKI J M, et al. Community violence：A meta-analysis on the effect of exposure and mental health outcomes of children and adolescents[J]. Development and psychopathology, 2009, 21（1）：227-259.

⑥ GUNNAR M R, DOOM J R, ESPOSITO E A. Psychoneuroendocrinology of stress：Normative development and individual differences[C]//LAMB M E. Handbook of child psychology and developmental science.7th ed. New York：Wiley-Blackwell, 2015：106-151.

⑦ BAILEY B N, HANNIGAN J H, DELANEY-BLACK V, et al. The role of maternal acceptance in the relation between community violence exposure and child functioning[J]. Journal of Abnormal Child Psychology, 2006, 34（1）：54-67.

处的时间，亲子亲密度）是有益的；当暴力暴露程度高时，这些家庭变量的好处大大减少，因为当人们的生存经常受到威胁时，父母在给予孩子心理保护方面显然会受到限制。

家庭选择并塑造了儿童生活的社区，社区/邻里环境塑造了父母的育儿方式，父母教养和邻里特征共同作用于儿童道德和社会性发展。此外，社区/邻里特征（集体效能、社区社会凝聚力、邻里关系等）除了会直接影响孩子外，其父母也会体验和适应他们的社区环境。因此，除了社区和儿童发展结果间的直接联系外，父母和家庭特征还可能通过多种方式与儿童相关的社区特征发生交互作用。邻里关系和社区凝聚力对成年人（尤其是父母）很重要[1]，积极邻里关系与父母的幸福感、健康和积极养育行为有关，更不利社区生活的父母可能会经历更大抑郁、更多压力和更糟糕的身体状况[2]，而所有这些都与冷漠和不一致的养育行为有关[3]，生活在贫困混乱的社区的父母管教行为与移民儿童的行为障碍症状有更强的相关性[4]，而在权威型父母教养或集体凝聚力强的社区则对儿童的发展结果更有利[5]。西蒙斯（Ronald L. Simons）等提出的"缓冲模型"认为，父母作为不良社区/邻里环境影响儿童的调节保护因素。[6]也就是说，在高风险社区环境中，消极的、无效的或不参与的教养方式可能对儿童的发展构成更大的威胁，社区劣势可能压倒任何典型的有益养育行为的优势，教养作用在高风险社区会出现蒸发效应。

社区环境和资源通过多种方式可以塑造儿童的同伴或游戏环境，这可能对其行为产生一定影响，而不是孤立运作。除了学校和教育机构外，儿童的大部

① FRANCO L M, POTTICK K J, HUANG C C. Early parenthood in a community context: Neighborhood conditions, race-ethnicity, and parenting stress[J]. Journal of Community Psychology, 2010, 38(5): 574-590.

② GUTERMAN N B, LEE S J, TAYLOR C A, et al. Parental perceptions of neighborhood processes, stress, personal control, and risk for physical child abuse and neglect[J]. Child Abuse Neglect, 2009, 33(12): 897-906.

③ CONGER R D, DONNELLAN M B. An interactionist perspective on socioeconomic context of human development[J]. Annual Review of Psychology, 2007, 58: 175-199.

④ BRODY G H, GE X, KIM S Y, et al. Neighborhood disadvantage moderates associations of parenting and older sibling problem attitudes and behavior with conduct disorders in African American children[J]. Journal of Consulting and Clinical Psychology, 2003, 71(2): 211-222.

⑤ SIMONS R L, SIMONS L G, BURT C H, et al. Collective efficacy, authoritative parenting and delinquency: A longitudinal test of a model integrating community- and family-level processes[J]. Criminology, 2005, 43(4): 989-1029.

⑥ SIMONS R L, LIN K H, GORDON L C, et al. Community differences in the association between parenting practices and child conduct problems[J]. Journal of Marriage and Family, 2002, 64(2): 331-345.

分朋友来自他们所处社区和邻居，同伴关系是邻里环境影响儿童的主要途径之一。邻里环境为家庭之外的互动提供了社会空间，并与同伴环境相融合。邻里环境可以塑造儿童更广泛的同伴环境。其一，一项研究表明，住在附近会增加友谊形成的可能性[①]，而年幼儿童的大多数空闲时间在社区环境内部活动，这也决定了儿童与哪些人建立友谊。其二，儿童的行为会受到更广泛的规范环境的影响，并反映出他们周围常见的行为和态度，而社区环境有可能影响儿童亲密朋友的特征。因此，可以塑造他们所接触到的更大的同伴规范性环境，例如，与具有问题行为的同伴越亲近，越会增加同一社区儿童做同样事情的机会，反之亦然。其三，可能通过社区资源约束或增加（不）规范的同伴群体活动，如劣势社区中的儿童很可能会接触更多存在越轨行为的同辈群体，他们生活在一个更大的社区背景下，违规活动会更加频繁，这些情况可以相互加强，导致儿童参与问题行为的风险增加。例如，梅蒙（David Maimon）等的研究发现，在社会资源较少社区生活的儿童，与同龄人一起进行非结构化活动与暴力行为的可能性和频率更大。[②]丰富的社区资源就像儿童的游戏玩具，儿童有玩具就能自主发起游戏互动行为，而当没有这些游戏资源时，他们可能会做出刺激行为以满足大脑被唤醒的需求，甚至做出违法犯罪行为。

3. 媒体和科技

21世纪的环境是数字化的，21世纪的儿童是数字原生代，受益于科技发展，目前是新媒体盛行的时代。当前，媒体在儿童出生后不久就融入了他们的生活，在整个发展过程中为他们的日常生活提供了持续的成长背景，媒体对儿童大脑发育、社会和情感发展、健康、教育及其他可能产生的影响引起广泛关注。大多数儿童主动和被动地暴露在电子媒体面前。媒体融入儿童的日常生活环境主要有两个原因[③]：一是儿童选择使用它们，被称为"前景"（foreground）或"主动暴露"（active exposure）；二是其他人正在使用媒体，儿童在无意中暴露，被称为"背景"（background）或"被动暴露"（passive exposure）。媒体是非正式的教师，为儿童提供一个探索和学习广泛内容的平台，包括教育类课程和暴力行为等。

媒体对儿童发展的影响是复杂的。新媒体为儿童提供了丰富多元的道德感

---

① BACK M D, SCHMUKLE S C, ENGLOFF B. Becoming friends by chance[J]. Psychological Science, 2008, 19: 439-440.

② MAIMON D, BROWNING C R. Unstructured socializing, collective efficacy, and violent behavior among urban youth[J]. Criminology, 2010, 48(2): 443-474.

③ HUSTON A C, WRIGHT J C, RICE M L, et al. Development of television viewing patterns in early childhood: A longitudinal investigation[J]. Developmental Psychology, 1990, 26(3): 409.

知环境和道德实践新途径,但它对儿童道德情感、道德行为和道德认知也具有一定的负面影响。[①]教育类节目、广告和社会营销能成功向儿童传递各类知识(包括道德知识),许多调查研究表明,儿童通过视听描绘和操作,可以获得关于亲社会行为的知识[②],但可能增加攻击性行为[③]。社会认知理论在解释媒体对儿童行为的作用方面发挥了核心作用,儿童通过观察学习建构行为模式。因此,媒体内容的道德性对儿童道德学习具有重要作用。[④]幼儿的道德认知水平尚处在发展过程中,他们对世界的看法比成年人更易受外部环境的影响。内容直接关系到媒体对儿童的影响,媒体内容描绘了一个社会体系中人与人之间的权力结构和象征关系,其暴力指数(violence index)伴随着电视节目中暴力内容的数量增加,儿童反复接触暴力内容会导致主流化,从而导致共享信息的构建[⑤]。

但是,研究显示,儿童最喜欢的是亲社会项目,尤其是女孩,在观看了亲社会的节目后,报告了许多收获,包括关心他人、帮助他人、诚实、忠诚、坚持和社交技巧。[⑥][⑦]儿童从他们喜欢的商业或非商业教育电视节目中学到的东西一样多,但从他们最喜欢的纯粹为娱乐而设计的节目中学到的东西就没有那么多了。[⑧]总之,这些发现表明,儿童从接触亲社会节目中获得了可衡量的好处,这是媒体相关政策的一部分,旨在改善儿童电视节目。

但是,在自媒体时代,新媒体成为传递信息的媒介,儿童感知和接触到广泛的社会各界的道德信息,但是质量参差不齐,且一味地图像直观不利于儿童进行自主的道德思考。儿童花费在科技娱乐上的时间不断增加,从而缩短了自然娱乐的时间,可能导致无法满足儿童真实的道德情感体验需求。媒体和科技

---

① 石建伟,谢翌. 新媒体背景下儿童的道德环境:媒介环境学派的视角[J]. 教育理论与实践, 2017, 37(34): 43-47.

② GENTILE D A, ANDERSON C A, YUKAWA S, et al. The effects of prosocial video games on prosocial behaviors: International evidence from correlational, longitudinal, and experimental studies[J]. Personality and Social Psychology Bulletin, 2009, 35(6): 752-763.

③ ANDERSON C A, GENTILE D A, BUCKLEY K E. Violent video game effects on children and adolescents: Theory, research, and public policy[M]. Oxford: Oxford University Press, 2007.

④ STEIN A H, FRIEDRICH L K. Young Children's Behavior[J]. Television and Social Behavior: Television and Social Learning, 1972, 72(9057): 202.

⑤ GERBNER G. Symbolic functions[J]. Television and Social Behavior: Media Content and Control, 1972, 1: 28.

⑥ CALVERT S L, KOTLER J A, ZEHNDER S M, et al. Gender stereotyping in children's reports about educational and informational television programs[J]. Media Psychology, 2003, 5(2): 139-162.

⑦ CALVERT S L, KOTLER J A. Lessons from children's television: The impact of the Children's Television Act on children's learning[J]. Journal of Applied Developmental Psychology, 2003, 24(3): 275-335.

⑧ CALVERT S L. Hand of Child Psychology and Developmental Science(volume 4): Children and digital media[M]. New Jersey: John Wiley & Sons, 2015: 391.

的渗透性大、影响广泛，在利用新兴科技的同时，也须满足儿童与自然社会接触的需要，辩证看待和使用新媒体和新技术。

（三）儿童自身的属性

1. 儿童气质和人格

不同气质类型的人表现出不同的道德风格，并促进个体道德品质的个性化。个体的遗传气质限制了其气质特征，使个体倾向于某些美德，而偏离其他美德。[①]不同的人可能对不同的道德问题显示出自身独特的倾向性，道德情绪在强度上的变异受到气质的影响。气质通常被认为是人格发展的初始状态，但是比人格更稳定，在儿童社会认知和人际关系的发展中起着重要作用，也包括儿童自我意识的道德情绪的产生和发展。无论是带有更多先天因素的气质还是后天发展起来的人格，都是儿童道德发展的重要因素，与外部环境因素共同影响着儿童的道德发展。

（1）自我调节和控制。儿童气质的自我调节和自我控制是道德的重要成分，如集中注意力和处理社会信息的能力，与自我意识的道德情绪（如内疚、羞愧）有关，而不同程度自我调节能力导致的道德情绪体验又与不同的道德动机和行为相联系，抑制控制有助于儿童良心的发展。[②]自我调节涉及情绪取向的强度和持续时间的控制变化，特别是那些与执行功能和努力控制相关的过程。努力控制是一个人抑制主导反应以执行次主导反应的能力。根据艾森伯格等的说法，努力控制（effortful control）是当儿童需要在冲突情境中调整自己的行为、调节自己的情绪和行为体验时，使用的一种自愿的、深思熟虑的、灵活的控制，它包括以下能力：在必要时改变注意力焦点（包括将自身的焦点从威胁性刺激转移到中性或积极的刺激）；抑制不恰当的行为（抑制控制）；在有强烈的回避倾向时，激活一种行为（主动控制）；一些涉及信息整合和规划的执行功能技能。[③]自我调节能力差的儿童倾向于不加思考地行动，当面对新情况时，表现出对奖惩反

---

① CHEN Y L . A Missing Piece of the Contemporary Character Education Puzzle：The Individualisation of Moral Character[J]. Studies in Philosophy & Education, 2013, 32（4）：345-360.

② KOCHANSKA G, MURRAY K, COY K C . Inhibitory Control as a Contributor to Conscience in Childhood：From Toddler to Early School Age[J]. Child Development, 1997, 68（2）：263-277.

③ EISENBERG N, VALIENTE C, SPINRAD T L, et al. Longitudinal relations of children's effortful control, impulsivity and negative emotionality to their externalizing, internalizing and co-occurring behavior problems[J]. Developmental Psychology, 2010, 45：988-1008.

应的偏好[1]，冲动性包括动机成分（惩罚／奖励敏感性）和调节认知成分（抑制控制）。高努力控制与更少的情绪和行为问题及更高的社会技能（如同情、同情和自尊）有关[2]，说明自我调节的儿童有更多的情绪控制，能够更好地激发情绪，并在社会道德情境中采取更多的补救性和亲社会行为。努力控制力高的个体注意力可能更具灵活性，以便他们认识到自己的行为对他人的负面影响，要形成内疚感，从而激发个体的弥补行为[3]；而努力控制力低的儿童不太能够将注意力从直接的冲动满足转移到其可能的后果上，他们也不太能够控制有害或反社会的行为[4]。桑托斯（Margarida Santos）对81名3~4岁儿童内疚和羞愧与儿童气质的关系研究结果也显示，努力控制能够显著预测儿童内疚情绪，不过并没有发现与羞愧感有明确的关系。[5]因此，气质和环境（尤其是近端环境）对幼儿社会性道德的发展是相互联系、相互制约的。

（2）道德敏感性。敏感性是指个体对刺激信息感受或察觉的灵敏程度。道德敏感性是由进化和文化历史形成的复杂过程的结果。例如，儿童早期就已经表现出明显的公平偏好。达蒙（William Damon）的经典发展理论证明，儿童在分配情境下表现出公平分配偏好，这说明儿童具有公平敏感性。[6]道德敏感性强调对他人情绪的察觉，这也体现了高敏感度儿童的情绪加工能力，而发展情感神经科学的研究表明道德认知和道德情绪的发展与情绪加工密切相关。[7]道德敏感性被描述为检测和评估道德问题的能力，经常与移情相关反应、关心他人福祉、识别道德维度的技能和道德关怀等成分相关联[8]，尤其移情可能是道德

① NIGG J T. Annual research review: On the relations among self-regulation, self-control, executive functioning, effortful control, cognitive control, impulsivity, risk-taking, and inhibition for developmental psychopathology[J]. Journal of Child Psychology and Psychiatry, 2017, 58(4): 361-383.

② LOTZE G M, RAVINDRAN N, MYERS B J. Moral emotions, emotion self-regulation, callous-unemotional traits, and problem behavior in children of incarcerated mothers[J]. Journal of Child and Family Studies, 2010, 19: 702-713.

③ COLASANTE T, ZUFFIANÒ A, BAE N Y, et al. Inhibitory control and moral emotions: relations to reparation in early and middle childhood[J]. Journal of Genetic Psychology, 2014, 175(6): 511-527.

④ ROTHBART M K, AHADI S, HERSHEY K. Temperament and social behaviour in childhood[J]. Merril-Palmer Quartely, 1994, 40: 21-39.

⑤ SANTOS M, CASTRO J, CARDOSO C. The moral emotions of guilt and shame in children: relationship with parenting and temperament[J]. Journal of Child and Family Studies, 2020, 29(10): 2759-2769.

⑥ DAMON W. Early conceptions of positive justice as related to the development of logical operations[J]. Child Development, 1975, 46(2): 301-312.

⑦ DECETY J, MICHALSKA K J, KINZLER K D. The developmental neuroscience of moral sensitivity[J]. Emotion Review, 2011, 3(3): 305-307.

⑧ BRABECK M M, ROGERS L A, SIRIN S, et al. Increasing ethical sensitivity to racial and gender intolerance in schools: Development of the racial ethical sensitivity test[J]. Ethics & Behavior, 2000, 10(2): 119-137.

敏感性的关键来源，因为它促进了他人导向道德思维的发展，并为儿童亲社会道德行为提供了情感动力。[①]从很小年龄开始，一些儿童就能表现出理解他们自己和同情关心他人的本能性能力。因此，敏感的儿童更容易内化道德规则，并按照道德方式行动。[②]但是，过于敏感可能会对儿童身心造成消极影响。敏感的儿童能注意到异常和形势的微妙变化，担心他人看不到的潜在后果[③]，可能因为刺激太多而变得情绪混乱，做直截了当的决策有麻烦或变得犹豫不决。如果敏感的儿童做了违反自己道德标准的事情，可能会感到非常内疚，过于强烈的内疚感可能导致内化问题。

（3）社会性倾向。儿童的社会性倾向（如内倾性和外倾性）与道德情绪体验及道德决策相关联。气质的内倾/外倾性维度与道德情绪体验相关，康德曾指出，不同害羞程度和可能存在内疚强度的差异性，如害羞的幼儿有更多负面的同伴交往经历，他们体验到更多的内疚和羞愧这两种自我意识道德情绪。[④]在面对个人道德困境时，内向型个体在经历诱发性负面情绪时，会做出更功利的决策[⑤]，而外向型被试的义务性决策较多，说明内向型儿童在个人困境情境下，保持着实用主义的判断，不易受到消极情绪诱导的影响。相比之下，外向组更容易受到情绪诱导，对惩罚更敏感，这支持了道德类型、情绪效价和人格特质在道德决策中起重要作用的假设。有趣的是，在个人困境中，性格内向的被试在做出这个决定的过程中仍然保持着情感上的安全感。内向个体在唤醒消极情绪后，也比积极情绪唤起更多的功利主义决策行为。

根据艾森克（H. J. Eysenck）等的人格理论，内向和外向与个体神经系统的兴奋过程有关，觉醒过程能促进持续的感觉、感知和活动。[⑥]具体来说，高外向性的人唤醒时间较慢、较弱且较短，这使得他们很难形成条件反射；而高内向

① MOSTMANS L, BAUWENS J, PIERSON J . I would never post that: Children, moral sensitivity and online disclosure[J]. Communications, 2014, 39(3): 347-367.

② ARSENIO W, LOVER A. Children's conceptions of sociomoral affect: Happy victimizers, mixed emotions, and other expectancies[M]// KILLEN M, HART D. Morality in everyday life: Developmental perspectives. Cambridge : Cambridge University Press, 1995: 87-128.

③ SILVERMAN K L . The moral sensitivity of gifted children and the evolution of society[J]. Roeper Review, 1994, 17(2): 110-116.

④ SETTE S, BALDWIN D, ZAVA F, et al. Shame on me? shyness, social experiences at preschool, and young children's self-conscious emotions[J]. Early Childhood Research Quarterly, 2019, 47: 229-238.

⑤ TAO Y, CAI Y, RANA C, et al. The impact of the Extraversion-Introversion personality traits and emotions in a moral decision-making task[J]. Personality and Individual Differences, 2020, 158: 109840.

⑥ MCLAUGHLIN R J, EYSENCK H J. Extraversion, neuroticism and paired-associates learning[J]. Journal of Experimental Research in Personality, 1967(1): 128-132.

性的人容易发生条件反射，这种反应发生得很快、强烈且持续时间长。当那些性格内向的人产生消极情绪时，他们的觉醒水平会显著提高，从而导致他们根据自己的情绪做出决定，他们倾向于不考虑道德标准的限制，而是选择如何使自己的利益最大化。

但是，根据气质的作用不是决定性的，差别易感模型指出，气质和外部环境因素（如父母的教养方式）共同影响幼儿的道德发展[①]，无论是抚养者的社会化方式，还是儿童的羞怯，都不能单独预测道德变量中的变异。科昌斯卡（Grazyna Kochanska）曾指出，如果母亲在儿童社会化过程中善于使用推理，那么她们羞怯的孩子也会具有非常严谨的道德观念。[②]因此，气质和环境（尤其是近端环境）对幼儿社会性道德的发展是相互联系、相互制约的。

2. 社会认知

虽然幼儿是以自我为中心的，但是他们具有人类学家所说的自然社会能力发展基础，婴幼儿天生喜欢与人亲近和交往，逐步发展起来的社会认知或社会理解能力帮助他们适应人类社会，掌握社会习俗和道德规范，对发展其道德认知、道德情感、道德动机和道德行为等具有不可忽视的作用。

（1）社会信息加工能力。社会信息加工能力包括对社会线索的选择性注意、意图的归因、目标的产生、从记忆中获取行为脚本、决策和行为实施等，这些影响儿童对道德情境的理解，进而影响其道德判断和道德决策。一般来说，参与关系攻击的儿童缺乏自我控制和自我调节能力，并且在理解社会线索方面的能力较差，在模棱两可的情境中倾向于将他人理解为怀有敌意。[③]这些缺陷包括无法协调受害者和施害者的意图，他们通常认为施害者往往是快乐的。[④]如果缺乏社会信息理解技能，儿童就会有欺负他人或成为受害者的风险。一项研究也证实了信息处理能力缺失与道德判断之间的负相关关系，并且这会导致个体

① BELSKY J, BAKERMANS-KRANENBURG M J, VAN IJZENDOORN M H. For better and for worse: Differential susceptibility to environmental influences. Current Directions in Psychological Science, 2007, 16（6）: 300-304.

② KOCHANSKA G. Toward a synthesis of parental socialization and child temperament in early development of conscience[J]. Child Development, 1993, 64（2）: 325-347.

③ CRICK N R, DODGE K A. A review and reformulation of social information-processing mechanisms in children's social adjustment[J]. Psychological Bulletin, 1994, 115（1）: 74.

④ MURRAY-CLOSE D, CRICK N R, GALOTTI K M. Children's moral reasoning regarding physical and relational aggression[J]. Social Development, 2006, 15（3）: 345-372.

长期欺凌他人或成为受害者，并导致人际排斥的负面后果。①②在幼儿阶段，孩子通常还无法正确理解损人者的主观心理愿望，因而经常出现"快乐损人者"的现象，他们往往根据损人者行为的客观结果进行理解判断（享乐主义推理），但是随着社会理解能力增强，儿童开始能正确理解的他人意图和愿望，逐渐能根据行为结果与损人者的行为动机是否相符做出情绪判断，从而做出更多道德性质的认知和情感推理。③④

（2）心理理论（Theory of Mind）。个体能通过理解他人独立的心理状态（如信念和愿望）来解释和预测他人的行为，这种特殊的能力被称为"心理理论"⑤。它是我们解释和预测自己和他人行为的能力的基础，通过归因于他们独立的精神状态，如信仰、欲望、情绪或意图。心理理论是一种自动的、高级的、几乎毫无例外的人类功能，在这种情况下，我们无法从动物研究中获得与这种能力背后的大脑系统直接相关的数据。

自心理理论提出以来，大量研究探讨了它与儿童道德发展的关系。心理理论在人们日常的道德判断、决策和推理中扮演着重要的角色，因为个体在进行道德判断时需要理解他人的心理状态，因此心理理论通常和个体道德认知发展相联系。⑥早在皮亚杰时期，他就注意到心理理解能力在道德判断发展中的重要性。学者一般将理解错误信念的能力视为儿童获得心理理论的标志，大量研究证明，儿童4岁左右就能理解错误信念，即人们可能持有与现实相反的信念⑦，且大量证明理解错误信念的能力与道德判断之间存在正相关关系。⑧⑨⑩⑪

---

① ARSENIO W. Moral emotion attributions and aggression[J]. Handbook of Moral Development, 2014, 2: 235-255.

② VAN REEMST L, FISCHER T F C, ZWIRS B W C. Social information processing mechanisms and victimization: A literature review[J]. Trauma, Violence, & Abuse, 2016, 17(1): 3-25.

③ YUILL N. Young children's coordination of motive and outcome in judgements of satisfaction and morality[J]. British Journal of Developmental Psychology, 1984, 2(1): 73-81.

④ SMITH C E, WARNEKEN F. Does it always feel good to get what you want? Young children differentiate between material and wicked desires[J]. British Journal of Developmental Psychology, 2014, 32(1): 3-16.

⑤ GALLAGHER H L, FRITH C D. Functional imaging of "theory of mind"[J]. Trends in Cognitive Sciences, 2003, 7(2): 77-83.

⑥ 金林杉, 陈巍. 心理理论与道德判断的关系：毕生发展的视角[J]. 心理研究, 2013, 6(6): 22-26, 39.

⑦ WELLMAN H M, LIU D. Scaling of theory-of-mind tasks[J]. Child Development, 2004, 75(2): 523-541.

⑧ SMETANA J G, JAMBON M, CONRY-MURRAY C. Reciprocal associations between young children's developing moral judgments and theory of mind[J]. Developmental Psychology, 2012, 48(4): 1144-1155.

⑨ KILLEN M, MULVEY L, RICHARDSON C, et al. The accidental transgressor: Morally relevant theory of mind[J]. Cognition, 2011, 119: 197-215.

⑩ BAIRD J A, ASTINGTON J W. The role of mental state understanding in the development of moral cognition and moral action[J]. New Direction for Child and Adolescent Development, 2004, 103: 37-49.

⑪ 徐伟. 幼儿心理理论与道德判断的关系[J]. 中国临床心理学杂志, 2015, 23(1): 67-70.

索科尔（Bryan W. Sokol）等人发现拥有解释性心理理论的儿童对损人者能做出更多的道德性批判。①同样地，一项针对4~8岁患有违抗对立障碍的儿童的研究发现，儿童在亲社会情境中的解释性理解和道德情绪判断强度是显著相关的，但在损人情境中不存在显著相关关系。②在一项纵向研究中，发现具有更高水平心理理论的儿童（2.5~4岁）在前阶段对道德越轨行为的评价依赖规则，后阶段对道德越轨行为的判断则更独立于规则，证明了在儿童早期的道德判断和心理理论是相互的、双向的发展过程。③

此外，不少研究就心理理论和说谎做了关系研究，发现儿童对错误信念的理解与其对说谎的概念理解呈显著相关；如果有目击者看到他们的过失，年龄较大的学龄前儿童（4~5岁）比更小的儿童（3岁）更有可能承认自己的错误④，且承认的儿童比撒谎的儿童有更高的错误信念理解水平⑤。幼儿的心理理论可直接影响其白谎行为，也可通过认知移情的中介作用间接影响其白谎行为。⑥但是，随着儿童年龄增长，他们的心理理论能力越来越强，他们也更善于掩饰自己的错误。正如邓恩指出的，了解他人的心理状态不仅会带来好的结果，还会带来邪恶的结果。⑦

（3）观点采择。观点采择指"个体对他人状态的认识和推断"⑧，即能站在他人的角度，理解并接受他人的观点，设身处地地理解他人的思想、愿望、情感等的认知技能⑨。观点采择属于社会认知的核心成分，是个体进行社会互动和融

① SOKOL BW, CHANDLER M J, JONES C. From mechanical to autonomous agency: The relationship between children's moral judgments and their developing theories of mind[J]. New Direction for Child and Adolescent Development, 2004, 103: 19-36.

② DINOLFO C, MALTI T. Interpretive understanding, sympathy, and moral emotion attribution in oppositional defiant disorder symptomatology[J]. Child Psychiatry & Human Development, 2013, 44(5): 633-645.

③ SMETANA J G, JAMBON M, CONRY-MURRAY C, et al. Reciprocal associations between young children's developing moral judgments and theory of mind[J]. Developmental Psychology, 2012, 48(4): 1144-1155.

④ FU G, EVANS A D, XU F, et al. Young children can tell strategic lies after committing a transgression[J]. Journal of Experimental Child Psychology, 2012, 113(1): 147-158.

⑤ EVANS A D, XU F, LEE K. When all signs point to you: lies told in the face of evidence[J]. Developmental Psychology, 2011, 47(1): 39-49.

⑥ 吕勇, 孙云瑞. 心理理论对幼儿白谎行为的影响: 认知移情的部分中介作用[J]. 心理科学, 2022, 45(1): 75-81.

⑦ DUNN J. Moral development in early childhood and social interaction in the family[M]//Handbook of moral development. New York: Psychology Press, 2006: 331-350.

⑧ 赵婧, 王璐, 苏彦捷, 等. 行为表现与言语报告: 3~5岁儿童的一级观点采择（英文）[J]. 心理学报, 2010, 42(7): 754-767.

⑨ 余宏波, 刘桂珍. 移情、道德推理、观点采择与亲社会行为关系的研究进展[J]. 心理发展与教育, 2006(1): 113-116.

入社会集体的核心认知前提之一。观点采择能力也会影响儿童的道德发展。例如，道德敏感性与观点采择、共情有关，二者分别构成了道德行为所需的认知和情感要素。[①]一项研究要求儿童对两种假设的道德违反行为的加害者做出情绪判断，考察他们能否区分归因于加害者的感受或归因于他们自己的感受，以及他们如何从道德意义上评价他们归因于加害者和理解加害者本人的情绪。结果表明，儿童在对自己进行归因时，对消极情绪的归因在实际中更频繁，而且大多数儿童认为，加害者的积极（不道德）情绪是不对的，并对假想的加害者进行了负面评价。[②]高水平亲社会行为的儿童被发现是富有同情心、善于调整自身观点的。[③]有证据表明，社会性换位思考的丰富经验能促进道德判断的发展。[④]此外，观点采择的发展能促进共情关怀或同情水平的提升，而这正是道德发展的关键。观点采择能力越好，儿童越能体验他人的情感和理解别人的看法，从而做出正确的道德推理。

（4）反事实推理（counterfactual reasoning）。反事实推理是对过去没有发生的事情的思考，是一种将现实与可能的结果相比较的能力，即在头脑中同时考虑多种可能性的能力。[⑤⑥]这种情况经常出现在"如果……"的情况下，我们希望某事已经发生或没有发生。当人们想到"要是"（if only）或"假如"（what if）并想象过去会如何不同时，他们会自发地创造出与现实相反的选项。[⑦]研究者认为，儿童的反事实推理能力可以解释道德情绪判断中的年龄差异[⑧]，这是一种较为新颖的观点。反事实推理能调节诸如后悔和解脱之类的情绪，支持诸如责备之类的道德判断。反事实的基本认知过程会改变某些现实心理表征方面，从而创造出一个想象中的替代过程，然后对替代表征进行比较。创造反事实的

① REST J R. Moral development: Advances in research and theory[M]. New York: Praeger, 1986.
② KELLER M, LOURENÇO O, MALTI T, et al. The multifaceted phenomenon of "happy victimizers": A cross-cultural comparison of moral emotions[J]. British Journal of Developmental Psychology, 2003, 21(1): 1-18.
③ CARLO G, RANDALL B A. The development of a measure of prosocial behaviors for late Adolescents[J]. Journal of Youth and Adolescence, 2002, 31(1): 31-44.
④ GIBBS J C, BASINGER K S, GRIME R L, SNAREY J R. Moral judgment development across cultures: revisiting Kohlberg's universality claims[J]. Developmental Review, 2007, 27(4): 443-500.
⑤ MIGLIORE S, CURCIO G, MANCINI F, et al. Counterfactual thinking in moral judgment: an experimental study[J]. Frontiers in Psychology, 2014, 5: 451.
⑥ BECK S R, CRILLY M. Is understanding regret dependent on developments in counterfactual thinking？[J]. British Journal of Developmental Psychology, 2009, 27(2): 505-510.
⑦ BYRNE R M J. Counterfactual thought[J]. Annual review of psychology, 2016, 67: 135-157.
⑧ GUMMERUM M, CRIBBETT C, NOGUEIRA NICOLAU A, et al. Counterfactual reasoning and moral emotion attribution[J]. European Journal of Developmental Psychology, 2013, 10(2): 144-158.

能力在整个童年时期逐步在发展，有助于对他人的（错误）信念进行推理。还有研究表明，当人们想到事情可能会变得更糟时，如"如果妮妮的伙伴没有触摸电锅，她的手可能也会被烧伤"，相比之下，当他们想到事情结果可能会相同时，如"即使妮妮的伙伴没有触摸电锅，她的手也会被烧伤"，以及当他们只考虑事实时，个体会对故意伤害他人的角色做出更严厉的责备和错误的道德判断，而且在道德推理的背景下，性别和人称视角（第一人称/第二人称）在反事实思维中起着至关重要的作用，并可能对理解性别相关倾向和道德判断的差异产生影响。①

（5）道德想象力（moral imagination）。杜威提出的"道德想象力"这一概念，聚焦于道德主体的意志、欲望、原则和理由，②表明"想象力是道德的善的伟大工具"③。Johnson指出，道德推理本身就是一种想象活动，想象在道德思考中发挥着以下作用。④

一是想象帮助我们预测未来的情景（涉及个人或集体行为），道德想象力是指在给定的情况下，富有想象力地辨别行动的各种可能性，并预见既定行为可能导致的潜在帮助和伤害的能力；二是想象自己在过去和未来不同情境和条件中的能力，尤其是通过想象进入他人的处境——道德行为依赖于移情想象⑤，在移情想象的过程中，个体通过认同他人的经历和处境，以理解他人的需求、愿望和欲望；三是想象以隐喻的方式进入人们的道德思考，人们会将道德概念与空间位置联系起来，用空间的上下位置关系来隐喻"善、恶、美、丑"等道德概念，如方位词"上"代表美德，"下"则代表品德败坏等⑥，研究发现在幼儿阶段（4~5岁）已经开始出现"道德是上，不道德为下"的空间隐喻⑦；四是想象帮助个体创造和改变自我形象，实用主义对道德认同的思考就强调想象力在改变我

---

① MIGLIORE S, CURCIO G, MANCINI F, et al. Counterfactual thinking in moral judgment: an experimental study[J]. Frontiers in psychology, 2014, 5: 451.

② COECKELBERGH M. Principles or Imagination？ Two Approaches to Global Justice[J]. Journal of Global Ethics, 2007.

③ 约翰·杜威. 杜威全集·晚期著作（1925—1953）：第10卷[M]. 孙斌，译. 上海：华东师范大学出版社，2015：294.

④ JOHNSON M. Moral imagination: Implications of cognitive science for ethics[M]. Chicago: University of Chicago Press, 2014.

⑤ JOHNSON P. Intervention and moral dilemmas[M]. London: Palgrave Macmillan UK, 1993: 199-302.

⑥ 陈燕平. 空间隐喻概念"上、下"的英汉对比研究[J]. 山西师范大学学报（社会科学版），2011, 38（S1）：102-104.

⑦ 翟冬雪，鲁雅乔，鲁忠义. 儿童道德概念垂直空间隐喻的认知发展[J]. 心理科学，2016, 39（5）：1171-1176.

们自身身份中的作用，约翰逊认为人们可以用想象来改变自己——想象自身品格的新维度和"超越我们目前的身份"；等等。

因此，想象是一种道德活动，道德想象力之于儿童的独特价值在于，能够帮助个体在合理的范围内打破规则，更好地处理高度不确定性的事件，能够避免"冷漠"进而走向"利他"。①②观点采择和换位思考都是在想象中完成的。休谟将同情视为最基本的道德情感，而想象力在产生同情乃至移情的过程中发挥着重要作用，因为没有想象力，我们就无法产生这些情感反应和认知过程，而且我们总是通过想象来推断他人对自己的看法评价。其他研究者也认为，道德离不开想象力。高德胜指出，想象力的道德意义之一就是帮助个体从不同视角发现道德问题，并探索采取多样化的方式解决矛盾和问题，以修正自身的道德行为。③儿童通过集体生活体验进出想象的情境，以为儿童提供学习和理解他们的社会未来和世界的可能性。④此外，童话故事对儿童想象力的发展至关重要，儿童的想象力也在阅读和欣赏童话故事的过程中不断发展，通过对人物形象的理解，体验真善美的道德形象和邪恶的形象。

3. 认知能力

认知发展和道德发展之间隐含着平行关系⑤，一些人受到科尔伯格道德理论的启发，通过实证研究发现，认知能力和道德发展是相互关联、共同发展的⑥⑦。"高智能"是"抽象推理能力"和"思想复杂性"的同义词，不少研究证明智能影响个体道德发展，认为这些必要的认知过程大多与信息处理能力有关。而且，信息处理能力是至关重要的，并且更高的智力与更有效的信息处理能力相关联⑧，所以更聪明的人应该能够高效地整合和协调信息，做出更复杂的道德判断和辩解。

早期的心理学研究总是把道德超常同与智力相关的因素联系在一起。例如，

① 王丽欣. 青少年道德想象力发展：影响要素·独特价值·培育策略[J]. 中学政治教学参考，2022（7）：5-7.
② 张婧，吴先伍. 道德想象力：消解道德冷漠的路径探析[J]. 广西社会科学，2021（3）：66-73.
③ 高德胜. 道德想象力与道德教育[J]. 教育研究，2019，40（1）：9-20.
④ FLEER M. Collective imagining in play[M]//Children's Play and Development. Dordrecht：Springer，2013：73-87.
⑤ BRIEDIS M，KAZLAUSKAS E . Cognitive psychology and moral philosophy：On the implied parallelism between cognitive and moral development(In Lithuanian)[J]. Problemos，2008，74：150-161.
⑥ REST J R，NARVAEZ D，BEBEAU M，et al. A neokohlbergian approach：The dit and schema theory[J]. Educational Psycholohy Review，1999，11：291-324.
⑦ DERRYBERRY W P，WILSON T，SNYDER H，et al. Moral judgment developmental differences between gifted youth and college students[J]. The Journal of Secondary Gifted Education，2005，17（1）：6-19.
⑧ KAIL R，SALTHOUSE T A . Processing speed as a mental capacity[J]. Acta Psychologica，1994，86（2-3）：199.

一些研究比较了天才儿童/智力超常儿童的道德判断和推理，发现天才儿童表现出强烈厌恶战争和报复行为，做出更高水平的道德推理[1]；高水平的执行功能（与高智商相关）与相对积极的社会性和学业发展相关[2]。另外，社会理解是道德内化的基础，而社会理解的发展依赖于认知领域能力的发展变化。[3]因此，道德具有一定的神经认知发展基础。实证证据表明，大脑和道德发展之间存在关系，大脑结构的变化与道德决策复杂性的变化有关，道德认知依赖于与情绪和认知加工相关的大脑区域和神经网络（前额叶和颞叶皮层），道德判断本身就是复杂的情感和认知现象。[4]此外，认知能力低下或发育不良也可能与反社会行为有关。例如，一项元分析发现，智力低下的罪犯和服刑罪犯的比较中，效果量很大；即使在控制了社会经济地位、性别、年龄和智力因素后，发育迟缓个体的道德判断仍与青少年犯罪密切相关。[5]

但是，也有研究并不主张道德和认知能力相关，甚至可能呈负相关关系。例如，创造性天才对道德困境给出的解决方案更多，也更新颖；一般普通智商的儿童往往表现出更多的利他主义和人道主义价值观，而天才则更需要成就和成功，从而做出与行为分离的道德推理。[6]另一项研究没有发现儿童中期（6~10岁）时道德发展和智力之间的显著相关性，利用道德越轨故事测量儿童的道德情绪归因和道德动机，利用标准化智力图形测验测量儿童的流畅智力，对于情绪归因和道德动机总分，没有发现任何与年龄相关的差异，也未发现二者之间存在联系[7]；但研究者也指出，根据他们的研究，可以假设在幼儿时期已经有足够水平的认知能力来成功地处理道德相关的情况。因此，儿童中期道德发展的个体差异需要用智力以外的其他因素来解释。确实不能否认这一点，儿童在道

① SILVERMAN L K. The moral sensitivity of gifted children and the evolution of society[J]. Roeper Review, 1994, 17(2): 110-116.

② MASTEN A S, HERBERS J E, DESJARDINS C D, et al. Executive functioning skills and school success in young children experiencing homelessness[J]. Educational Researcher, 2012, 41: 375-384.

③ DWYER S. Moral competence is cognitive but(perhaps)nonmodular[J]. Behavioral & Brain Sciences, 1996: 128.

④ SLACHEVSKY A, SILVA J R, PRENAFETA M L, et al. The contribution of neuroscience to the understanding of moral behavior[J]. Revista Médica De Chile, 2009, 137(3): 419-25.

⑤ STAMS G J, BRUGMAN D, M DEKOVIĆ, et al. The moral judgment of juvenile delinquents: A meta-analysis[J]. J Abnorm Child Psychol, 2006, 18(3): 697-713.

⑥ ANDREANI O D, PAGNIN A. Moral judgment in creative and talented adolescents[J]. Creativity Research Journal, 1993, 6(1-2): 45-63.

⑦ BEIßERT H M, MARCUS H. Individual Differences in Moral Development: Does intelligence really affect children's moral reasoning and moral emotions? [J]. Frontiers in Psychology, 2016, 7: 1961.

德相关的情境中需要一定的认知能力以协调视角,选择和处理相关信息及预测后果,并解释整个情境[①]。

4. 领导力和道德

儿童的领导力体现了其在同伴群体中的社会地位,这种能力既被当作一种稳定的人格特质,也被认为是一个发展过程。前文提到同辈群体的接纳或排斥对儿童道德发展的影响,另外,理论和实证研究证明在同伴群体中的领导地位与领导机会也是道德发展的重要因素,高领导力和社会地位与儿童受欢迎程度和同伴关系呈正向关联,有助于儿童的社会性发展,同时道德推理和道德认同的个体差异显著影响着其领导行为[②]。

一般人们将领导才能和道德二者独立来看待,但二者似乎又存在着一定的联系,最初将领导地位和道德发展联系起来的假设来自科尔伯格,但是系统性的研究较少。科尔伯格假设"角色扮演"机会为认知冲突的产生提供了必要的动力,而认知冲突是个体道德推理中结构重组必需的。[③]科尔伯格认为,角色扮演的机会在某种程度上是一个人参与同伴群体的数量和质量的函数——领导的机会增加了承担角色的机会,因为"领导职位很可能不仅需要更复杂或更有组织力的角色来承担,而且可能需要更情感中立的客观、规则和公正的角色扮演形式"。因此,领导地位与儿童和青少年时期的道德推理有着积极而显著的联系。[④]一项研究考察了儿童的同伴接纳和领导地位与道德判断的关系,由于领导地位可能被认为是不同于同伴群体接受的概念,该研究分别评估了受欢迎程度和领导力,发现被同龄人和教师评为"领导者"和"受欢迎"的孩子,道德判断得分明显高于那些没有被评为"领导者"和"受欢迎"的孩子[⑤]。

那些人道主义者、道德领导者在早年时期表现出主动性和责任意识,并展

① DERRYBERRY W P, WILSON T, SNYDER H, et al. Moral judgment developmental differences between gifted youth and college students[J]. Prufrock Journal, 2005, 17(1): 6-19.

② OLSEN O K, EID J, JOHNSEN B H. Moral behavior and transformational leadership in norwegian naval cadets[J]. Military Psychology, 2006, 18(1): 37-56.

③ KOHLBERG L. Stage and sequence: the cognitive-developmental approach to socialization[C]// GOSL D A. Handbook of socialization theory and research. Toronto: University of Toronto Press, 1969.

④ SCHONERT-REICHL K A. Relations of peer acceptance, friendship adjustment, and social behavior to moral reasoning during early adolescence[J]. The Journal of Early Adolescence, 1999, 19(2): 249-279.

⑤ KEASY C B. Social participation as a factor in the moral development of pre-adolescents[J]. Developmental Psychology, 1971, 5: 216-220.

现出对政治、社会公平、人权和社会关系事务的关注。①一个有领导力的人往往是积极主动、勇于担责的,这种行动倾向在儿童时期就已经显现出来了。具有领导力倾向的儿童知道他们的需要和要求会影响他人的行为,他越主动,越容易养成助人的习惯,从而渐渐发展出一种利他的人格。而且,具有领导力倾向的人更具有责任感,发现诚实-谦逊水平较低的人更有可能利用道德推脱,这反过来导致自我和同伴对领导力出现的评价较低②。

5. 社会情绪能力

社会情绪能力包含了社会能力和情绪能力,在整个幼儿时期,情绪越来越具有社会功能,如果没有情绪能力,社会能力就很难发展起来③,如道德的发展离不开道德情绪能力的发展,否则容易出现知行不一的问题。社会情绪学习（Social and Emotional Learning）是指儿童能够认知和管理自己的情绪、识别他人的情绪、养成同理心、做出正确决定、建立积极友谊及有效处理各类挑战和问题状况的过程。④社会情绪能力与儿童的道德发展状况相关,可以说,社会情绪能力是一种重要的道德能力或包含了道德能力,或者说二者互为促进。

社会情绪是个体行为的内在动力来源,它会影响个体道德认知、道德情感和道德行为的发展方向与发展水平,且儿童早期非认知技能（如亲社会技能）的发展与个人和公共健康的结果具有关联性。在婴幼儿阶段,社会情绪能力则包含情绪识别与表达、情绪调节、持续的注意力、移情和亲社会同伴互动等⑤,直接或间接地影响儿童的健康发展。儿童早期的社会情绪能力与未来的社会公共健康具有一定的联系。儿童早期的社会情绪能力与未来的社会公共健康具有一定的联系。一项纵向研究表明,个体在幼儿阶段的社交情绪能力与之在青少年和成人期的发展结果存在统计学上的显著关联,且涉及教育、就业、犯罪活

① MORAN S, GARDNER H . Extraordinary achievements: A developmental and systems analysis[M]// Handbook of child psychology: Cognition, perception, and language. New York: John Wiley & Sons, 2007: 905-947.

② OGUNFOWORA B, BOURDAGE J S. Does Honesty-Humility influence evaluations of leadership emergence? The mediating role of moral disengagement[J]. Personality and Individual Differences, 2014, 56: 95-99.

③ THAYER S C . Early social-emotional competence: preschool and kindergarten predictors[J]. Dissertations & Theses - Gradworks, 2012, 14(3): 115-124.

④ GUNTER L, CALDARELLA P, KORTH B B, et al. Promoting social and emotional learning in preschool students: A study of strong start pre-K[J]. Early Childhood Education Journal, 2012, 40(3): 151-159.

⑤ 李雪莹, 李杨卓. 父亲情绪表达与婴幼儿社会情绪能力的关系: 婴幼儿气质的调节作用[J]. 学前教育研究, 2018(4): 28-39.

动、吸毒和心理健康等多个领域。[①] 衡量个体在幼儿期的社交情绪能力,有助于评估个体在未来生活是否有非认知技能缺陷的风险,从而识别需要早期干预的孩子。

社会情绪能力有助于幼儿形成正确的自我意识和健全的个性与人格,促进幼儿社会性的发展。[②] 情绪在某种程度上几乎存在于每个人的认知、行为和经历当中,同时具有唤起性和抑制性,情绪会影响注意的方向、记忆的过程和问题的解决,在某些情况下可能会促进或干扰行为和计划的执行。[③] 在社会环境中,情绪作为一种沟通手段,促进和阻碍着人们的所有社会互动,也影响着人们的行为和判断。体验和处理情绪需要具有一定的情绪能力,或者更确切地说,能够理解、表达和调节情绪的能力[④],而这些正是道德情绪发展的重要内容。儿童的道德情绪理解能力、道德情绪调节能力和道德情绪表达能力是促进儿童做出合理道德判断、调控道德情绪、激发道德动机、践行道德行为的影响机制,能有效预防儿童在成长过程中出现的心理问题和行为问题,促进儿童身心健康发展。

(四)语言环境

儿童生活的语言环境可能是其道德发展的潜在影响因素,因为他们会有意识或无意识地吸收他们听到的信息传递的道德观念。在生命的第二年和第三年,儿童的语言能力逐渐提高,肌肉控制能力也逐步增强,道德教育的可能性和有效性随之增加。2~3岁的幼儿开始会说话和自我表达,所以他们听到的语言开始具有实质性的意义。倾听和理解能力的提升让他们开始成为一个倾听者,父母也经常自然地给幼儿各种各样的道德指导和解释说明,孩子也可以理解父母的说话方式。父母对自己的孩子讲话时,期望他们能理解所传递的信息,孩子们也会逐渐理解,通过父母的语言指导懂得如何规范自己的行为。

然而,我们对这些学龄前儿童心理体验过程中的道德成分关注较少,而更多地关注实际,忽视了其也是一个道德倾听者。在真实生活中的道德话题讨论,

---

① JONES D E, GREENBERG M, CROWLEY M. Early social-emotional functioning and public health: The relationship between kindergarten social competence and future wellness[J]. American Journal of Public Health, 2015, 105(11): e1-e8.

② 邱红燕. 幼儿社会情绪学习的内涵、价值与路径[J]. 学前教育研究, 2021(10): 91-94.

③ THAYER S C. Early social-emotional competence: Preschool and kindergarten predictors[J]. Dissertations & Theses - Gradworks, 2012, 14(3): 115-124.

④ SAARNI C, THOMPSON R A. The Development of Emotional Competence[M]. Guilford: Guilford Press, 1999.

依赖于儿童的社会环境、生活经验，具有情境性，能促进抽象道德观念的理解。[1]例如，如果在儿童生活或学习的环境中，身边的人总是对一些道德问题进行评论或讨论，儿童可能也会参与其中，或者聆听他人的讨论，这在无形中建构了他们的道德观念。因此，儿童生活的语言环境影响他们社会认知的发展。

（五）儿童与自然的联系

在婴幼儿时期，儿童就赋予万事万物生命，即皮亚杰所指的"泛灵论"，儿童将自然物作为社会他者来理解，对自然界中的生物采取道德立场。道德解决的是人与人之间的关系，那么人与自然、动物、地球等也具有道德关系吗？答案是肯定的，自然在道德发展和道德生活中发挥着某种重要的作用。[2]环境规范思维似乎意味着儿童对自然生活的复杂理解，因为他们认为自然生活比社会规则更重要[3]，与破坏社会常规相比，对植物生命有害行为的评估与道德越轨行为的发展之间可以形成强有力的平行关系。[4]以动物为例，幼儿会对伤害动物的事情表现出道德敏感性，比如说当幼儿用手去触摸乌龟的头时，乌龟会把整个身子缩进壳里去，孩子可能会说："它不想我们摸它，它会感到害怕……"在国外，很多专家学者运用动物辅助疗法来改善孤独症儿童、发展障碍儿童的社交障碍、行为问题等，通过与动物的交互作用，这些儿童的注意广度增加，敌意和攻击行为减少，且合作行为增加。[5]

儿童天生具有一种亲自然性、亲生命性。[6]我们经常会看到儿童很喜欢在自然环境下游戏玩耍，这种自然的联结会促进身心健康。年幼的儿童倾向于将自我归属于自然，与自然有较高的联系和亲近感。[7]有研究发现，随着儿童与自然之间的联结或亲密度提高，其做出助人行为的意愿会有所增加，高强度的

① 张惟勇. 关于德育语境的研究[J]. 上海教育科研, 1992（2）: 7-8, 25.

② 梅拉妮·基伦, 朱迪思·斯梅塔娜. 道德发展手册[M]. 杨韶刚, 等译. 北京: 教育科学出版社, 2010.

③ VILLARROEL J D, ANTÓN Á, ZUAZAGOITIA D, et al. Young children's environmental judgement and its relationship with their understanding of the concept of living things[J]. Environmental & Socio-Economic Studies, 2017, 5（1）: 1-10.

④ VILLANUEVA X, VILLARROEL J D, ANTÓN A. Environmental awareness and its relationship with the concept of the living being: A longitudinal study[J]. Sustainability, 2018, 10（7）: 2358.

⑤ FINE A H. Handbook on animal-assisted therapy: Theoretical foundations and guidelines for practice[M]. Salt Lake City: Academic Press, 2010.

⑥ 刘晓东. 儿童文化与儿童教育[M]. 北京: 教育科学出版社, 2006: 16.

⑦ LEVIN W E, UNSWORTH S J. Do humans belong with nature? The influence of personal vs. abstract contexts on human-nature categorization at different stages of development[J]. Journal of Environmental Psychology, 2013, 33: 9-13.

自然联结可以促进幼儿亲社会道德情感和亲社会行为的产生。[①]可见,儿童与自然之间的关系与其道德发展存在着积极联系。

① MAYER F S, FRANTZ C M. The connectedness to nature scale: A measure of individuals' feeling in community with nature[J]. Journal of environmental psychology, 2004, 24(4): 503-515.

第三章　德育的发展与儿童德育

第一节　道德教育的发展

"德育"一词概念较为模糊，存在"大小"之争，其本质在于德育概念的纯化和全面之间的选择。"大德育"的范畴与社会性教育相似，也就是从广义上来看，"大德育"包括思想教育、道德教育、政治教育、法制教育，后来心理健康教育和劳动教育也被纳入概念框架[①②]；而狭义的"小德育"专指道德教育[③]。所谓"德"，也有大小之分，一在于微渺但最重要的个人品德，二在于稳定社会秩序的社会公德，最后还包含了服务人民、祖国乃至世界的大德。中西方德育具有历史文化差异。但是我们可以看到，当前在我国的现实社会背景下，我们更倾向于这种大德育观。[④]在中国，道德教育总是与政治密切相关，大德育观取向是对中国传统文化中的"德政思想"的继承，也是现实社会政治的需要[⑤]。在西方，斯宾塞最早提出"德育"一词，主要是指道德教育。德育的内容是那些无须法律规定和维护的社会约定俗成的个人行为准则，德育的任务就在于让受教育者认识到何为、何不为，道德从何而来、道德的本质何在等[⑥⑦]，以形成正确

---

① 俞国良，陈雨濛. 德育论对心理健康问题的研究 [J]. 黑龙江高教研究，2021, 39（4）: 132-136.

② 孙振东，康晓卿. 论"劳动教育"的三重含义 [J]. 社会科学战线，2021（1）: 230-238.

③ 胡厚德. 德育学原理 [M]. 北京: 北京师范大学出版社，1997: 218.

④ 朱小蔓. 教育的问题与挑战: 思想的回应 [M]. 南京: 南京师范大学出版社，2000: 285.

⑤ 刘济良. 德育原理 [M]. 北京: 高等教育出版社，2010.

⑥ SPENCER H. Education: Intellectual, moral, and physical [M]. Syracuse: C.W. Bardeen, 1894.

⑦ 赵小鸣. 传统道德文化与现代德育的个性 [J]. 深圳大学学报（人文社会科学版），2003（4）: 121-125.

的道德观念并贯彻至实践当中。

过于宽泛的道德教育容易失去重心，而纯粹的道德教育又过于狭隘。本书采取了檀传宝提出的"守一而望多"原则，即在坚守"德育等同于道德教育"的前提下，肯定大德育其余内容的重要性，并强调它们与道德教育之间的联系[①]，这也是当下对德育较为合理的定位[②]。毕竟思想、政治、法治、心理健康教育等本身具有促进个体社会适应的发展价值，且与道德教育有着千丝万缕的联系。因此，本书中的"德育"主要指道德教育，但是也会兼顾大德育观念下的相关内容。

一、人类早期的德育

教育本身就被当作是一种道德实践，德育融合于教育，教育也无不体现德育。从历史角度来看，教育与道德二者关系的表现方式为"手段与目的"[③]。在古代，人们将道德看作是教育的必要内容，教育则作为培养有道德的人和稳定社会纲常伦理秩序的必要手段。教育和道德的关联非常密切，以至于在一些社会文化中甚至出现教育与德育几乎同义的情况，尤其是在中国古代文化语境中。[④]而现在，道德教育被各路学者重新定位，即弱化政治但强化个人道德品质以及个人幸福（如心理健康）。[⑤]但是，德育何时以及如何产生，在诞生之初又是怎样的呢？下面我们将讨论德育在人类早期阶段的最初形态。

前文我们在探讨婴幼儿的道德起源这部分内容时，借鉴了托马塞洛等针对道德起源的自然史基础的观点，似乎人类的社会性是由生物基因保留并传递下来的，我们的正义感、合作和同情等就是一种社会性本能。与道德一样，教育一直以来被视为人类特有的活动。但是有研究发现，灵长类动物中也存在着教育行为，如母猴那些夸张的动作是为了教会自己的孩子使用工具。[⑥]这在一定程度上表明，动物（至少是灵长类动物）也具有教育的本能，早期的教育是为了

---

① 檀传宝. 学校道德教育原理[M]. 北京：教育科学出版社，2000：4.

② 朱永新. 明德至善，绽放人性芬芳[J]. 教育研究与评论，2020（5）：4-16.

③ 程亮. 教育的道德基础：教育伦理学引论[M]. 福州：福建教育出版社，2016：1-10.

④ 程亮. 教育的道德基础：教育伦理学引论[M]. 福州：福建教育出版社，2016：30-58.

⑤ LEE W O, HO C H. Ideopolitical shifts and changes in moral education policy in China[J]. Journal of Moral Education, 2005, 34（4）：413-431.

⑥ MASATAKA N, KODA H, URASOPON N, et al. Free-ranging macaque mothers exaggerate tool-using behavior when observed by offspring[J]. PLoS One, 2009, 4（3）：e4768.

教给孩子一些必备的生存技能。

　　人类社会出现之后，教育、道德和道德教育都随之产生了。原始社会的教育目的一是在于保存并超越部落认为应该保存的技能、仪式、传统和习俗，二是发展那些保存和传承部落制度的个体所必需的品格和能力，包括身体、社会、道德和心理能力。[①] 氏族社会制度的出现是德育出现的历史起点，原始社会初期，社会生产力水平低下，随着人类进入群居生活、建立氏族社会之后，成员之间的交往合作、共同劳动成为重要的活动。人类逐渐积累了生产生活经验，社会意识和主观能动性也逐步提升，促进了教（德）育的发展。人类自从独立于动物界后，德育也就一直伴随着人类，道德是维系人与人、集体与集体、个人与集体生存共处的行为规范，德育也成为促进人与社会文明发展的重要手段。[②]

　　原始形态的宗教也是一种德育形式，原始人类在教育孩子时，会利用孩子对原始宗教的恐惧感和敬畏感。在原始文化中，自然崇拜、图腾崇拜、神话传说等都蕴含着德育。当社会生产力发展到一定程度但水平还不高时，氏族社会诞生了原始宗教，以灵物崇拜、图腾崇拜等形式为突出特点，这反映出了人在自然界面前软弱无力以及对自然力的盲目依赖。原始宗教反映了人与自然、人与社会的主体关系，也反映了氏族社会对人们的精神和行为要求，一定程度上起到道德教育的规范作用。[③]

　　为了群体的生存和个体的发展，部落群体中地位较高的人会对同氏族的人言传身教，组织开展各种各样的教育活动，其中就包含德育内容。一方面，原始部落的道德和道德标准是维护部落所必需的，如绝对服从、合作、信任、保守部落秘密等。另一方面，早期德育方式呈现生活化特征。由于早期人类社会还没有产生阶级和国家，德育主要通过习俗与日常生活去践行，人类早期的德育内容也被称之为习俗性道德[④][⑤]，其中包括生命意识、禁忌规范、集体归属感和认同感等方面的内容，这些德育内容植根于人们的生活实践，为人们的生存和发展提供了精神信仰。

　　总的来说，原始德育是多种因素（如人的社会性本质、生活需要等）相互

---

① FLETCHER H S. Religious and Moral Training among Primitive People[J]. A Monthly Magazine, 1927(4): 193-206.

② 王升臻，李俊奎. "广义政治"视野下思想政治教育历史起点探究[J]. 湖北社会科学, 2012(9): 175-177.

③ 宋增伟. 道德教育发生的历史考察[J]. 枣庄学院学报, 2017, 34(6): 129-132.

④ 刘志山，胡梅妹. 德育的童年与童年的德育[J]. 伦理学研究, 2019(5): 94-99.

⑤ CHUANBAO T. The morphological analysis on the forms of moral education and it's meaning[J]. Journal of Moral & Ethics Education, 2013, 40(40): 35-45.

作用下自然发生的结果。伴随着原始人类和原始社会的生产与发展，人类的社会性本能凸显，群体劳动和语言互动催生了德育。德育伴随着人类的产生而产生，人们的劳动、生活和德育是一体的，早期的德育形态以习俗性道德为主，儿童通过宗教仪式和节日等形式接受道德教育，须保持其内含的精神信仰和社会习俗，并在日常生活中加以实践。其目的是维持群体生活，德育内容源自生活，同时德育方法仿效生活。这对我们当前进行儿童德育具有启发意义，儿童德育也应该回归生活。

二、德育方式的发展

随着人们对教育的深入理解和对儿童道德发展的探究，德育的方式也在不断发生变化。不同时代不断有不同的德育理论出现，但归纳来看，有三种主要的德育方式：传统德育方式、认知发展方式和关怀方式。

（一）传统德育方式

传统的道德教育是一种外在的、行为主义方式，认为道德是一套纯粹的文化规则，而道德教育是这些规则的灌输。根据哲学传统，童年处于不道德的阶段，而道德教育就是灌输给儿童一种他们完全缺乏的道德。霍布斯在《论公民》的序言中写道："恶人就像固执的孩子，或者孩子气的人，恶无非就是人到了一定年龄时依然缺乏理性。"[①]。儿童被认为是不懂克制的、缺乏理性的，或者儿童是无关道德的。

西方传统的道德教育思想源于以苏格拉底、柏拉图、亚里士多德为代表的古希腊美德论[②]，他们是传统道德教育的代表。苏格拉底提出"美德即知识"。柏拉图将"智慧、勇敢、正义和节制"视为最基本的道德，他认为德行是可教的，但是一个人必须通过科学、数学和哲学的训练，才能获得何为善的理解。亚里士多德追随苏格拉底和柏拉图，认为美德是美好生活的核心。亚里士多德重视人的道德行为，他认为伦理理论是一个不同于理论科学的领域，它的方法论必须与其主题（好的行动）相匹配。

传统道德教育的目的在于培养合格的公民，本质上是强制性和灌输式的教育，传统道德理论也称作"美德袋式道德教育"，他们把人当作是一个"美德袋"，

---

① 霍布斯. 论公民 [M]. 应星, 冯克利, 译. 贵阳: 贵州人民出版社, 2003: 11.
② 王晓娥. 美国品格教育历史发展及其缘由探究 [J]. 佳木斯大学社会科学学报, 2011, 29 (4): 92-93.

教师只需要将早已规定好的道德条目传授给学生即可，儿童只需要记住这些道德内容并照做就可以了[①]，漠视了儿童的自主选择和思考。传统道德教育的方式主要是通过直接的问答式教学、训诫、纪律等方式重点形成儿童的道德行为，且儿童必须严格遵守自己所学的社会道德习俗。[②]虽然他们主张启发式教学，但是多以优雅诗文或朦胧寓言的方式，缺乏体验性和实践性，并且其目的在于避免以"统治"的方式进行，其本质是一种公民统治。[③]

（二）认知建构方式

基于认知发展的德育是一种内在的、唤醒的构建方式，以皮亚杰和科尔伯格等为主导，他们认为道德是一套普遍的规则，道德教育是这些规则自然发展的刺激。在这一种观点中，道德必须被理解成一种发展的事物，它假定童年是道德的，每个儿童都是"道德哲学家"。[④]然而，在这一内在理论中，最近的研究导致了围绕发展和教育问题对儿童与道德关系的不同思考，道德发展的内在概念出现了两种可能的途径：一种是科尔伯格支持的，将道德判断作为发展过程的术语；另一种是海特认为的，道德直觉是这种发展的根源，"直觉在前，推理在后"，即我们在做出道德判断时都是凭借直觉，然后我们再通过策略性的推理来解释我们凭借直觉做出的判断。[⑤⑥]

皮亚杰和科尔伯格倡导的认知发展方式起源于20世纪早期的进步教育运动[⑦]，杜威是进步主义思想的主要倡导者，他强调以过程为导向的道德教育，杜威强烈反对传统德育中过分重视知识的传播和灌输式教育的倾向，反对脱离实际的道德训练。[⑧]杜威区分了"道德观念"（moral ideas）和"关于道德的观念"（ideas about morality），他认为"道德观念"是道德行为的动机，是在参与合作中形成的，而"关于道德的观念"是关于诚实、纯洁或仁慈的理解，这些观念是

---

① 佘双好. 当代西方道德教育流派德育课程理论的特征与局限[J]. 清华大学教育研究, 2000（3）: 45-51.

② 约翰·S. 布鲁柏克. 教育问题史[M]. 吴元训, 译. 合肥: 安徽教育出版社, 1991: 229.

③ 霍布斯. 论公民[M]. 应星, 冯克利, 译. 贵阳: 贵州人民出版社, 2003: 6.

④ 邹绍清. 论科尔伯格的道德认知发展理论及其借鉴[J]. 学校党建与思想教育（上半月）, 2008（7）: 76-78.

⑤ HAIDT J. The emotional dog and its rational tail: a social intuitionist approach to moral judgment[J]. Psychological Review, 2001, 108（4）: 814.

⑥ HAIDT J. Moral psychology for the twenty-first century[J]. Journal of Moral Education, 2013, 42（3）: 281-297.

⑦ HOWARD R W, BERKOWITZ M W, SCHAEFFER E F. Politics of character education[J]. Educational Policy, 2004, 18（1）: 188-215.

⑧ 约翰·杜威. 杜威全集（中期著作）[M]. 刘华初等, 译. 上海: 华东师范大学出版社, 2012: 213.

不能直接自动转化为好的品性或行为。[①]"直接道德教学"就是"关于道德的观念"的教学，对"道德观念"的形成是无效的[②]或者效果甚微[③]。也就意味着，学校设置专门的德育课程只能进行"关于道德的观念"的教学，并不是真正的道德教育，不能有效地让儿童内化道德观念。

在认知建构视角下，任何领域的发展都是儿童与环境不断互动的产物，个体持续不断地逐渐构建一个更充分的道德理解。移情是德育建构方式中的重要概念，如果儿童喜欢一些东西（如快乐或友谊），不喜欢另一些东西（如痛苦、挫折或拒绝），那么随着他们在具体操作阶段越来越善于站在他人的角度看问题，孩子就可以感受到伤害他人的行为是不好的，而让他人快乐的行为是好的。通过这种方式，孩子们开始理解和欣赏不同种类的规则和价值，并通过实践来证明。科尔伯格认为正义的知识不是天生的，正义是发展过程的最高成就，而发展过程是由"角色扮演经验"的建构主义所驱动的。

认知建构德育方式强调社会团体中的民主参与，而不是灌输和强化特定的品格美德，而是民主参与的技能，即审议、问题解决和参与团体治理[④]，以及进行道德两难故事讨论。简单来说，认知发展的道德教育方式就是主张让儿童在实践中、在参与社会问题的集体讨论中，发展儿童的正确道德认知与自主处理道德困境和问题的能力，偏重认知技能，如批判性思维、道德决策和道德推理。而且，这种德育模式关注个人的发展和社会的改善，关注社会和政治问题，重视发展有生产力的公民能力，而不是关注个人行为。

（三）关怀德育方式

以关怀方式为主的德育模式主要有彼得·麦克菲尔（P.Mcphail）的体谅德育模式和内尔·诺丁斯的关怀德育模式。体谅德育模式以道德情感为主线，以教会人如何关心为思想内核，在具体教育活动中坚持人本主义的德育观。[⑤]在体谅德育模式中，道德教育包括了整个人格教育。麦克菲尔认为：一个有道德的人能够考虑别人的意见和觉察别人的感受，站在别人的角度思考问题。这是一种心理学上称为"观点采择"的社会认知能力，其实也是一种道德风格，深深

---

① 约翰·杜威.学校与社会：明日之学校[M].赵祥麟等，译.北京：人民教育出版社，2004：136.

② 高德胜.对杜威道德教育"根本问题"的再认识[J].教育研究，2020，41（1）：16-29.

③ 刘长海.杜威道德教育思想再认识：与高德胜教授商榷[J].教育研究，2020，41（10）：45-52.

④ HOWARD R W, BERKOWITZ M W, SCHAEFFER E F. Politics of character education[J]. Educational Policy, 2004, 18（1）: 188-215.

⑤ 陈思坤.体谅关怀德育模式的伦理内涵及实践价值[J].现代教育管理，2010（4）：112-115.

植根于整个人格中；德育应满足人类的基本需要，即是与他人友好相处、爱与被爱；在教育方法上，强调品德是情感感染的结果，要注重营造相互关心和体谅的教育氛围，教师在关心人、体谅人上起道德榜样作用。[①]

诺丁斯指出，被关心是人类的共性，人们生来就完全依赖他人的关爱，依赖性是人的"原始状态"[②]，她认为道德情感的来源是这种自然亲子情感，特别是关怀[③]。诺丁斯认为，教育者的最佳自我是寻求与学生的最佳自我，建立师生之间的关爱关系。在关怀德育模式中，主要采用的教育实践方法是：榜样（modelling）、对话（dialogue）、实践（practice）和认可（confirmation），它们都是在关怀关系的建立中被激活的，并且它们的成功也依赖于关怀关系的建立。[④]她的关怀理论不同于传统德育的特点首先是道德教育的实践性，其次是重视教师的榜样作用，最后在于对学生生命的尊重以及重视学生的体验和感受。[⑤]对话是在交流中塑造关怀理想的方式。此外，诺丁斯认为当教师认同学生时，他们会发现一个更好的自己，并鼓励其发展，教师也可能会体验到一种令人满意的圆满结果。[⑥]

体谅德育模式和关怀德育模式无论从道德教育基础、内容还是方法上，都给予教育工作者和家长一定的启发与借鉴。针对年幼的儿童，被关心是必要的，教幼儿学会关怀他人也是必要的。关爱学生本身就是教师职业的基本要求，关怀性的师生关系有助于发挥学生的自主性和调动学生的自我效能动机。

---

① 黄向阳. 德育原理［M］. 上海：华东师范大学出版社，2000：241-242.

② NODDINGS N. Starting at home：Caring and social policy［M］. Berkeley：University of California Press，2002：121.

③ NODDINGS N. Caring［M］. Berkeley：The University of California Press，1984：21-34.

④ NODDINGS N. Starting at home：Caring and social policy［M］. Berkeley：University of California Press，2002：32.

⑤ 侯晶晶. 关怀德育论［M］. 北京：人民教育出版社，2005：103-107.

⑥ NODDINGS N. Care and moral education［M］//Critical conversations in philosophy of education. New York：Routledge，1995：137-148.

第二节　儿童的德育

社会化、道德化是儿童成长的关键性指标，道德教育不是束缚儿童自由的枷锁，而是引导他们真正达到自由境界的助力。鲁洁先生曾说，我们总是习惯性地将道德教育视为限制人的自由，但是道德的根本功能在于发展人和解放人，而不是限制人和束缚人。[①]人从一出生就是一个独立的个体，儿童不是家庭的私有物或社会的公共物，儿童的成长更不是家长和教师的艺术作品，儿童具有自我创造的内在动机，是在实践中自己成就自己的。教育的起点是人的生命[②]，教育是一种价值活动。教育应以人为中心，教育是一种旨在引导和帮助人达成自我实现愿景的实践活动，教育的终点是"成人"——帮助个体成为全面发展的人。[③]

教育应为儿童的人生服务，引导儿童学会做人、学会做事、学会合作和学会求知，引导人不断实现和创造人特有的本质和生存方式。[④]人是社会性动物，人的本质是一切社会关系的总和，情感是滋养儿童道德心灵的甘露。儿童德育应采取符合儿童思维特点的方式，故事为道德教育提供了一种资源，儿童可以通过故事中人物角色的"经历"来学习。[⑤]教育者应从儿童的视角来看待道德问题，儿童德育应注重情感教育，且道德叙事是符合儿童思维的重要德育方式。

一、儿童与情感德育

儿童在很小的时候就有敏锐的道德感，他们是"直觉的道德家"[⑥]，但是这并不意味着要将幼儿视为道德上的圣人。因为儿童的社会行为不仅仅是出于

---

① 鲁洁. 重新认识道德和道德教育[J]. 人民教育, 2015(19): 72-75.

② 程红艳. 教育的起点是人的生命[J]. 现代教育论丛, 2003(5): 1-6.

③ 刘立潇. 习近平青年教育观的逻辑结构: 起点、中介和终点[J]. 吉首大学学报(社会科学版), 2022, 43(2): 9-15.

④ 鲁洁. 重新认识道德和道德教育[J]. 人民教育, 2015(19): 72-75.

⑤ WINSTON J. Drama, narrative and moral education[M]. New York: Routledge, 2005.

⑥ 施维德, 图列尔, 玛奇, 等. 儿童的道德直觉[J]. 心理学动态, 1988(4): 22-26.

善良动机，和成年人一样，他们有可能只是有意做好事或为了获得回报，并且他们很容易受到不良的社会影响。儿童的道德是从社会关系中自然产生的，因为只要有人类的对话和人际交往，就会有行为准则、关怀和责任感。①当然，在这里我们并不否定前文所讲的道德的生物基础，毕竟任何事物都有可能是内外因素促成的。在承认儿童天生具有亲社会倾向的基础上，我们将探讨如何通过后天环境更好地激发儿童的道德感，避免外部环境破坏或干扰儿童道德的正常发展。

情感教育是一种持续的、永久的教育过程，贯穿一生，目的是培养社会情绪能力和积极情感，这影响着一个人的道德决策和判断，情感教育与道德教育密不可分。"育德是教育的灵魂，动情是德育的关键"②，情感教育最显著的影响包括改善道德和道德行为，促进亲社会行为的发展，以及提高情绪能力，从而改善共处和幸福。③情感教育可以涉及很多话题，包括情绪意识和调节、情绪自主、自尊、自我激励、社交技能、自信、同理心、生活技能、幸福感等。幼儿阶段是积极情感的启蒙阶段，幼儿教育工作的重点是将道德情感和价值观作为教育内容，幼儿的情绪变化较大且发展不稳定。因此，在教育领域，特别是在道德情感教育中，发展情商或情绪能力是非常有必要的。

由于孩子在幼儿时期同时发生着认知和社会性的变化，决定了幼儿时期成为社会情绪能力发展的关键时期。这一时期显著的认知发展包括信息存储、回忆和操作能力的增强④，这可能有助于提升表达和反映情绪的能力。其他的发展包括自我意识情绪的出现，如内疚、羞耻和骄傲，这有助于强化社会行为标准。⑤在社会领域，个体在幼儿时期越来越多地被置于非家庭性的照顾中，并被期望学习如何遵守正式和非正式的规则，如在社交方面表现得体。⑥这些不同的环境为幼儿提供了与同龄人和有影响力的成年人的新相处经验，这些经验促进了幼儿社会情绪技能的形成和发展。如果幼儿不能思考和认识自己的情绪，

① 威廉·达蒙. 儿童道德心理学 [M]. 秦红梅，译. 上海：上海社会科学院出版社，2020：4-5.
② 朱小蔓. 育德是教育的灵魂 动情是德育的关键 [J]. 教育研究，2000（4）：7-8.
③ ALZINA R B, LOPEZ-CASS E. The intelligent cultivation of moral emotions in adolescence [J]. Revista Espanola De Pedagogia, 2021, 79（278）：103-113.
④ ORNSTEIN P A, HADEN C A. Memory development or the development of memory ? [J]. Current Directions in Psychological Science, 2001, 10：202-205.
⑤ THAYER S C. Early social-emotional competence：preschool and kindergarten predictors [J]. Dissertations & Theses-Gradworks, 2012, 14（3）：115-124.
⑥ CLARKE-STEWART A, ALLHUSEN V D. What we know about childcare [M]. Cambridge：Harvard University Press, 2005.

不能在社交活动中表达内疚或悲伤，或在群体活动中不能保持身体上的平静，他们很可能接收到不利的社会判断，不利于其社会性的发展。

在某种程度上，社会情感教育和德育具有一致性。有社交和情感缺陷的儿童可能会表现出与教师和同伴沟通困难的问题，从而导致发展出内在的行为问题，如抑郁、焦虑、退缩等，或用肢体攻击来传达他们的需求。在儿童早期，经常表现出积极情绪的儿童往往有更多有益的社会经验，积极情绪水平较高的学龄前儿童也更容易被同龄人接受，在社会交往中获得更多的积极评价。① 与其他任何反应相比，快乐和积极的情绪更容易受到亲社会行为的影响，这可能会促进或延续儿童间愉快的互动。②

儿童德育要从情绪情感入手，同时注重道德认知的发展和道德行为的养成。社会情感教育与德育、心理健康教育、社会性教育等多学科交叉，社会情绪能力是一种特殊的能力，它不同于一般的技能，不能独立于价值观、社会认知而建立和发展。社会情绪能力是一种综合素养，不是简单指个体的情绪管理能力，社会情绪能力是对自我和他人的意识、自我管理、负责任的决策和一些处理关系的技能，其中包含了丰富的道德情绪内容，这些能力都是道德教育的常见目标。因此，我们必须将个体心理建设、社会认知学习融为一体，合力培养。③ 所以，新时代的德育应该是整合性的，在社会情绪情感教育中融入德育的内容，并且在德育中渗透社会情绪情感教育的内容，合力培养个体情绪能力与社会学习能力。

二、道德叙事与儿童德育

品格教育运动使道德叙事重新成为德育理论关注的中心。21世纪以来，道德叙事的价值在我国得到凸显。道德叙事是一种历久弥新的德育方式，曾经是中西方古代道德教育的基本方式。例如，在我国古代社会中的美德典故、神话故事等，承载着中华民族的优秀传统文化和伦理价值。道德叙事其实就是一种讲故事的道德教育方式，指教育者通过口头叙述的形式，讲述蕴含丰富道德价

① ARSENIO W F, COOPERMAN S, LOVER A. Affective predictors of preschoolers' aggression and peer acceptance: direct and indirect effects[J]. Developmental Psychology, 2000, 36(4): 438-448.

② STRAYER J. A naturalistic study of empathic behaviors and their relation to affective states and perspective-taking skills in preschool children[J]. Child Development, 1980, 51: 815-822.

③ 曹坚红. "社会情绪能力养成"教育的实践特征与创新[J]. 人民教育, 2019, 802(Z1): 90-93.

值的故事（如童话、神话、寓言等），并且这些故事寓于古现代历史文化传统之中，能够促进学习者的道德成长。[①]

首先，我们要清楚叙事的作用机制是什么？狭义的"叙事"即以故事形式表示叙事这一组织图式，人们用叙事来指代故事中的过程和结果，在故事背景中阐明其意图所指。叙事的意义在于它本身是一种认知过程、一种心理操作，将事件和人类行为组织为一个整体，从而根据事件和人类行为对事件的理解与想象赋予其意义。[②]

叙事的核心在"事"，关键在"叙"。第一，作为名词的"叙事"，更侧重于"事"。因此，叙事的选材非常重要。在幼儿道德教育中，我们可以选择幼儿喜闻乐见的童话故事、寓言故事或幼儿身边的生活故事等。第二，作为动词的"叙事"，更侧重于"叙"，强调叙事者通过"叙"传递给接收者信息及意义，注重叙事者对叙述素材的理解和传递方式。在"叙"这一过程中，叙事者可以结合自身经验来理解故事，从而更好地引导听者产生共鸣、自主建构对故事的理解及体验吸收故事传达的意义。那么运用在儿童德育中，也就是说教师充分叙述故事的时空环境，凸显故事人物丰富的话语、行为，以及丰富的情感体验，让儿童在跟随故事的情节，感受人物的生活、命运变化的过程中，对故事中的人物、情节产生感受和共鸣，从而自然而然地把握其中的道德意义。且教师的着眼点应在于"动之以情，晓之以理"，让儿童对故事传递的道德概念产生有意义的情感体认，促进儿童由知到行。[③]

其次，学者认为，叙事应当成为儿童道德教育中有价值的组成部分。但是我们应该明白为什么在儿童道德教育中，道德叙事会是一种有效形式？主要有以下缘由。其一，人们普遍认为叙事能力出现在儿童早期阶段，并且出现在大多数文化中。儿童在2岁之后就逐渐掌握了理解事件叙事顺序的能力。[④]儿童学会"构造和理解因果关系和时间结构的情节，这些情节围绕各种主题组织，涉及各种角色"，儿童用发展起来的判断力，去判断故事情节是否连贯并有道德意义。其二，儿童的思维方式受益于叙事方式。布鲁纳（Jerome Seymour Bruner）认为，人存在着两种思维模式：例证性思维和叙事性思维。[⑤]例证性思

---

① 丁锦宏. 道德叙事：当代学校道德教育方式的一种走向[J]. 中国教育学刊, 2003（11）：5-8.

② POLKINGHORNE D E. Narrative knowing and the human sciences[M]. New York：Sunny Press, 1988.

③ 易晓明. 对当前儿童德育中道德叙事的批判和反思[J]. 幼儿教育（教育科学版）, 2006（2）：15-18.

④ PETERSON C, SELIGMAN M E P. Character strengths and virtues：A handbook and classification[M]. New York：Oxford University Press, 2004.

⑤ BRUNER J. Actual minds, possible worlds[M]. Cambridge：Harvard university press, 2020.

维又叫作"命题思维"，独立于特定情境。叙事性思维就是讲故事或扮演故事，依赖于具体情境。但对于年幼的儿童来说，其思维更偏向于一种叙事性思维[①]，儿童的心智具有一种叙事性的结构，他们在理解道德问题时使用的是一种情感的、想象的方式，而不是逻辑推理的方式。其三，儿童喜欢模仿，他们的道德学习是一种感性模仿，尤其是在儿童早期。因为他们听了道德故事之后，认知当中会自动生成关于好与坏、对与错的形象化事例，从而形成他们认同的道德认知、情感和行为。其四，儿童在故事中潜移默化地受到文化的熏陶。故事是植根于一定的历史文化的，蕴含着丰富的社会文化价值观，有助于形成儿童早期的价值倾向。由此可见，叙事是契合儿童道德思维的德育方式，通过叙事，儿童主动地建构自己的道德经验并外化于生活，儿童德育应该重视道德叙事的合理运用。

三、儿童德育的发展功能

（一）认知与语言发展

关于儿童道德的研究中，存在这样一个问题——儿童道德与其智力是否相关或互为促进？个体的德、智是一体的，至少对于大多数人来说是这样的，德育对儿童的认知发展具有正向促进作用。认知的发展与道德发展之间具有紧密的关联，认知的发展有助于个体的道德学习，而道德品质的发展和提升又促进个体认知的发展。正如刘济良说的，"智是德的基础，德是智的向导"[②]。朱永新先生也曾指出，智识教育和德育的关系非常密切，认识世界的目的是适应和改造这个世界，适应和改造这个世界的过程和道德教育是紧密联系在一起的。[③]

1. 德育与儿童语言

语言是个体认知结构中的重要因素之一，同时作为表达和沟通的外在表现形式，德育既以儿童的语言能力为基础，语言促进了道德的各个方面，甚至在某些方面是必要的[④]，同时也对儿童语言能力的发展具有正向作用。回顾前面的道德叙事，我们经常通过讲故事的方式来进行德育。叙事本身不仅是德育的

① 杨宁. 叙事性思维和儿童德育[J]. 南京师大学报（社会科学版），2005：81-85，125.

② 刘济良. 德育原理[M]. 北京：高等教育出版社，2010：61.

③ 朱永新. 明德至善，绽放人性芬芳[J]. 教育研究与评论，2020（5）：4-16.

④ LI L，TOMASELLO M . On the moral functions of language[J]. Social Cognition，2021，39（1）：99-116.

一种方式,也是一种语言教育的方式。在道德叙事的过程中,知识与故事浑然一体,将抽象的道德知识以生动地讲故事的方式呈现出来,道德教育变得具体化、形象化。①儿童一般作为聆听者,但也是一个"叙事者"。在叙事者的引导下,儿童通过自己的故事的理解表达自己对感悟或叙述自己的经历,这锻炼了儿童的语言倾听能力、语言理解能力和语言表达能力。

此外,儿童本身的语言能力也正向调节了道德教育的功能。道德功能必然是由语言和话语形式调节的,语言能力和语言文化在道德发展中发挥着重要作用,许多道德推理都因为语言表达能力有所促进。②由此可见,语言在道德教育中具有举足轻重的作用。

2. 德育与儿童想象力

儿童道德发展与想象力是相互作用的过程③,科学的德育可以促进儿童想象力的发展。但是,在传统伦理学和道德理论中,是极力排斥和回避"想象"这个词语的,很多伦理学家将想象当作道德的对立面。想象力往往被看成主观的、变幻的,不受社会规范和道德原则控制约束,甚至对道德起着瓦解的作用。高德胜提出,想象是道德活动的构成性要素,道德的存在是有前提的,而想象是建构这些前提的主要力量④。因为道德不可避免地关乎你我他,而自我概念与他人概念的形成都对想象力有依赖性。人对语言符号的理解,及进入语言符号建构的意义空间,都需要想象的参与,并且道德思考与行动都离不开想象性思维,想象是道德思考与行动的构成性因素。纳尔瓦兹等讨论了儿童道德想象力的发展,他们将其定义为不仅具有创造性,而且能够"形成关于什么是好的和正确的想法,并将最好的想法付诸行动以服务他人"⑤。同情和移情是非常重要的道德情绪能力,而想象力在这个过程中起着不可替代的作用,没有想象力,就无法站在他人的位置上思考问题。因此,德育应该注重儿童道德想象力的培育。

3. 德育通过影响非认知促进认知发展

德育为认知发展提供了良好的环境氛围,个体的认知发展不仅仅是受制于

① 赵玉晶,王申连.道德叙事能为儿童道德教育做什么?:论道德叙事的德育功能[J].中小学德育,2020(10):18-21.
② LEWIS C J. Ritual education and moral development: a comparison of Xunzi and Vygotsky[J]. Dao, 2018, 17(1): 81-98.
③ NARVAEZ D, MRKVA K. The development of moral imagination[M]//The ethics of creativity.London: Palgrave Macmillan, 2014: 25-45.
④ 高德胜.道德想象力与德育[J].教育研究,2019,40(1):9-20.
⑤ NARVAEZ D, MRKVA K. The development of moral imagination[M]//INNIS R E. The ethics of creativity. London: Palgrave Macmillan, 2014: 25-45.

认知因素，也受到非认知因素的直接影响，如意志、动机、自我控制、性格等。德育通过各种活动对儿童的意志品质、责任意识、自尊自信等养成发挥着重要作用，这些品质有助于激发个体内在学习动机，引导认知发展的方向。道德作为调节人际关系的重要手段，有助于为儿童创造良好的精神环境，形成积极和谐的人际关系网络，避免过多的道德冲突，从而为儿童学习和发展"扫清障碍"，建构一个自由有序的学习环境。

（二）品德与社会性

培养儿童品德是社会化的基本目标之一。良好的道德是个体社会化的基础。为了顺利地由自然人过渡到社会人，儿童需要建立对自己和他人理解的基础，然后掌握自己和他人心理状态与心理活动的本质，同时儿童也需要学习其所处社会的社会习俗和社会结构，理解自己生活的世界。德育通过帮助儿童社会化更好地适应社会和全面发展。

1. 德育与儿童社会认知

儿童"天生是社会动物"[1]，社会认知能力是发展和完善儿童道德系统的重要支柱[2]，德育的目的之一就是让儿童了解广泛的社会世界，初步形成正确的社会认知，让儿童感知和理解各种社会关系和社会规则[3]。社会认知能力能帮助儿童成为社会群体的一部分，让儿童能识别各种社会信号、了解世界。儿童的社会认知水平发展还不成熟，是非观念还不稳定，其社会评价带有较强的情绪性和受暗示性，权威导向的道德判断较为明显，容易受到自身因素（情绪、性格等）和成年人（角色、期待和观念等）的影响。[4]一般在儿童早期阶段，德育主要致力于初步的社会规则和社会生活常识教育，并为发展儿童的亲社会认知和观点采择能力创造机会。

2. 德育与儿童社会性情感

专门的儿童德育能促进儿童同理心、同情心、责任感、正义感和自尊等积极情绪，同时也能在日常生活中通过随机教育促进儿童羞愧、内疚等消极道德情绪的发展。同情和移情是最基础的道德情感，如前所述，儿童具有天生的道德感，这是保留下来的生物基因，也因此构成了道德行为的生理基础。但是，

---

① 马克思. 马克思恩格斯全集（第23卷）[M]. 北京：人民出版社，1972：363.

② 刘国雄，李红. 儿童对社会规则的认知发展研究述评[J]. 华东师范大学学报（教育科学版），2013，（3）：63-69.

③ 庞丽娟，田瑞清. 儿童社会认知发展的特点[J]. 心理科学，2002（2）：144-147+252.

④ 林泳海. 幼儿教育心理学[M]. 北京：商务印书馆，2011：676-679.

在关注天性的同时，后天的教养也必须受到重视，因为教养影响着个体情感表达的具体方式，通过观察、倾听、行为模仿等，学习如何表达和控制自己的情感[1]，儿童具有社会学习能力，他们可以通过观察和模仿学习如何表达和控制自己的情感。

当儿童体验到这些社会情感后，会激发迫切的动机促使自己采取道德行动，这些基本的社会情感的发展有助于个体道德价值观的长期发展。但是，在学前早期阶段，年幼的儿童慢慢出现羞愧、内疚等自我意识情绪，由于缺乏经验，不知道如何表达和控制自己的情感，如果得不到有效的指导，这种消极的道德情绪会对儿童的自信、自尊和自我概念产生不良影响。

3. 德育与儿童人际交往

德育中很重要的一点是，发展儿童的集体意识。因此，人际交往技能也是道德教育重要内容之一。德育有助于发展儿童的环境适应能力、人际交往能力、人际关系和解决问题冲突的能力。德育中渗透了人际交往的知识，通过构建人际交往情境，指导儿童沟通的技巧，帮助儿童树立人际交往的基本认知。尤其是在面对新的环境时，引导儿童克服人际交往中的胆怯、自卑等心理障碍，为儿童之间的交流搭建桥梁。因为，在德育的过程中，教师要以身作则。所以，师生之间的交往显得尤其重要，良好的师生关系在情感方面给予儿童自信和勇气，激发儿童主动交往的意愿。

4. 德育与儿童文明行为

德育是建构儿童礼貌、友爱、诚实、合作等行为的重要途径[2]，儿童的行为习惯教育也是德育的奠基工程，也是幼儿阶段德育的重点。所谓"少成若性，习惯成自然"。一个儿童做一件事不难，做一天的文明人也不难，但要长期坚持是一件很难的事情。因此，早期的行为养成德育是非常重要的。良好的品行也是儿童健康成长的关键因素，养成良好的行为习惯对儿童人格的发展具有奠基作用，应该通过日常生活中的随机德育和专门的德育活动促进儿童文明行为的养成，由他律转变为自律。

（三）德育与儿童心理健康

道德与心理健康互为联系，德育与儿童心理健康发展也相互交织。1989年，

---

① 特里萨·M.麦克德维特，珍妮·埃里斯·奥姆罗德. 儿童发展与教育[M]. 李琪等，译. 北京：教育科学出版社，2007：561.
② 隋牧蓉，卢黎歌. 论德育在个体道德自觉形成中的建构、塑造与统合功能[J]. 探索，2022（2）：179-188.

世界卫生组织更新了"健康"这一概念，"健康不仅是没有疾病，而且包括躯体健康、心理健康、社会适应良好和道德健康"[①]，在之前的基础上加入了"道德健康"（moral health）的概念。人的心理健康与其躯体健康、道德健康和社会适应始终处于有机的复杂联系之中，这些结构具有相对独立性，但本质上又是相互交叉和相互作用的关系[②]，不可割裂开来看待。

目前，心理健康教育在我国大中小（幼）学中相当"热火"。随着社会不断发展和进步，人与人之间的交往方式有了极大改变，但是社会中的人却出现了不同程度的心理健康问题。德育可以通过培养儿童的健康道德以促进其心理上的健康。林崇德、俞国良等人将个体的心理健康视为德行的重要因素，他们认为心理健康教育与德育工作联系紧密、互为促进，德育和心理健康教育具有目的、内容和教育方式上的共性，都关注儿童的心理和行为教育等方面的问题，最终目的都是为了促进儿童的身心和谐与社会和谐。从心理和谐与心理健康的角度出发，探讨人对自己、他人和社会的关系，正是和道德规范所涉及的对自己、他人、社会的关系是一致的，因此，将心理健康教育作为德育工作的一个组成部分是有据可依的。[③④] 积极、健康的心理品质是个体创造力和道德发展的前提与保障，而创造性的活动和道德上的善又会促进个体心理正向发展。[⑤⑥]

---

① 俞国良. 高等学校心理健康教育体制观：体系建设探微［J］. 国家教育行政学院学报，2021（7）：17-27.

② 张忠，陈家麟. 论道德健康与心理健康：兼议心理健康教育功能、价值、目标的拓展［J］. 教育理论与实践，2007（11）：53-56.

③ 林崇德. 教育与发展（修订版）［M］. 北京：北京师范大学出版社，2013：440-442.

④ 俞国良，陈雨濛. 德育论对心理健康问题的研究［J］. 黑龙江高教研究，2021，39（4）：132-136.

⑤ 俞国良，张伟达. 创造力与心理健康：关系视角的诠释［J］. 中国教育学刊，2019，316（8）：13-18.

⑥ 俞国良. "心育研究"的思路解析与心路历程［J］. 中国教育科学（中英文），2020，3（3）：119-128.

下篇

幼儿园道德教育

道德教育是一个国家教育体系中最基本的核心组成部分，是促进人的全面发展不可或缺的重要内容。我们生活的世界逐渐异化，多元的文化和价值观让教育焕发了新生命，同时也给我们的儿童青少年带来了种种潜在的威胁和挑战。进入21世纪以来，世界形势的变幻和教育政策的出台对学校道德教育发出了新要求、新挑战，儿童道德教育的内涵、价值取向也在不断变迁和丰富。学前阶段作为个体个性和人格发展的初始阶段，终身教育的起步阶段，为其终身发展奠定了发展的潜能和生命力；同时，学前教育也关系到每个家庭的幸福和社会的发展。

道德、道德教育和人的其他生活一样，有外在和内在之分。从外部来看，道德提供了一种与他人和社会相处的方式；从内部来看，它是一种与自己相处的方式。更简单地说，道德教育既是社会控制的必要条件，又是自我实现不可或缺的手段。[①]我们大多数人，包括哲学家及父母和教育家，都认为道德的这两种功能是相互支撑的：对社会有益的，对我们的孩子也有益；反之亦然。"需要教育和可教育是人的本质属性"[②]，儿童需要学习道德和道德教育是肯定的，但是我们需要明确的是儿童需要怎样的道德教育以及怎样进行儿童道德教育。

本篇内容在充分阐述幼儿园道德教育价值取向、内涵和意义的基础上，致力于提高幼儿园道德教育的时代性和实效性，对加强幼儿园道德教育的路径选择进行探讨和思考，同时着眼于幼儿园道德教育建设，我们梳理了有关道德教育的价值观念、幼儿园道德教育的内涵和意义及幼儿园道德教育的发展趋势等内容。实施道德教育本身就是幼儿园教育的重要部分，能够有效丰富幼儿园课程体系、促进幼儿道德发展及提升教师道德教育的能力。

---

① NUCCI L P, NARVAEZ D. Handbook of moral and character education[M]. New York: Routledge, 2014.

② 肖海, 艾小平. 适应与超越: 博尔诺夫教育人类学思想的双重意蕴[J]. 学校党建与思想教育, 2014(13): 89-91.

第四章　幼儿道德教育

第一节　道德教育的价值取向

党的十九大指出，中国特色社会主义进入了新时代。新时代对幼儿园道德教育的工作提出了新要求，幼儿园道德教育应立足于科学道德教育理论和实践的基础上，顺应人的发展需求，在道德教育工作上不断突破和创新，实现个体的个性化发展，并兼顾社会的发展需要。幼儿园道德教育工作必须明确方向，树立正确的价值观念，引领幼儿园道德教育工作的开展和实施，从而提升新时代道德教育效果的逻辑理路，进而促进道德教育工作现代化和科学化。

一、和谐发展的道德教育价值理念

和谐道德是一种教育理念，最终目的在于建设和谐社会，它不仅关注人的自身和谐发展，也关注人与自然、人与社会的和谐统一与共生共存。在新时代提出和施行和谐道德教育，既是构建美好和谐生活的要求，也是道德教育的本质要求。和谐道德教育是一种模式，强调尊重儿童道德教育规律和儿童本身发展需要，通过调动道德教育内外部诸要素，促进个体道德素质和谐发展。但是，和谐并不意味着没有冲突，其意义在于在直面社会价值和个人价值产生冲突时，要平衡两者的利益和需求并进行再生，从内部促进二者生成融合。[①]此外，需

---

① 李红恩. 和合思想下的学校课程建设 [J]. 教育研究，2018，39（11）：50-55.

要强化多元共生的经验取向，以儿童生活为中心，促进儿童知情意行整体发展，融合儿童的直接经验与间接经验，平衡道德教育内容的个体价值和社会价值，不以一方利益需求损害另一方的利益。[①]道德和谐与社会和谐是一体的，实现社会和谐，是人类的高级社会理想，同时也是人类的道德理想。走向未来的和谐道德教育，应以人为本，培育人的主体性和创造性，实现人的可持续发展。

二、全员、全过程、全方位的道德教育要求

道德教育非一人所为，也不只是学校阶段的教育任务，而是一个需要全员、全过程和全方位培育的系统工程。道德教育须建立在充分考虑儿童认知发展规律和不同年龄阶段儿童教育教学特点的基础上，结合中国特色社会主义新时代背景下立德树人和核心素养的发展要求，选择适宜的幼儿园道德教育内容和教育方法，建构幼儿园、家庭和社会机构合作共育的有效德育机制，形成全面育人工程。无论在哪一个教育阶段，都应该坚持全员、全过程、全方位育人的要求，致力于系统育人，才能贯彻落实"立德树人"的根本教育任务。尤其是在幼儿园阶段，幼儿极易受到外部因素的干扰，新时代幼儿园道德教育也应从全方位的系统观来确立道德教育的育人取向，联合家庭、社会，在幼儿的教育过程中贯彻生活式道德教育，实现系统育人、整体育人。注重提高道德教育的针对性、时效性和系统性，努力构建全员育人、全程育人、全方位育人的德育工作格局。

三、道德教育为先的新定位

"国无德不兴，人无德不立"，我们来简单地审视这一道德教育为先的新定位的意义所在。从个人层面上讲，人们常说"五育并举，道德教育为先"，是因为道德教育能促进个体心理上的自我完善，促进个体的身心全面和谐发展。从教育的层面上讲，育德是教育的灵魂，除了知识的传递，美好心灵的培养也是教育的重要任务，要引导孩子内心情感的体验和心灵的触动。道德教育，就是要努力为孩子创设这种体验、触动的环境。道德教育是古今中外教育伦理的根本原则，道德教育在人和社会的和谐发展中起着桥梁作用。从国家和社会层面上讲，道德教育是学校（幼儿园）和社会精神文明建设的主旨要义与奠基工程，

---

① 冯永刚. 中小学德育课程建设的回顾与前瞻[J]. 教育研究，2021，42（12）：32-43.

是提高全民族思想道德素质的基础性教育，是培养国家建设过程中所需合格公民的起点或基点。道德教育为先是新时代对教育的呼唤，是适应时代发展的要求，也是对人发展的基本要求。

第二节　幼儿道德教育的内涵和价值

一、幼儿道德教育的内涵

（一）幼儿道德教育的概念变迁

1. 政策文件中关于幼儿道德教育的解读

新中国成立后，在苏联教育家维果茨基（Lev Vygotsky）"最近发展区""教学要走在幼儿身心发展的前面"等思想的影响下，我国教育部于1951年7月颁布了《幼儿园暂行规程》。当中，道德教育的目标被表述为："培养幼儿爱国思想、国民公德和诚实、勇敢、团结、友爱、守纪律、有礼貌等优良品质和习惯。"[①]关于幼儿园道德教育方面体现了一些政治色彩，没有关注到幼儿道德教育要符合年龄特点的要求，内容方面将爱国思想放在首位，强调国民公德和个人品德行为习惯。这是和当时的政治局面密切相关的。这一表述吸取了苏联幼儿道德教育目标的经验，也是新中国成立时期的社会主义国家现实与理想要求的综合体现。[②] 1956年，我国又颁布了《幼儿园教育工作指南》，对幼儿道德教育的要求做了一些调整，明确提出要"培养儿童有组织的行为"，这是幼儿园教育工作的基础。此外，还注意到幼儿互助友好的关系、热爱劳动的意识及热爱祖国的品质，且"热爱祖国"是道德教育的中心环节。[③] 可见，在20世纪80年代以前，幼儿道德教育以政治导向为主，关注爱国主义教育，注重幼儿爱国精神和集体

---

① 虞永平. 社会领域与课程渗透[J]. 幼儿教育, 2005(21): 32-33.

② 刘晶波. "幼儿园究竟应该教些什么"讨论之五：新中国幼儿德育目标与内容的历史回顾[J]. 学前教育研究, 1996(5): 22-26.

③ 李莉. 新中国幼儿园社会领域课程的发展历程[J]. 学前教育研究, 2006(2): 11-13.

精神的培养。

1981年10月，《幼儿园教育纲要（试行草案）》颁布，在新的历史背景下，我国开始注意到幼儿道德教育要符合身心发展的年龄特点和个体差异等，给幼儿的性格、兴趣、能力等方面的个人特点，提出了道德教育的任务，即"向幼儿进行初步的五爱教育（爱祖国、爱人民、爱劳动、爱科学、爱护公共财物），培养他们团结、友爱、诚实、勇敢、克服困难、有礼貌、守纪律等优良品德，文明行为和活泼开朗的性格"。此外，还根据不同年龄阶段的特点将这一目标进行了具体化的阐述，关于教育方法做了相应的规定，强调道德教育要渗透于游戏、体育活动、上课、观察、劳动和日常生活中进行，让幼儿愉快、轻松地学习道德知识，养成良好的行为习惯。①

1996年，教育委员会发布的《幼儿园工作规程》正式实行。该规程确定了幼儿园在道德教育方面的总目标为："萌发幼儿爱家乡、爱祖国、爱集体、爱劳动、爱科学的情感，培养诚实、自信、好问、友爱、勇敢、爱护公物、克服困难、讲礼貌、守纪律等良好的品德行为和习惯，以及活泼开朗的性格。"这一表述遵循幼儿的心理发展规律，是幼儿道德教育的重大进步。而且，强调"幼儿园的品德教育应以情感教育和培养良好的行为习惯为主，注重潜移默化的影响，并贯穿于幼儿生活及各项活动之中"。由此可以看出，幼儿园道德教育逐步由自上而下发展到自下而上，开始关注到幼儿作为发展的人，认识到道德教育应该从幼儿的身心发展规律和兴趣爱好等出发，幼儿园道德教育开始进入科学化的轨道。

21世纪初，《幼儿园教育指导纲要（试行）》实行，该纲要较为详细地说明了幼儿的社会性在不同年龄阶段的发展特点，于此提出了"能主动参与各项活动，有自信心"，"乐意与人交往，学习互助、合作和分享，有同情心"，"理解并遵守日常生活中基本的社会行为规则"，"能努力做好力所能及的事，不怕困难，有初步的责任感"，"爱父母长辈、教师和同伴，爱集体、爱家乡、爱祖国"五大社会领域目标。此外，该纲要也说明了社会性教育的内容和要求及指导要点。2012年10月，教育部印发《3—6岁儿童学习与发展指南》，分别从人际交往和社会适应两方面明确了社会性教育目标，包括"愿意与人交往""能与同伴友好相处""关心尊重他人""遵守基本的行为规范""具有初步的归属感"等。这些目标也是幼儿园道德教育不可或缺的内容。道德教育并没有被划分为一个

---

① 李莉. 新中国幼儿园社会领域课程的发展历程 [J]. 学前教育研究，2006（2）：11-13.

单独的教育分支，而是融入社会性教育领域。

虽然道德教育主要在于培养人的良好品德，但是品德的形成和发展正是在社会交往的过程中逐渐发展起来的。因此，品德本身就是社会性的重要部分，品德和社会性的其他成分相辅相成，互为促进。还有一方面的原因，可能是鉴于学前儿童的身心发展的特征，由于幼儿的发展是一个整体，其身心发展的各个领域是密不可分、相互促进的，幼儿的社会意识都是笼统性地发展，分化程度不高。因此幼儿园课程必须是整合性和综合性的。

2. 专家学者对幼儿道德教育的阐释

关于幼儿道德教育或者幼儿园道德教育的概念界定较少，一般以"幼儿道德教育"一词作为界定。檀传宝将"道德教育"一词分解来看，"德"是指道德教育内容的规定，就是关于"大德""小德"的内容；"育"则是指德育的存在形态或方式，从空间维度上可以分成直接德育、间接德育和隐性课程意义上的德育。[①]李季湄认为，幼儿身心发展还不成熟，其个体行为表现尚不宜笼统地上升到品德层次，有时候之所以做出不适当的行为是因为还不能辨别行为的正误或者是自己的自制能力较差，将幼儿德育定义为："促进幼儿社会性情感以及适应社会生活能力的发展，培养幼儿基本的行为规范和良好习惯，为其良好个性的形成和未来健全人格的发展打好基础的教育。"[②]虞永平、王春燕将学前儿童德育定义为"教育者按照社会主流价值观的要求，运用恰当的方式方法引导，在促进学前儿童社会性发展的基础上，培养学前儿童良好的道德品质的活动"[③]，他们强调德育的重点是促进个体社会性的发展，最终目的是培养和塑造其良好的道德品质和道德人格。幼儿园更强调品德教育，即狭义上的道德教育。

（二）幼儿道德教育的内涵

总体来看，新世纪新时代以来，中国的道德教育导向正在从培养片面的"政治人"向培养"和谐人"演进。幼儿道德教育的概念更加注重幼儿作为行为主体自身品性的健全，同时也注重幼儿作为一个小公民的基本行为规范的培养。根据国家政策文件的解读及专家学者的概念阐述，发现幼儿道德教育其实作为一种发展幼儿道德能力和社会能力的过程，包括了与基本行为规范和社会习俗的社会认知，归属感、同情心、爱家乡爱祖国等社会性情感，以及遵守规则、关

① 檀传宝．"德""育"是什么：德育概念的理解与德育实效的提高[J]．中国德育，2016（17）：31-35．
② 李季湄．幼儿教育学基础[M]．北京：北京师范大学出版社，2017：90．
③ 虞永平，王春燕．学前教育学[M]．北京：高等教育出版社，2012：136．

心尊重他人等社会性行为。

1. 幼儿道德教育是知情意行合一的发展过程

道德教育要促进幼儿有关知善、爱善和行善，这三者之间关系密切。婴儿刚出生时，被描述为是自我中心和无知的，他们的生理需求和本能满足的冲动先于理性的发展，因而关注婴幼儿的基本生理需求和满足其情感体验是进行道德教育的前提。随着儿童大脑的发育成熟，其认知能力也逐步提高，教育的关键就是把我们的意向、情感与理性协调起来，并运用在我们的日常生活实践中。知善是指在幼儿园道德教育的过程中，让幼儿辨别善与恶、好与坏。爱善则意味着发展幼儿基本且必要的道德情绪情感，如自豪感、感恩、内疚、道德愤怒、羞愧、同情等，它包括乐善厌恶以及对他人的移情能力。幼儿道德教育还要激发幼儿行善的愿望，行善是指在对事件进行道德判断和理性思考后，产生道德动机而做出好的行为。此外，还要注重儿童笃定积极行为的坚持性，即道德意志的培养。

知善、爱善和行善涉及头脑、心灵与肢体，三者结合成完整的统一体。好的道德不是一蹴而就的，就像我们经常说的，懒惰、自私等坏习惯我们一学就会，但是好的习惯需要付出经年累月的努力，并且要从知、情、意、行等多方面进行培养。幼儿道德教育就是一个促进儿童在道德上的知情意行等全方面发展的过程。

2. 幼儿道德教育实质是个体道德社会化和社会道德个体化的实践过程

幼儿道德教育的实质是指个体在社会中学习掌握道德规范，形成符合社会要求的道德认识与道德判断，不断提升社会道德判断力和推理能力，并进一步内化形成个体道德品格的过程。它包括个体道德社会化和社会道德个体化的实践过程[1]，个体道德社会化的基本内容包括认同道德规范、明晰道德关系、形成道德人格等[2]，其结果一般表现为适应某种社会生活的相对稳定的人格特征、心理特征和行为模式[3]。幼儿在社会互动的过程中，将社会的准则和规范内化为自我道德认知和道德情绪情感，在生活中产生符合社会认同和期许的道德行为。个体道德社会化和社会道德个体化的内容结构包括道德认知、道德情感和道德行为等，发展结果体现为个体的道德人格和道德品质。

① 张法琨. 古希腊教育论著选 [C]. 北京：人民教育出版社，1994：317.

② 龚长宇. 道德社会化探析 [J]. 伦理学研究，2009（6）：50-54.

③ 鲁洁. 德育社会学 [M]. 福州：福建教育出版社，1998：144.

3.幼儿道德教育是充满人文关怀的体验式教育

如果说大中小学和成年人的道德教育是一种知性道德教育模式,那么幼儿道德教育更多是一种人文关怀的道德教育模式,或者是一种知性-体验式道德教育模式。一个有道德或品德的人不仅仅体现在外显行为上,更体现在一些内隐的心理过程中。正如《小王子》一书提到的,"重要的东西是眼睛看不到的",要用心才能看见。品德也是看不见的,但它是人之为人最基本且必要的东西之一。品德需要用心去感受,只有在与人交谈与实践的过程中才会表现出来和感受到德行的魅力。在社会生活实践中,为幼儿创造道德情感体验的机会,能够更真挚、更鲜活地激发幼儿自我意识的觉醒。亲子依恋的爱是幼儿道德情感产生的基础,关怀式道德教育能更好地让幼儿体验道德的实际意义,道德教育要触动幼儿的心灵,需要用大量实践来刺激幼儿的内在感知,教师的关怀与爱能引起幼儿的情感共鸣。只有幼儿感受到被爱、被关怀,才知道如何关怀他人,从而产生移情、同情、助人、关爱等情感和行为。

二、幼儿道德教育的价值解析

"大学之道,在明明德,在亲民,在止于至善",教育的最高目标就是把人类美好的道德内化于人心,落实在行动上,成为具有健全人格的人。有人会认为,道德教育不是幼儿园的任务,孩子年龄还小,道德太抽象,不符合孩子的兴趣需要,道德教育没有效果……这在一定程度上轻视了儿童的道德学习能力,窄化了道德教育的内涵,也未审视学前儿童道德教育的意义。幼儿道德教育是必要的,于幼儿、家庭、社会和国家都具有其丰富的价值。

(一)于幼儿:奠定全面和谐发展的基础

幼儿园道德教育是实现幼儿全面发展的基本前提。幼儿园教育是人生教育的初始环节,也决定了儿童德行发展的基础,幼年阶段体验到的爱与关怀、道德情感就在其内心埋下了种子,可能在外显上表现不明显,但是到一定时间后将生根发芽,茁壮成长。童年期作为生命历程中的第一个阶段,发展起来的良好品性奠定了个体未来发展的基础,这已经成为很多人的共识。学前期是个体道德发展和行为习惯养成的关键时期,也是一个人成长的黄金阶段。德行作为儿童良好个性形成的基础,幼儿道德教育是个体为未来生活做准备的努力之一。

在幼儿时期加强道德教育可以提高幼儿的道德教育认知，并促进幼儿整体素质的提升，对于幼儿一生都具有至关重要的作用。

（二）于家庭：促进家庭和睦幸福的必要内容

当前，随着核心家庭增加、家庭规模精简化，幼儿成为家庭的重心，家长越来越重视幼儿的全面发展教育，所以幼儿的健康成长成为家庭和睦幸福的重要内容。幼儿园与家庭是合作共同体，家庭是育人之始的地方，幼儿园教育不能取代家庭教育。幼儿园道德教育也有助于家庭更好地实施幼儿的道德教育，通过家园共育，幼儿园向家长宣传普及道德教育科学观念，从而让家长意识到学龄前儿童道德教育的重要性，并学习到一些家庭品德教育的方法和策略，更好地去实践于对学龄前儿童的品德教育中，从而促进其道德发展，奠定家庭幸福的基础。

（三）于社会和国家：构建美好和谐社会的重要一环

人的发展与社会的发展是统一的，人的发展依赖于优质的社会资源，而美好的社会需要身心健康的人来创造。当前，现代社会生活方式变革和知识更新的速度加快，加重了现代人的工作压力和生活压力，影响父母的心理健康和家庭的生活幸福感，而这也间接对幼儿的心理发展造成了影响，应重视对幼儿的心理健康教育，促进幼儿身心健康发展。[1]根据大数据，我们可以观测到具有心理障碍、孤独症和行为问题的儿童越来越多，而且大量研究证实，具有心理问题的儿童的共情、心理理论和道德判断力更差[2][3]，如果缺乏正确引导，可能会导致其做出违背道德规范的行为。而心理健康教育和道德教育是互为促进的，幼儿园道德教育帮助幼儿缓解心理问题，促进幼儿的社会性发展，构建和谐的社会关系网络。

十年树木，百年树人。道德教育并非一朝一夕之事，正确看待幼儿道德教育的价值是实施道德教育的基础。传授道德价值观是学前教育机构及其教学人员的一项重要任务，因为道德价值观构成了儿童生活的基础，让他们现在和将

① 王志贤. 加强儿童心理健康教育，促进学前儿童心理健康发展：评《学前儿童心理健康教育》[J]. 学前教育研究，2020（6）：97.

② MORAN J M, YOUNG L L, SAXE R, et al. Impaired theory of mind for moral judgment in high-functioning autism[J]. Proceedings of the National Academy of Sciences, 2011, 108（7）：2688-2692.

③ KRAHN T, FENTON A. Autism, empathy and questions of moral agency[J]. Journal for the Theory of Social Behaviour, 2009, 39（2）：145-166.

来都能很好地与周围环境进行社会交往。道德教育不仅是着眼于道德品质的养成，而是关乎儿童生命全方位发展的重要支柱，更是维系家庭幸福和社会和谐发展的重要途径。

第五章　多元视角下的幼儿园道德教育

不同视角下的道德教育各有特点，借鉴多元的道德教育视角，有利于为当代幼儿园道德教育提供新活力和动力。新时代的幼儿园道德教育不仅要放眼未来，也要立足于已有理论的多元视角，从中汲取营养成分，辩证看待当前幼儿园道德教育的发展方向和趋势，审视幼儿园道德教育的适宜性与科学性。

第一节　人类学视角下的幼儿园道德教育

随着达尔文生物进化论的提出，科学人类学随之创立，并且衍生出不同的派别。进化论不仅仅探究人类作为生物的演化过程，同时将其与人类创造文化的演化整合起来，人类生物进化论和人类文化进化论促进了进化人类学的兴起和发展。自19世纪60年代起，教育领域开始从人类学的角度探讨如何解决教育内容及组织形式等具体问题。这部分内容将从人类学的生物学和文化学两个分支来进行讨论，以为幼儿园道德教育课程的建构提供启示。

一、生物人类学和文化人类学

（一）生物人类学的观点

人类身体、历史、社区、谋生方式、感知经验的文化现实与它们的物质方面一样，都是生物人类学努力和探索的中心，我们的身体、大脑的物质方面、内分泌系统、循环系统以及基因组的功能，都是由人类的进化历史和经验塑造的。[①]
生物人类学是文化与生物之间持续不断的辩证法。生物人类学家的观点与我
们普遍认为的不同，他们认为幼儿并不是无涉道德的生物，道德可能是先天就
具有的。基于进化论的复演论阐述了人类的行为意识其实是祖先生活的再现，
可以推出儿童具有道德发展的潜能，这种潜能具有先验性，是历代祖先经验的
留存和人类不断进化的成果。[②]儿童生来具有的先验情感和行为是在人类漫长
的进化过程中形成和保存的生物记忆，这种积淀的经验知识成了先验。[③]但是，
自然进化决定了人的发展一直处于未完成性、未特定化的状态[④]，人不能始终依
赖天生的本能，为了生存和发展，人必须在社会环境中通过互动活动持续发展
和进化。正如兰德曼指出的，"自然只完成了人的一半，另一半留给人自己去
完成"[⑤]，因此，道德的成长离不开后天社会环境和自我努力，从另一个角度看，
这也使人获得了发展的自由和无限的可能性，而不是仅依靠本能。

据此阐述的道德，类似于乔姆斯基（Avram Noam Chomsky）对语言解释
提出的"语言获得装置"[⑥]，普遍语法被视为一种与生俱来的能力，它为所有的
人类语言提供了一种"深层"的结构。基于此，普遍道德语法（Universal Moral
Grammar, UMG）则被认为是支持不同道德体系的一种能力，这些能力被认为
是由基因组编码的，因为仅依靠发展过程并不足以建立一个系统。[⑦]根据"缺
乏刺激（poverty of stimulus）"的观点，因为婴幼儿只听到语音但很少被教授语
法，他们将不得不从听到的语音对话中推断语法规则，这被认为是不可能的任
务。同样地，婴幼儿也很少被教导道德准则，并且不能通过观察人类行为来推
断这些准则。[⑧]米哈伊尔（John Mikhail）为"普遍道德语法"提供了"适度的支

① FUENTES A. Biological anthropology's critical engagement with genomics, evolution, race/racism, and ourselves: Opportunities and challenges to making a difference in the academy and the world[J]. American Journal of Physical Anthropology, 2021, 175（2）: 326-338.

② HALL G S. Moral education and will-training[J]. The Pedagogical Seminary, 1892, 2（1）: 72-89.

③ 双修海, 陈晓平. 进化生物学与目的论: 试论"进化"思想的哲学基础[J]. 自然辩证法通讯, 2018, 40（5）: 25-32.

④ 余宏亮, 肖磊. 试论探究学习的人性依据[J]. 中国教育学刊, 2013（1）: 79-82.

⑤ 兰德曼·米夏埃尔. 哲学人类学[M]. 张天乐, 译. 上海: 上海译文出版社, 1988: 7.

⑥ 诺姆·乔姆斯基. 乔姆斯基语言学文集[M]. 宁春岩, 等译. 长沙: 湖南教育出版社, 2006.

⑦ MIKHAIL J. Universal Moral Grammar: Theory, Evidence, and the Future[J]. Trends in Cognitive Sciences, 2007, 11（4）: 143-152.

⑧ DWYER S. How good is the linguistic analogy?[M]//The Innate Mind（Vol. 2）. New York: Oxford University Press, 2006: 237-256.

持"①。他指出，3~4岁的儿童能够区分心理意图和道德冲突中的违反社会习俗可以作为UMG存在的证据。他还引用证据表明，每一种自然语言都有关于道义概念（有关义务和责任）的词汇，这都代表着普遍的道德结构。如"语言获得装置"一般，在各种语言内部却存在一种普遍的语法规则，同样，在表面的文化差异掩盖下，也存在一种普遍的"道德语法规则"。②

普遍的道德语法规则也同样适用于道德，我们往往认为道德规范是社会生存的必需品，必须让儿童被动地学习和接受这些规范。但事实并非如此，生物人类学的研究表明，儿童对于合作、公平和同情关爱等持有先天经验，至少这是他们能够习得社会道德规范的部分原因。譬如叶圣陶先生所说的——教育即农业，培养孩子就像是培育农作物，但是真正实现生长的靠的还是植物本身，而不是别人。道德是习得的，习得过程需要帮助，但道德并不是被"教"出来的。

（二）文化人类学的观点

人类学与道德教育的共同核心在于"人"。文化人类学关注人类文化的演进，道德教育离不开人类文化，道德教育在一定程度上就是以文化育人的过程；而且，人类学重视人的情感和意义世界，与道德教育存在紧密联系，例如在研究伦理价值观念、风俗习惯、宗教信仰等相关问题时，研究者往往不可避开道德视角③。法辛（Didier Fassin）主张发展道德人类学，其主要目的是从历史和文化的角度来定位道德主张，因为道德是由当地环境中的社会成员阐明和协商的，道德人类学研究"社会如何在意识形态和情感上找到善与恶之间的文化差异，以及社会主体如何在日常生活中具体解决这种差异"④。文化人类学在关注人和文化的演进时，人类道德文化是重要的研究领域，并且也会涉及人类学研究自身需要符合哪些道德原则。

博尔诺夫将人称作一种天生的文化生物，人不成熟的生物特性与文化是互补互促的共生关系。⑤文化是很复杂的东西，人一生下来就进入了一个文化世界。

① MIKHAIL J. Universal moral grammar: Theory, evidence and the future[J]. Trends in Cognitive Science, 2007, 11（4）: 143-152.

② 艾莉森·高普尼克. 宝宝也是哲学家：学习与思考的惊奇发现[M]. 杨彦捷，译. 杭州：浙江人民出版社，2014: 97-125.

③ 朱磊. 人类学视野下的思想政治教育初探[J]. 当代教育与文化，2017, 9（5）: 56-60, 72.

④ FASSIN D. Beyond good and evil: Questioning the anthropological discomfort with morals[J]. Anthropological Theory, 2008, 8（4）: 333-344.

⑤ 肖海，艾小平. 适应与超越：博尔诺夫教育人类学思想的双重意蕴[J]. 学校党建与思想教育，2014（13）: 89-91.

正是因为婴幼儿的不成熟状态，文化才能借教育融入幼儿的生活并得以传递。"在人已经创造出文化之后，他必须通过教育保证使文化不会再次丢失；这无论如何不只是有助于社会发展的文化过程。这就是一切教育的人类学基础。"①想在这个社会中生存就需要学习，需要接受教育。儿童一生下来就面临着人类几千年创造累积下来的文化，但他们在儿童期结束时通过教育就能达到适应现有文化的水平。童年是活跃的行动者，在汲取现有文化的同时也在建构自己的文化世界，并促进了成年人社会的生产发展。

关于人类文化，有这么几个观点。首先，一些文化人类学家关注某一社会、具体文化的内部运转，认为文化具有相对性和多样性，必须深层次考虑人类文化进化过程中的阶段性、民族性和地方性。②其次，与之观点相反，一些人类学家关注的全人类文化的总体发展，他们认为多样化的文化形态中总是存在着共同的结构特征，文化传播具有整体性。再次，人类文化是人的一种本性，人类行为是由隐藏在行为背后的文化的深层结构决定的，正如克利福德·格尔茨（Clifford Geertz）指出的，"我们的中枢神经系统——最重要的是大脑皮层——部分是在与文化的交互作用中成长起来的""我们的思想、我们的价值、我们的行动，甚至我们的情感，像我们的神经系统自身一样，都是文化的产物"③，文化中隐藏着人类基因的密码④。但是，文化的作用不是决定性的，文化不可能是不受控于人的独立生命有机体⑤，即使处于同一社会文化中也不能完全解释人与人之间的人格差异以及儿童养育方式，这样很有可能忽视制度性或其他因素的影响。

人是在深远的历史文化中成长发展起来的，道德教育是伴随着人类社会诞生的一种文化现象，道德教育是一个文化保存、传承、更新和创造的过程。人类学从具体的、经验的文化活动来考察人的社会行为，阐释了人的进化、文化和社会的发展关系。⑥此外，不同的人类学视角为我们提供了不同的启示，须整合其中的有利于幼儿道德教育的观点，不能极端地偏执任意一方。

---

① 兰德曼.哲学人类学[M].阎嘉，译.贵阳：贵州人民出版社，2006：217.
② 何星亮.文化人类学的认识论刍议[J].世界民族，2016（1）：32-41.
③ 克利福德·格尔茨.文化的解释[M].韩莉，译.南京：译林出版社，1999：62，95.
④ 吴秋林.文化基因新论：文化人类学的一种可能表达路径[J].民族研究，2013（6）：63-69，124-125.
⑤ 韩东屏.审视文化决定论[J].探索与争鸣，2016（6）：79-84.
⑥ 朱磊.人类学视野下的思想政治教育初探[J].当代教育与文化，2017，9（5）：56-60，72.

二、人类学视角对于研究幼儿园道德教育的价值

（一）人类学观点揭示了儿童发展的特点

人类学视角揭示了文化起源于教育发生的可能性，从儿童的实际生活过程出发，呈现了人的童年期及成长特点与机制。他们揭示了个体早期发展过程其实是对人类进化的复演，人类具有道德生物性；同时也指出，人的生物属性离不开社会文化，需要教育才能产生和发展。儿童的成长是从潜能展开于外部环境并进行自主建构开始的。在这一时期，儿童无意识地吸收着外部文化，逐步有意识地创造着自己的文化。人是社会性动物，具有群体依赖性，从对母亲的依恋到亲子关系，再到同伴关系、师生关系，幼儿的社会关系逐渐丰富，在群体依赖的前提下才能发展成独立自主的个体。此外，儿童的发展规律具有普遍性，但是也具有文化差异性和个体差异性。

（二）人类学视角对于幼儿园道德教育的启示

在儿童观上，儿童或童年是历史的产物，是生命进化的成果；在教育观上，儿童是可教的，但是须尊重儿童发展的主体性。黑格尔认为，个体心理的发生史是对人类的心理发生的简约化的重演。个体道德心理的发生是人类祖先发展的缩影，但是儿童天生具有一种吸收"文化"的能力，这似乎是一种生物学潜能。[1]教育并非灌输的过程，而是人的本能发展的一种自然过程。个体具有的生物学潜能为自身的生长提供了内在动力，但是其发展也离不开适宜的外部帮助[2]，成年人应为儿童生活和创造活动提供所需的条件。

人类学定义的文化是教育的源泉，教育本身就是作为一种文化形态存在的。在人类早期社会，风俗习惯、原始宗教、禁忌等是思想道德教育的载体，道德教育是与人们的生产、生活实践融为一体的。[3][4]教育与文化是融合的，教育体现着文化的深刻内涵，教育内容包含了人类社会积累的社会经验，教育教学的组织也需要考虑社会背景和儿童所处的文化处境。[5]文化中蕴含了（某一时期和阶段）人类发展需要的、普遍认同的价值规范和个体行为规范，它规约着人们

---

① 蒙台梭利. 蒙台梭利幼儿教育科学方法[M]. 任代文等，译. 北京：人民教育出版社，1993：334-335.

② 刘晓东. 论"儿童是成人之父"[J]. 南京师大学报（社会科学版），1999（4）：65-70.

③ 万光侠. 思想政治教育的人学基础[M]. 北京：人民出版社，2006：43.

④ 胡君进. 论原始社会中的道德教育[J]. 基础教育，2014，11（5）：91-98，90.

⑤ 刘启迪. 论我国课程文化建设的走向[J]. 湖南师范大学教育科学学报，2018，17（6）：66-71.

的社会行为和价值观念。[①]文化的发展影响着教育的内容，幼儿园道德教育体现着园所教育理念以及园所文化，也是实现幼儿园社会功能和教育功能的重要内容。所以，幼儿园道德教育应满足特定社会文化传承的需求，发挥教育活动的文化传承功能，以文化育儿，塑造儿童的主流文化价值观。

　　回归社会生活是人类学研究的归宿，人类学关于学习的研究社会的、情境的视角[②]，认为儿童的学习是嵌入在日常社会生活过程中的[③]。幼儿园道德教育应该回归幼儿生活，重视幼儿在集体中的社会关系，让幼儿与其生活的文化世界进行互动，同时围绕幼儿的生活展开道德教育，充分挖掘幼儿生活中的道德内容。此外，游戏具有重要的文化意义，是人类实现自我价值和社会价值的载体。"文化是以游戏的方式产生出来的，即文化从一开始就是以游戏的方式进行的。"[④]也就是说，游戏的出现先于文化的产生，游戏是文化的早期表现形式，文化是在游戏的形式与态度中发展起来的。幼儿园的道德教育应该是游戏化的，游戏作为幼儿进行社会互动的重要方式，是联结社会与幼儿的中介和桥梁。

第二节　建构主义视角下的幼儿园道德教育

一、建构主义的观点

　　建构主义是21世纪占主导地位的教育方法之一。建构主义的学科包容性较强，具体建构主义理论又可以被分为个人建构主义、社会建构主义、激进建构主义、信息加工建构主义等，这些理论的共同之处在于：一是研究的焦点在于个体的"活动"，如创造性的、形成性的和建构性的活动；二是知识是由人类

① 衣俊卿. 文化哲学十五讲［M］. 2版.北京：北京大学出版社，2015：33.

② ERNEST P. Communities of practice：Learning，meaning，and identity［J］. British Journal of Educational Psychology，2002（3）：460-463.

③ LANCY D F，JOHN B，SUZANNE G. The anthropology of learning in childhood［M］. Walnut Creek：Rowman & Altamira，2010：384-389.

④ 约翰·胡伊青加. 人：游戏者［M］. 成穷等，译. 贵阳：贵州人民出版社，2019：5-10.

生产的，知识的本质是生成建构性，且知识具有情境性，不能独立于我们的外部世界，个体必须在一定的社会情境中建构对现象和观念的自我意义，所以知识是不断生成与变化的；三是认为儿童是有主观能动性的学习者，知识的获得是由个体主动生产与创造的，幼儿在学习中不是一块"白板"，而是主动建构学习的。①

建构主义者强调，知识是学习者在试图理解他们的经验时构建的，为了能够获得知识，有必要亲自体验这些知识产生的过程。知识必须基于经验，个体才能理解任何类型的信息。在建构主义学习中，"学习的过程"比"学习的产品"更重要。②建构主义方法主张学习者能够有效利用的信息应该得到改善。因此，成为一个积极的学习者对于获得预期的有效教学非常重要。学习者还负责他们将学习什么和如何学习新知识。③教师应该为学习者提供"探索和学习个人感兴趣的东西的机会"④。在建构主义的课堂中，每个学习者都应该有效地参与，为了建构生成知识，环境应该是灵活的和以学生为基础的。

随着建构主义理论的广泛应用，教师和学习者的角色变得更加重要，教师是知识的促进者，学习者是知识的探索者。⑤这表明教师也要成为探索者，创造儿童能够自主探索的环境是一项艰巨的任务。以皮亚杰为代表的认知建构主义观点认为，个体学习不仅包含了个体主动对新信息进行的意义建构，也意味着对原有知识和经验的改造和重组。学习者总是以自己的方式建构对事物的理解，且学习者认知结构的建立有赖于先前的经验，不同个体对同一事物的理解和观察视角不同，因此，每个学习者建构起来的知识体系是不同的。可见，各种建构主义理论都强调，人是主动的学习主体，知识经验的获得是由认知主体自主建构的。但是，早期的建构主义关注个人对知识的建构，忽视了社会情境性因素⑥，因此，后期兴起的社会建构主义强调了主体间性在知识建构中发挥的作用，社会环境和人际交往对儿童的学习与发展发挥着重要作用。

---

① 陈帼眉，姜勇. 幼儿教育心理学［M］. 北京：北京师范大学出版社，2007：46-48.

② AMINEH R J, ASL H D. Review of constructivism and social constructivism［J］. Journal of Social Sciences, Literature and Languages, 2015, 1（1）: 9-16.

③ JALEEL S, VERGHIS A M. Knowledge Creation in Constructivist Learning［J］. Universal Journal of Educational Research, 2015, 3（1）: 8-12.

④ DRISCOLL M P. Psychology of learning for instruction［J］. Educational Technology Research and Development, 2005, 53（1）: 108-110.

⑤ LIU C C, CHEN I J. Evolution of constructivism［J］. Contemporary Issues in Education Research, 2010, 3（4）: 63-66.

⑥ 丁邦平. 建构主义与面向21世纪的科学教育改革［J］. 比较教育研究，2001（8）: 6-10.

总的来说,建构主义方式的学习和教育方式需要以下条件:(1)复杂和关联的学习环境,任务的简化会阻止学习者解决问题,所以学习者应该处理相对复杂的情况;(2)社会互动,为了改善认知过程,学习者应该与其他人互动,他们应该看到不同的观点,合作学习可以作为一种活动在课堂上经常使用;(3)多视角和多模式的学习,使用不同种类的视觉或听觉工具会使学习者看到同一内容的不同方面;(4)学习中的所有权,决定他们将学习什么和如何学习新知识;(5)知识建构的自我意识,学会学习的过程;等等。①

二、建构主义学习理论对幼儿园道德教育的启示

幼儿园道德教育过程和幼儿的道德经验也是建构的。幼儿是主动的道德学习者,依靠自身的主动活动来建构自己的道德知识和道德理解,幼儿通过与人、事、物互动的过程建构与道德相关的经验,幼儿建构的是一个完整的人,而不只是知识,除了关注知识外,还应该关注儿童与其他人和事发生交互作用时产生的情感体验,儿童是否面临挑战、是否努力解决了问题等。在进行幼儿道德教育的过程中,应该全面认识到幼儿的身心发展水平,而不是只有知识水平。

此外,道德经验是个人建构的,也是群体建构的。社会建构主义的观点证明了社会互动能够促进儿童的道德学习,社会性互动对幼儿的情感、态度、行为都会产生影响,或者说幼儿的良好态度、积极情感的获得和发展正是在社会互动的过程中实现的。最后,个体的道德学习发生在真实的情境任务中。幼儿的道德理解是在具体的、真实的情境中发生的,这种情境与幼儿的现实生活和工作任务相关联,而不是简单地通过说教的方式获得的。

正如陈鹤琴先生主张的那样,幼儿园的课程内容应以大自然和大社会为中心,让幼儿在与自然和社会的交往中建构知识,教师则扮演旁观者、参与者、支持者和研究者的角色。幼儿园教育的主体是幼儿,幼儿园道德教育也应以幼儿为中心,关注儿童的身心体验,教师引导幼儿在生活中学习、在交往中学习、在活动中学习。

---

① MERVE K. A systematic literature review: Constructivism in multidisciplinary learning environments[J]. International Journal of Academic Research in Education, 2019, 4(1-2): 19-26.

第三节 社会学视角下的幼儿园道德教育

一、社会学的观点

迪尔凯姆(David Emile Durkheim,又译为涂尔干)和韦伯(M. Weber)是经典社会学理论的代表。迪尔凯姆被誉为"教育社会学之父"[①],他认为社会学是研究包括社会制度和社会潮流、社会心理在内的社会事实的科学,要求"社会事实"为社会学的研究对象,排除一切臆断,依据社会事实来说明;而韦伯将社会学定义为"力图使用通过解释来理解社会行为的方法对社会行为的过程及其结果进行因果性说明的科学"[②],即社会学是研究社会行为的科学。

个人和社会之间的关系问题是社会学探究的永恒主题。面对激进的个人主义,社会学倡导者注意到个人的责任义务感正在减退,社会走向失范,必须通过加强集体理想和团结来打击个人主义的孤立势力。迪尔凯姆侧重于从宏观引导微观,强调社会环境对个人的主观意识、行动、态度价值观的影响,反对将社会事实还原为个体的心理因素或生物因素。而韦伯则相反,他把个体的社会行动作为研究的起点,反对社会研究凌驾于个人社会行动之上,他开创了微观社会学研究的先河。在社会学中,人不是作为单一的个体,而是作为社会群体和组织机构中的组成部分[③],他们把社会和社会中的个人当成一个有机整体,探讨它们之间的关系和相互作用等。

如今,许多社会理论工作者将迪尔凯姆的社会学解释为关于道德事实的科学,这一点也是迪尔凯姆自己承认的。[④]迪尔凯姆坚信社会学是一种道德事业[⑤],他利用社会学方法构建了一套道德教育社会学,对后世道德教育研究产生

---

① T. 胡森,T. N. 波斯尔斯威特. 教育大百科全书:第2卷[M]. 张斌贤等,译. 重庆:西南师范大学出版社,2006:348.

② 马克斯·韦伯. 韦伯作品集:社会学的基本概念[M]. 顾忠华,译. 桂林:广西师范大学出版社,2005:7.

③ 吴丽. 论文化产业产生的社会基础[J]. 云南行政学院学报,2011,13(2):150-153.

④ 爱弥尔·迪尔凯姆. 德育[M]. 陈光金,沈杰,朱谐汉,译. 上海:上海人民出版社,2001:9.

⑤ 爱弥儿·涂尔干. 社会学与哲学[M]. 梁栋,译. 上海:上海人民出版社,2002:2.

了重要影响。迪尔凯姆主张将道德从其宗教根源中解放出来，其道德理论分为"理性的世俗道德理论"和"宗教的理性道德理论"两个部分。[①]在"理性的世俗道德理论"中，迪尔凯姆认为人的道德性可以分为道德实践、情感和观念，一个道德的人能够在集体倡导的观念指引下，充满集体情感地履行自己的义务；行为的道德性也有三个要素——纪律、对社会群体的依恋和道德自主，它们是构成这一道德规范体系或"道德事实"的基本要素[②]；此外，个体道德的三个维度与道德行为的三个要素是相容的[③]。

杜威和涂尔干一样，将道德定位于经验和社会本身，认同社会承载的权威为个人行动提供了标准。但是杜威关于社会道德权威的性质以及它是如何产生和维持的观点不同于迪尔凯姆。杜威对个人与社会关系的解释并不清晰，他经常被批评完全取消了两者之间的区别，他认为个人和社会是错误的二元论，并这样解释这种关系："个人和社会既不是相互对立的，也不是相互分离的。社会是个人的社会，个人永远是社会中的个人。他没有自己的存在。他生活在社会中，为社会而生活，也为社会而生活，正如社会除了存在于构成它的个人之外是不存在的一样"[④]。杜威主张从个人道德发展到社会发展，"只有真正实现组成社会的所有个人的全面发展，社会才有可能真正实现自身"[⑤]。杜威竭力将这一点与个人化的道德相对主义区分开来，并将其视为避免教条式的权威主义的一种方式。[⑥]道德发展进程应从个人开始，然后成为社会的一部分。道德不是从个人之上或之外的权威那里获得的，而是通过个人的经历、对话和互动发现的。可见，杜威的道德教育理论优先强调个人的内部道德发展，再到社会进步，但是其目的在于将个人发展和社会发展统合起来。

二、社会学视角对幼儿园道德教育的启示

儿童作为社会群体的一部分，儿童影响着社会，同时又被社会影响。幼儿

---

① 赵锋. 迪尔凯姆的两个道德理论及其社会学问题[J]. 社会科学研究, 2021（3）: 116-129.

② 迪尔凯姆. 道德教育[M]. 陈光金, 沈杰, 朱谐汉, 译. 上海: 上海人民出版社, 2001: 7.

③ 赵锋. 迪尔凯姆的两个道德理论及其社会学问题[J]. 社会科学研究, 2021（3）: 116-129.

④ DEWEY J. Ethical principles underlying education[M]//.National Herbart Society, Third Yearbook. Chicago: University of Chicago Press, 1903: 8.

⑤ DEWEY J. The school and society[M]. Chicago: University of Chicago Press, 1905: 19.

⑥ DILL J S. Durkheim and Dewey and the challenge of contemporary moral education[J]. Journal of Moral Education, 2007, 36（2）: 221-237.

园道德教育在贯彻教育的社会性目的时，也应兼顾道德教育的主体——人。哈贝马斯（Jürgen Habermas）区分了系统世界和生活世界：在系统世界中，人们的行为是基于工具理性和功利主义，教育价值观也是工具性的，交往理性有助于克服社会工具理性异化；生活世界包含文化、社会和人格，在道德教育上强调平等、对话、协商和民主。[①]

在进行道德教育时，成年人应认识到道德教育本身的社会化功能。幼儿园道德教育是一种社会化的实践活动，人的思想品德的形成发展过程就是个体社会化的过程。从宏观角度来看，社会是儿童社会性道德形成的源泉，道德教育运行受到社会结构和社会运行的制约。[②]但是，我们的儿童不仅仅定位于大社会背景，不同儿童也处于各类家庭、教育机构、社会组织和机构中，幼儿园道德教育更应该关注与儿童生活更密切的家庭、学习场所和社区，甚至是儿童道德发展需要的必要的亲子关系、同伴关系和师生关系。这些具体的情境为儿童提供了最初的练习机会，为儿童过渡到日后接触更复杂的道德内容和社会关系做准备。

社会导向下的儿童教育通过道德教育传递社会的核心价值观念，同时关注儿童当下的生活需求，在幼儿园道德教育的过程中需平衡工具理性和人文理性间的矛盾，帮助幼儿初步平衡利己和利他的心理，整合幼儿园生活和社会生活环境中的道德规范，弘扬中国特色社会主义道德，夯实社会有机团结的精神基础。[③]

第四节　生态学视角下的幼儿园道德教育

一、生态学理论的观点

生态学（Ecology）是生物学的一个分支，"生态学"一词最早由海克尔

---

① BAXTER H. System and life-world in Habermas's "Theory of Communicative Action" [J]. Theory and Society, 1987, 16(1): 39-86.

② 杨威. 论社会学对于思想政治教育学的学科价值 [J]. 学校党建与思想教育, 2013(4): 12-15.

③ 罗春洪. 迪尔凯姆的道德整合社会思想及其启示 [J]. 江西社会科学, 2016, 36(5): 18-24.

（Ernst Haeckel）提出，他在用达尔文的进化论解释对自然的理解的过程中创造了"生态学"这个术语①。生态学是研究有机体与其周围环境（包括生物和非生物环境）之间相互关系的科学，海克尔关注的是这些相互作用如何影响生物的进化潜力，或者是它们过去进化的结果（时间问题）。当前，生态学的观点关注的是生物与其环境之间的相互作用如何影响它们的分布（空间问题）。英国生态学家坦斯利（A.G.Tansley）提出了"生态系统"（ecosystem）一词②，即在自然界中的生命有机体与其所处的环境共同形成的自然系统。生态系统中的生物结构包括生产者、消费者和分解者，三者共生共存，在空间环境中共同实现物质、能量、信息的有序流动和转换，以保持生态系统的动态平衡。③

伴随着生态学和生态系统的概念运用于教育领域，将教育过程视为不同生物（学习者、教师、政府机构、教育协会、教育机构等）和非生物（基础设施、学习材料等）实体之间的关系网络，由一系列社会、经济、政治和社会心理背景等外部影响因素塑造④，这些外部因素在很大程度上决定了教育生态系统在特定地理环境中进行有效和高质量学习的表现。此外，教育生态学以"整体关联"为特征，还强调教学情景的美感、教学方法的互动性和教学效果的可测试性。⑤生态学的世界观和方法论也日渐成为道德教育理论的思维倾向，出现了"生态道德教育"之类的概念，道德教育生态的真谛是"整体论观点"⑥，生态整体论的核心要义在于人、社会和自然的系统的生态整合和平衡⑦。

布朗芬布伦纳（Urie Bronfenbrenner）的生态环境系统理论提出了个体发展的生态环境系统。对于幼儿来说，微观系统主要是家庭、幼儿园、邻里等，中间系统包括家园关系等，外系统包括家长的工作单位和环境等，宏观系统是指所有的文化、亚文化和社会环境。同时，他将时间系统作为儿童发展变化的参照

① WATTS E，U HOßFELD, LEVIT G S . Ecology and Evolution：Haeckel's Darwinian Paradigm[J]. Trends in Ecology & Evolution, 2019, 34（8）: 681-683.

② TANSLEY A G. British ecology during the past quarter-century: the plant community and the ecosystem[J]. Journal of Ecology, 1939, 27（2）: 513-530.

③ 邓建平，郝嘉瑜. 生态视域下大学生思想政治教育实效性研究[J]. 宁波大学学报（教育科学版），2019, 41（5）: 61-66.

④ BANDYOPADHYAY S, BARDHAN A, DEY P, et al. Education Ecosystem[M]//Bridging the Education Divide Using Social Technologies. Amsterdam: Springer, 2021: 43-75.

⑤ ZHOU L B, ZHU, et al. Innovation of Ideological and Political Theory Course in the Perspective of Ecology of Education[A]. Hu J. Advances in Education Research[C]. Newark: Information Engineering Research Institute, 2012: 39-45.

⑥ 易连云，张学敏. 德育生态环境研究[J]. 西南大学学报（社会科学版），1996（1）: 28-31.

⑦ 张蕴. 高校德育生态共同体建构的理论逻辑与实践路径[J]. 社会科学家，2021（5）: 150-155.

体系，强调将时间和环境联系起来动态考察儿童的成长。道德教育系统除了需要教育者、受教育者以及教育内容、方法、机制等要素参与外，还需要与所处的园所环境、家庭环境、社会环境以及自然环境之间联系，甚至处理好在道德教育过程中的人物关系、教育思想、教育方法、教育环境等的关系。

此外，20世纪中叶提出的可持续发展思想也是一种生态系统视角下的理论。[①] 从"发展"到"可持续发展"是一种突破性的认识，可持续发展一般是用于处理好人与自然的生态环境关系，现在也涵盖于处理好人与人之间的社会关系。[②] 因此，可持续发展的含义有两层：一是要求当代人的发展不能损害后代人发展的利益，二是一部分人的发展不能以损害另一部分人的利益为代价。生态学本质上是研究各类环境、各种现象间联系的学科和方法，在生态学视野中，所有事物之前都有着不同程度的联系，任一事物的变化都可能会引起整个生态环境的变化。

二、生态学对幼儿园道德教育的启示

在幼儿园道德教育的研究中，也运用了生态学的方法，如《幼儿园教育指导纲要（试行）》中提出的"要为幼儿一生的发展打好基础"，"应与家庭、社区密切合作，与小学相互衔接"等。幼儿园道德教育的生态环境包括自然环境和社会环境，自然环境通过直接影响受教育的学前儿童而间接影响幼儿园教育活动，儿童的需要是幼儿园道德教育活动设计与实施考虑的首要因素，自然环境也是幼儿园道德教育的重要资源。社会环境包括政治、经济和文化环境。从空间上来看，幼儿园道德教育的生态环境包括班级环境、幼儿园环境、家庭环境和社区环境等。进行幼儿道德教育，要考虑儿童道德发展的各种生态环境，为社会的可持续发展和个体的可持续发展打下基础。幼儿园道德教育应注重幼儿道德发展和道德教育的时空联结，认识到幼儿道德发展具有连续性和阶段性，且这与幼儿的生活环境息息相关，可变性强，要适时而教，适应儿童发展需求。

---

① 王福军. 认识与展望：对可持续发展的多学科审视[J]. 理论前沿, 2006 (15): 31-33.

② 牛文元. 可持续发展理论的内涵认知：纪念联合国里约环发大会20周年[J]. 中国人口·资源与环境, 2012, 22 (5): 9-14.

第五节　脑科学视角下的幼儿园道德教育

一、脑科学的观点

脑科学是指研究脑的结构和功能的科学，还包括认知神经科学等。20世纪90年代以来，脑科学或神经科学出现了各种关于儿童发展与教育的论著，儿童的语言、音乐和社会性等研究都开始关注脑科学，道德神经科学也应运而生。人脑是自然界最复杂的系统之一，揭示大脑认知功能的神经机制是人类认识自然、认识自我的最大挑战[1]，神经科学尤其关注大脑的生理机制与由它而来的心智历程之间的关系。比如，当应用神经科学方法来研究儿童道德时，出现的一个问题是，大脑的哪些区域参与了这种思维形式。定位人们思考社会问题时大脑中活跃的区域需要特定的神经成像方法。随着科学技术的发展，研究者开始用神经成像方法（如磁功能共振成像）来研究在人们的道德认知思维、道德情绪等发生时，识别出与道德社会性相关的活跃和联结的神经机制[2]，以及神经系统的生长发育的模式[3]，如神经元发生、迁移和死亡，突触形成和可塑性，神经环路形成等多个方面。大量证据支持了思考社会（或道德）问题时触发和激活了大脑的大片区域。例如，有人认为，大脑中活跃于情感的区域参与对各种形式的道德冲突的反应，这意味着这种道德冲突是由情感驱动的。但是，研究表明，这一特定的大脑区域也与记忆和语言有关。[4]此外，认知神经科学的相关研究揭示了情感是道德认知的重要组成部分，情绪和认知加工协同作用于个体的道德判断。[5]

---

① 方方，王佐仁，王立平，等. 我国认知神经科学的研究现状及发展建议[J]. 中国科学基金，2017, 31（3）: 266-274.

② 曾文婕. 德育研究科学化何以可能：来自神经科学的启示[J]. 教育研究，2021, 42（7）: 94-102.

③ 张学博，阮梅花，袁天蔚，等. 神经科学和类脑人工智能发展：新进展、新趋势[J]. 生命科学，2020, 32（10）: 993-1013.

④ MILLER G. Growing pains for fMRI[J]. Science, 2008, 320（5882）: 1412-1414.

⑤ 钟振华，徐洁. 基于认知神经科学的青少年道德培育机制探究[J]. 中国德育，2022（5）: 21-26.

脑科学发现了"道德脑"的存在，从神经科学的角度来研究个体道德的神经机制。根据脑科学的观点，个体学习是在外部环境刺激大脑以构筑中枢神经通道的过程中进行的。①脑科学的研究验证了"大脑—思维—行动"的交互原理②，且神经成像研究表明道德学习伴随着脑神经的激活，经过反复刺激形成的脑神经学习机制能够根据已有道德经验信息来指导未来类似的道德选择③。麦克莱恩、卡尔·普里布拉姆（Karl Pribram）等人发现，人的情绪反应和理性与前额叶皮层的功能相关。例如，前额叶功能与道德敏感性和判断力的发展联系密切，正是前额叶皮层和其他大脑区域之间的联系，让我们能够仔细考虑是否选择关心他人。④因而，道德学习被重新定义为"个体基于接收到的周围环境所有道德价值性刺激而形成神经激活、神经环路和神经网络，进而表现为获得新道德经验和新道德行为的过程"。⑤镜像神经元的发现就支持了道德神经科学的发展。镜像神经元是一种神经细胞，它被认为是社会认知的基础。镜像神经元"使我们能够直接或间接地理解他人的行为和情绪的意义"。据称，这是人类解决理解他人思想问题的神经机制。⑥

二、脑科学视角对幼儿园道德教育的启示

脑科学的研究表明，遗传对儿童的影响不是决定性的，环境因素是儿童发展水平的关键因素。良好的父母养育、安全的依恋关系以及提供年龄适宜的积极刺激是促进儿童大脑发育的关键，也对儿童的社会性发展具有奠基作用。⑦在生命的最初几年，大脑的发育迅速，环境刺激帮助儿童脑神经建立联系，如成年人与儿童的语言交流、身体接触以及其他共同活动对儿童的发展意义重大，这就是建立大脑之间的神经联系。在儿童早期，父母的行为举止、家庭中的心理氛围和物质供给以及亲子之间的交往都是重要的教育资源。因此，丰富幼儿

---

① 小泉英明，贾志勇，肖彤岭. 脑科学与教育：尖端研究与未来展望[J]. 中国学校体育，2006（8）：50-53.

② LOYE D. The moral brain[J]. Brain and Mind, 2002, 3（1）: 133-150.

③ FELDMANHALL O, DUNSMOOR J E, TOMPARY A, et al. Stimulus generalization as a mechanism for learning to trust[J]. Proceedings of the National Academy of Sciences, 2018, 115（7）: e1690-e1697.

④ LOYE D. The moral brain[J]. Brain and Mind, 2002, 3（1）: 133-150.

⑤ 曾文婕. 德育课程创新何以可能：来自脑科学的启示[J]. 南京社会科学，2021（2）：141-149.

⑥ IACOBONI M. Imitation, empathy, and mirror neurons[J]. Annual Review of Psychology, 2009, 60: 653-670.

⑦ NARVAEZ D, VAYDICH J L. Moral development and behaviour under the spotlight of the neurobiological sciences[J]. Journal of Moral Education, 2008, 37（3）: 289-312.

的成长环境,尽可能与幼儿发生互动,对幼儿大脑功能的发育极为重要,能为幼儿今后的学习和生活打下基础。当然,也要在适当的时候提供适宜的经验,因为儿童的发展具有敏感期和关键期。成年人与儿童之间的积极情感联系能够刺激儿童的道德情感脑区域,从而丰富儿童的情感体验。

　　幼儿园在设计和实施道德教育学习活动的过程中,也要基于幼儿大脑的发展规律,通过活动、感官、互动给予幼儿多方面的刺激,注重建立良好的家园合作关系,以及建立关怀性的师幼互动关系,促进幼儿大脑关于道德神经机制的发展。教育者应理解幼儿的大脑具有极大的积极可塑性,在日常生活中和教育活动中尽量为幼儿的道德学习创造机会,为幼儿"道德脑"的发育和神经机制的优化提供适宜的刺激,增强其道德神经环路之间的联系,促进幼儿高水平的道德发展。[①]虽然幼儿的可塑性极强,但是有的早期经验将持续长时间的影响力,甚至不可逆,道德教育须注重避免让幼儿获得不良的认知、情感经验和教育方式,以防破坏道德的神经功能,而出现不道德和反社会行为。

---

① 曾文婕. 德育课程创新何以可能:来自脑科学的启示[J]. 南京社会科学, 2021(2):141-149.

第六章　幼儿园道德教育的发展趋势

　　道德是一种社会建构，每个社会中的儿童都应该学习所处社会的价值观和道德观。同样，每个社会也都需要儿童来学习它需要和倡导的道德价值观，以便他们日后成长为有道德的人。[①]无论是在学业还是道德上，学校是为孩子们的生活做准备的主要机构。幼儿期是人格形成的关键期，幼儿阶段的道德教育具有奠基意义，不仅在系统道德教育和日常生活道德教育中处于启蒙地位，而且奠定了个体的品德发展和社会性发展的基础。

　　《教育部关于全面深化课程改革落实立德树人根本任务的意见》明确指出："立德树人是发展中国特色社会主义教育事业的核心所在，是培养德智体美全面发展的社会主义建设者和接班人的本质要求。"道德教育在立德树人的过程中处于核心地位，对于让每个儿童都能成为有用之才具有深远意义。幼儿园道德教育是学前儿童教育的重要内容，与儿童生活紧密联系，有助于儿童获得有益的社会经验。幼儿园道德教育须遵循一定的知识逻辑和心理逻辑，教师要在正确教育观、儿童观、知识观的引领下，通过日常生活帮助儿童自主建构道德的生活。

　　儿童道德教育经历了从社会（国家）本位到绝对的儿童中心（个人本位），再发展到强调道德教育应兼顾整合个人价值和社会价值的价值取向。坚持整合发展，兼顾道德教育的社会价值与个人价值，依然是未来道德教育发展的价值指针。[②]进入21世纪以来，生活道德教育、情感道德教育、具身道德教育等是不同道德教育研究者一直呼吁的教育理念和道德教育方式。总体来看，其实质在于倡导幼儿道德教育应回归幼儿的社会生活实践，注重幼儿的情感体验和身体体验，强调以儿童为中心、以活动为中心，重视儿童早期道德教育的关系性思维，以实现幼儿的和谐发展。

[①] AlTHOF W，BERKOWITZ M W. Moral education and character education：Their relationship and roles in citizenship education[J]. Journal of Moral Education, 2006, 35（4）：495-518.

[②] 冯永刚. 中小学德育课程建设的回顾与前瞻[J]. 教育研究, 2021, 42（12）：32-43.

第一节　立德树人导向下的道德教育目标

纵观新中国成立以来的幼儿园道德教育,我国幼儿园道德教育两极分化严重:一是重"大德",轻"小德",即注重幼儿政治化、思想化道德教育;二是重"小德",轻"大德",即注重幼儿品德和个性培养长期以来,婴幼儿被认为是无关道德的存在,但其道德感很早就开始发展了。令人担忧的是,儿童道德越界事件频频发生,一些儿童因未能接受良好的管教,常常做出违背社会规范的行为,其行为甚至带来恶性后果。[①]此类事件屡见不鲜,说明儿童的道德意识和规则认知不足,导致其行为失范,不仅不利于自我成长,而且对他人和社会造成了不同程度的消极影响。幼儿期是对一个人影响深远的发展阶段,因此需要通过学习自己社会的价值观、规范和习俗来适应社会。

儿童的道德面貌预示着国家未来的精神风貌。幼儿阶段是道德发展的萌芽期,奠定了一个人发展的个性。刘晓东指出,在儿童早期教育过程中,幼儿形成和发展的道德价值观念、幼儿园所传递的道德知识和儿童期的道德体验,将通过影响正在成长中的幼儿而影响未来社会和未来文化。[②]我们需要重新审视道德教育目标,均衡"大德""小德"教育目标,结合《3—6岁儿童学习与发展指南》、《幼儿园教育指导纲要(试行)》、《幼儿园工作规程》及新时代对儿童发展的道德要求,确定符合幼儿身心发展特点和社会发展要求的幼儿园道德教育目标。

一、幼儿园道德教育育人目标的取向

"立德树人"是我国教育的根本任务,也是教育的改革方向。"立德"是"树人"的根本,作为基础教育阶段重要一环的学前教育,在"立德树人"根本教育任务的实现进程中具有不可代替的作用和价值,将"立德树人"理论融入幼儿园教育活动,不仅关乎我国基础教育的发展方向,而且直接影响幼儿个体的教

---

① 魏海丽."熊"出没:儿童道德规则意识的现实境遇[J].中国德育,2020(24):9-10.
② 刘晓东.中国需要一场现代教育运动[J].幼儿教育,2010(27):10-12,32.

育成效和发展基础。在"立德树人"引导下的道德教育中，"立德树人"既是幼儿道德教育的目标，又是道德教育的根基，是贯穿道德教育过程的精神支柱。因此道德教育可以围绕"立德树人"这一根本任务，建构良性循环的道德教育生态系统。

在"立德树人"这一重大教育背景下，我国幼儿园道德教育的目标不能仅仅着眼于幼儿道德品质的发展，而是要将"德"当作育人的根本前提。[①]道德教育和公民教育是独立的也是互相包含的，培养有道德的社会成员或公民是它们共同的目的。[②]幼儿园的道德教育必须突破只培养幼儿品德的认识局限，贯彻实现"立德树人"的教育根本任务，应将目标设定为全面培养幼儿的道德素质，引导幼儿成为具有道德人格且初步具有公民意识和责任担当的个体，使他们能够适应、参与和融入社会生活，帮助幼儿发展成为知情意行合一、积极向上的独立个体。

当前，为了应对社会的快速变化，各国纷纷展开育人的核心素养研究。儿童发展核心素养研究是我国贯彻落实"立德树人"根本任务的一项重要实践，也是适应世界教育改革发展和人才培养趋势的体现，更是提升中国教育国际竞争力的迫切需要。[③]当代儿童的核心素养主要指儿童应该具备的、能适应其终身发展和满足社会发展需要的必备品格与关键能力，其明确将必备品格和关键能力并列，突出了核心素养体系的道德意蕴。[④]必备品格包含了关键性道德素养，同时为关键能力的养成指明了价值方向。如图6-1所示，中国学生发展核心素养，以坚持科学性、注重时代性和强化民族性为基本原则，以培养全面发展的人为核心，分为文化基础、自主发展和社会参与三个方面，综合表现为人文底蕴、科学精神、学会学习、健康生活、责任担当、实践创新六大素养[⑤]，其内容体现了浓厚的育德价值。

---

① 彭凤."立德树人"教育思想指导下的幼儿园道德教育[J].学前教育研究，2020（7）：89-92.

② ALTHOF W, BERKOWITZ M W. Moral education and character education: Their relationship and roles in citizenship education[J]. Journal of moral education, 2006, 35（4）: 495-518.

③ 核心素养研究课题组.中国学生发展核心素养[J].中国教育学刊，2016（10）：1-3.

④ 乔元正，周鹭.核心素养德育意蕴的《大学》记忆[J].教育研究与实验，2021（4）：40-46.

⑤ 核心素养研究课题组.中国学生发展核心素养[J].中国教育学刊，2016（10）：1-3.

图6-1　中国学生发展核心素养

核心素养规定了儿童发展的价值取向，必备品格和关键能力是一个人全面发展和幸福生活的基础。品格是"德行"的核心要素，亚里士多德认为"德行"是"使得一个人好"以及"活动完成得好"的统一体[①]，好的品格能产生好的行为和动机，好的品格引导着一个人在活动中发展这些关键能力[②]。核心素养具有共同性、可塑性，它是支撑有文化教养的健全公民形象的心智修炼和精神支柱[③]，也在不同程度上体现着"大道德教育"视角下的各种道德要素[④]。例如，文化基础强调人文和科学知识，也注重涵养儿童的"人文情怀"，即以人为本，尊重人的基本权利，关心他人；自主发展强调学习品质，同时也注重健全人格和积极心理品质的发展；社会参与强调儿童的诚信友善、自由平等、合作担当、国家认同和劳动意识等品质。[⑤]可见，核心素养蕴含了全面发展的基本要素，贯彻核心素养，有利于改善"重智轻德"的教育观念，推进全方位育人。

幼儿园教育的使命在于奠定每一个儿童人格发展和学力发展的基础，幼儿园道德教育的目标应该立足于中国学生发展核心素养，培养儿童基础的必备社会能力上。在幼儿道德萌芽初期，要综合考虑儿童对道德教育目标确定道德教育内容的接受方式和方法，道德教育的目标定位于培养文明的人、适应社会的现代人和爱国的现代中国人。

一是文明的人，就是帮助幼儿掌握人类社会最基本的行为规范，懂得文明

---

① 亚里士多德. 尼各马可伦理学 [M]. 廖申白，译. 北京：商务印书馆，2003：40.

② 乔元正，周鹭. 核心素养德育意蕴的《大学》记忆 [J]. 教育研究与实验，2021（4）：40-46.

③ 钟启泉. 核心素养的"核心"在哪里：核心素养研究的构图 [N]. 中国教育报，2015-04-01.

④ 彭凤. "立德树人"教育思想指导下的幼儿园德育 [J]. 学前教育研究，2020（7）：89-92.

⑤ 核心素养研究课题组. 中国学生发展核心素养 [J]. 中国教育学刊，2016（10）：1-3.

礼貌，懂得在日常生活中应该怎样对人、对己、对事。幼儿能够形成初步良好的行为与生活习惯，理解并遵守日常生活中基本的社会行为规则和道德规范，具有一定的自制力和良好品格，如幼儿能初步形成诚实、自信、友爱、勇敢、勤学、好问等良好的品德行为和习惯，以及活泼开朗的性格。我国素来有"礼仪之邦"的美称，应当发扬和传承这些最基本的道德教育内容。

二是帮助幼儿适应现代社会，注重培养幼儿适应社会的心理素质、意志力、责任意识、合作精神和创新观念等，幼儿具有一定的社交能力和社会理解能力，对与同伴交往和社会群体接受产生兴趣，幼儿会积极学习与同伴和成年人交往、合作、商量与分享，有同情心，具有自尊、自信和自爱的表现等，以及幼儿能亲近自然，热爱劳动和科学，善于想象和创造，具有一定的探索精神和科学态度。

三是播撒爱的种子，培养幼儿的"爱国心"，注重幼儿的基础道德情感启蒙。幼儿通过学习包括文化、历史、自然地理等领域的简单概念和内容，增加对自身生活的社会和世界的初步认识，对自己的家庭、幼儿园、家乡和祖国产生初步的热爱之情，对中华民族的优秀传统文化产生初步的认同感和归属感。

二、幼儿园道德教育目标的切入点

道德教育目标是开放的，也应具有导向性。幼儿园道德教育目标在其实然和应然形态之间存在着一定差距，目标作为教育的根本理念和前进方向，它的不明确性、相对性和模棱两可会导致道德教育与道德教育对象行为之间缺乏应有的相关性。[1]因此，教育者应认真思考道德教育目标确立的切入点，在道德教育过程中确立科学的基本方向。基于幼儿自身发展的需求、幼儿园教育本身的性质以及道德教育的本质，幼儿园道德教育目标可以从以下几个方面进行切入。

（一）整合儿童发展与社会发展需求

在当前"儿童中心"和"生活化"的取向下，儿童教育由关注社会发展/知识进步转变到关注儿童本身和儿童的生活，但是这并不代表教育只需关注儿童自身，儿童的社会生活是其一切生长的基础。杜威的"儿童中心"思想并不漠视教育的社会层面，"社会是教育的目的，是远的方面；儿童就是教育的本身，

---

[1] 申来津，房海静. 实然与应然：学校德育目标的矛盾分析[J]. 社会科学家，2005（1）：119-121，124.

是近的方面，都是应该知道的、注重的"，"教育的个人是社会的个人，而社会便是许多个人的有机结合。如果从儿童身上舍去社会的因素，我们便只剩下一个抽象的东西；如果我们从社会方面舍去个人的因素，我们便只剩下一个死板的、没有生命力的集体"①。绝对的儿童中心论是极端的、反人性的，人的本质在就其社会性，教育不能将儿童从社会中剥离出来，教育的过程就是认识社会的过程。教育离不开社会生活，教育本身就是社会生活，教育最终是为了社会生活②，道德教育也是如此。

　　处理好儿童发展和社会发展的关系的问题就是关于人本性与价值性的关系问题，这是制定道德教育目标要解决的核心问题。从个体的角度来看，道德教育在于培养"完善的人"。儿童是世界新来的生活者，其成长建立在享用生活、享用教育、享用世界的意义基础上③，道德教育本身就是作为儿童品性意义上的教育。幼儿园道德教育目标首先要关注幼儿自我发展和自我幸福的需要，关注幼儿作为教育享用者的内在需要，以道德教育引领幼儿实现全面而充分的发展，促进儿童道德成长和谐发展，而不能把道德教育目标仅仅当作一种教育评价的参照工具，教育者要树立助力儿童精神人格健全的道德教育理念。将育德目标定位于培养完整的人，将个体的智力、情绪、伦理等因素综合起来，丰富幼儿的内心世界和精神生活，也需培养其初步的责任感、诚信、纪律精神、正义感等美好品德。

　　同时，儿童道德教育也是一种"个体社会化"意义上的"社会教育"，一方面需增进个体与他人的交往，另一方面应促进个体与社会和谐共生④。首先，从个体与他人关系的维度来看，目标可以着眼于"平等与尊重""合作与共处""关怀与体谅"：平等与尊重是个体与他人和谐相处的基础；而合作与共处作为教育的四大支柱之一，是个体融入和适应集体生活的重要能力；关怀与体谅是人之为人的核心要义，这是道德的"人情味"所在。从个体与社会关系的角度来看，可以定位于"遵守基本行为规范""热爱自然与环境""爱家乡爱祖国"等方面拟定道德目标。

---

① 杜威. 五大演讲·教育哲学 [M] // 沈益洪. 杜威谈中国. 杭州：浙江文艺出版社，2001：87.

② 刘晓东. 儿童文化与儿童教育 [M]. 北京：教育科学出版社，2006：162.

③ 金生鈜. 学校教育生活之于儿童的意义：对儿童享用教育生活的现象学解释 [J]. 教育研究，2018，39（6）：8-15.

④ 何齐宗，晏志伟. 全球视野的德育理念：目标、内容、策略及启示：基于联合国教科文组织教育文献的研究 [J]. 教育科学，2020，36（6）：7-14.

儿童的全面发展和社会的全面发展是紧密相连、互为制约的,不能顾此失彼。儿童的道德发展制约着社会生活和社会实践活动的秩序与正常运转,道德教育目标要适应和契合社会发展的要求,将社会的道德规范和习俗转化成为新一代的思想品德素质,尤其要重视儿童认知、情感和身心发展水平及规律。

(二)道德教育目标的全面性、启蒙性

长期以来,在功利导向的道德教育观念下,我们往往只注重认知和行为类的外显目标,而轻视了内隐但极其重要的情感目标,机械传授社会要求的道德规范,而不关注儿童是否愿意接受和是否真正内化,而个体的道德判断和亲社会行为是认知和情感双向驱动的结果。在"立德树人"背景下的道德教育目标方面,由单一的道德品质教育向培养具有完整人格的人发展。幼儿园道德教育从"半人教育"走向"全人教育",表现在不仅注重儿童的品德素养和公民素养的培养,也强调其社会适应能力和人际交往能力的发展,并且更加注重儿童的批判性思考能力、合作学习和行动能力的培养等。在道德教育目标结构上,也更加突出全面性,覆盖幼儿道德认知、道德情感、道德意志和道德行为等,系统把握道德教育过程中的情感教育和理性教育,强调情感、态度、价值观和实践行为的统一。

同时,需要考虑到幼儿的年龄特点和身心发展规律,道德教育目标的设置要具有启蒙性,在幼儿原有的发展水平基础上可以达到与其即将发展水平相适宜的发展和提升。在制定幼儿园道德教育目标时,应当站在幼儿的发展角度上设置目标,不能从成年人的视角看待幼儿应该发展成什么样,不能盲目追求过高的目标,尤其是过度追求认知方面的目标,应更加注重积极情感和基本行为习惯的培养。

(三)把握道德教育目标的整体性和层次性

目前,基于道德教育的基本理念及目标导向存在的"碎片化、分散化和条块化"风险[①],大中小(幼)学的道德教育目标一体化迫在眉睫。近几十年以来,道德教育基本理念的研究已经取得了巨大进展,形成了诸如生活道德教育、生态道德教育、情感道德教育、欣赏型道德教育、生命道德教育等道德教育理论

---

① 叶飞,檀传宝.德育一体化建设的理念基础与实践路径[J].教育研究,2020,41(7):50-61.

及模式①，但是这也存在着"重叠共识"②。因此，幼儿园作为正式教育之始，须把握好道德教育目标的整体性和层次性。

幼儿园道德教育目标要具有整体性和层次性。道德教育目标是由品德、行为习惯、价值观、心理素质等各类目标组成的整体系统，是教育目的和育人目标的具体化。各学段道德教育目标存在分割状况，须统合整理出各学段贯通和衔接的核心目标，厘清教育目的、育人目标、课程目标以及具体活动目标等之间的关系。小、中、大班道德教育须符合不同学段和班级以及每个幼儿的实际情况，道德教育目标应具有层次性，各级目标要贯通和衔接，呈现螺旋式上升，防止混乱和无顺序。

（四）育德目标应兼具适应性和超越性

适应性和超越性是一对矛盾。道德教育在回归生活后，过于强调道德教育对儿童生活的适应，而忽视了道德教育本应具有的超越价值，"破解适应与超越的矛盾需要重新理解道德教育目标，重新认识道德教育回归生活的教育理念"③，二者之间并不是不解的矛盾，其最终目的都落脚于儿童的道德成长。

一方面，道德教育目标需定位于幼儿的真实生活，道德教育本身具有社会适应性，教师通过道德教育帮助幼儿达到更好地适应社会的目的。不能将道德教育片面的等同于思想政治教育，尤其是对学前阶段的儿童，这种观念过于宏伟，忽视了幼儿真正需要的是认识和应对现实生活中的社会关系和道德冲突。道德根本上是在生活之中和为了生活的，道德教育应尊重儿童的生活，引导儿童创造性地解决生活中真实存在的各种问题，内化社会道德和习俗内容，从而达到身心和谐发展，最终使其更好地融入社会生活。

另一方面，幼儿园道德教育目标的制定又要具有一定程度的超越性。超越性是道德教育的本质，道德教育的超越性应建立在尊重儿童的基础上。④⑤超越性须遵循幼儿"最近发展区"的教育理念，一是道德教育目标适当高于道德教育对象的现实道德水平；二是道德教育目标适当超越现实生活，致力于提升生活和创造生活，提出理想性的要求，并考虑到社会和个人发展两个方面。

---

① 戚万学，唐爱民，韩笑. 改革开放40年德育理论研究的主题及进展[J]. 教育研究，2018，39（10）：20-31.

② 罗尔斯. 政治自由主义[M]. 万俊人，译. 南京：译林出版社，2011：123-124.

③ 程伟. 德育课程实施中的深层矛盾及其破解[J]. 教育科学研究，2018（5）：48-52，78.

④ 葛巧玉. 道德教育人性化的后现代文化境遇与觉解[J]. 中央社会主义学院学报，2011（2）：111-113.

⑤ 彼得·科斯洛夫斯基. 后现代文化[M]. 毛怡红，译. 北京：中央编译出版社，1999.

第二节 立足儿童需求的道德教育内容

在道德教育内容方面，幼儿园道德教育内容与幼儿现实生活密切相关，同时道德教育内容由常规行为教育向多元价值观、文化教育发展，内容更加丰富、更加多元化，与幼儿的实际生活需求和社会现实需要密切相关。幼儿园道德教育内容要着眼于幼儿的社会生活实际和日常生活经验，如幼儿在活动时发生的冲突、他们身边发生的社会事件等，要善于挖掘有育德价值的内容，通过不同方式将其有机渗透到幼儿道德教育中。

与道德相关的社会文化和教育因素与人类大脑的发展密切相关，因此这些因素的差异可能导致不同的神经发育机制。根据文化心理学的观点，主张文化－大脑共同构建，文化和人的大脑通过持续的相互作用，进而相互影响和建构，而教育极大地塑造了人类的大脑，也影响着个体学习的过程。[1]因此，文化、大脑和教育也是相互作用的，不同文化和教育背景可能会在神经层面上不同程度地影响社会认知心理过程的发展。[2]据此，幼儿园道德教育应当增进幼儿对社会的认知，文化是社会发展的产物，道德教育内容应该体现文化敏感性，才能有效地促进儿童的道德发展。[3]从小培养文化认同和民族精神是新时代的要求，文化是道德教育的重要内容。除了一些道德教育的常规内容外，还将优秀传统文化、价值观、生态环境、社会问题等内容渗透到道德教育中，尤其是幼儿所处地区可以利用的人文资源、自然资源和社会资源。2015年颁布的《幼儿园园长专业标准》中也要求：把文化育人作为办园的重要内容与途径；将中华优秀传统文化融入幼儿园文化建设；营造陶冶教师和幼儿情操的育人氛围，向教师推荐优秀的精神文化作品和幼儿经典读物，防范不良文化的负面影响；重视利用自然环境和社会（社区）的教育资源，熟悉这些教育资源的功能和特点，利用这

---

① IMMORDINO-YANG MH, MCCOLL A, DAMASIO H, et al. Neural correlates of admiration and compassion[J]. Proceedings of the National Academy of Sciences. 2009, 106（19）: 8021-6.

② CHIAO J Y, HARADA T, KOMEDA H, et al. Dynamic cultural influences on neural representations of the self.[J]. Journal of Cognitive Neuroscience, 2010, 22（1）: 1-11.

③ HAN H, GLOVER G H, JEONG C. Cultural influences on the neural correlate of moral decision making processes[J]. Behavioural Brain Research, 2014, 259: 215-228.

些资源丰富幼儿园的教育活动。

关于幼儿园道德教育内容的选择和确定，基于儿童本位确立道德教育内容十分重要，根据园本道德教育工作的目标，形成主题式的道德教育，可以让道德教育内容更加有"深度"。关于道德教育内容，一是遵循目标；二是充分挖掘幼儿生活中可及、可见、可感受的道德教育内容，地理、历史、经济等内容对于幼儿来说过于复杂，并不是幼儿阶段需要详细掌握的内容，有人可能会觉得这些内容过于小学化、超前化，但是我们可以参照夸美纽斯（John Amos Comenius）对教学的定义——"教育就是把一切事物教给一切人的全部艺术"，内容固然重要，但教法和方式同样重要，教师可以选择一些基础的、浅显的、幼儿可以接受的内容，以适当的方法教给幼儿。

例如，梁志燊、陈俊愔等于1984年制定的《幼儿园品德教育大纲》，将幼儿道德教育的内容定为：①礼貌与规则教育；②友爱同伴的教育；③爱父母、爱教师、爱幼儿园的教育；④爱劳动、爱劳动者的教育；⑤积极情绪，主动精神、活泼开朗性格的培养；⑥勇敢、诚实、独立性、坚持性的教育；⑦初步的爱国情感的培养。此外，还提出具体内容的要求要符合幼儿道德认识特点，能为各年龄幼儿所接受：对3~4岁幼儿提出一些最简单的道德行为要求，对4~5岁幼儿则要求其掌握基本行为规范并培养其亲社会情感，对5~6岁幼儿则侧重于行为主动性的培养及道德感的发展。[①]可见，幼儿园道德教育的内容既要具有基础性，也要符合不同年龄阶段儿童的特点。根据道德教育目标的价值取向，在均衡"大德""小德"的情况下，幼儿园道德教育内容可以从思想、品德、个性发展需求及社会现实需要等多个方面确定，如爱国教育、价值观教育、品格教育等方面。

一、幼儿园选择道德教育内容的依据

（一）依据幼儿身心发展需求、道德发展规律和年龄特点

教育以人为本，幼儿的发展需求是道德教育内容的首要依据。教育的对象是幼儿，不同年龄阶段幼儿的社会认知水平不一，同一年龄阶段的不同幼儿的发展水平也有差异，选择道德教育内容必须考虑幼儿的发展水平和特点。只有遵循幼儿身心发展的规律和年龄特点以及发展需求，尊重幼儿在社会化过程中

---

① 陈俊愔，梁志燊. 幼儿园品德教育大纲实验研究：幼儿改革与探索（上册）[M]. 北京：教育科学出版社，1990.

的主动性和主体性,才能使道德教育内容被幼儿接受和理解,才能使道德教育成为发展性的、有意义的活动。

育德内容的确定要多角度地分析判断幼儿成长过程中的需求、未来发展的需求,再者,可以通过了解幼儿的真实需求,选择他们需要的且合适的内容。而且,社会的发展变化,也会导致幼儿生活中接触的内容有所不同,产生不同的认识,所以这就要求道德教育与时俱进,提升道德教育的实效性,促进幼儿的道德全面发展。

(二)依据幼儿园道德教育目标

教育内容是为达到预期的目标服务的,因而,道德教育内容必须参照并服务于道德教育目标,目标是内容的直接依据。因此,幼儿园道德教育内容必须根据道德教育目标的要求来确定。目标取向的道德教育内容也要注意一点,确定的内容要符合自身园所的"气质",确保教育内容的开展是全体教师的共同愿景。

但是,幼儿园的教育是生长的,道德教育内容和目标也是生长的、变化的,并不是所有内容都是可以教的,只有那些适宜幼儿身心状态和现实需求的机会,才有真正发展的空间和可能性,然而这可能需要教师精心发现和创造,只有这样,道德教育内容的开展才具有拓展性和生成性,才能可持续推进。

(三)依据当地文化和社会多元文化背景

幼儿园道德教育内容的选择也要考虑社会文化资源。基于资源取向的育德内容自然是要考虑幼儿园所处地域特色和当地文化,同时也要弘扬中华优秀传统文化和社会主流文化。在物欲横流和精致利己主义的社会背景下,道德失范现象凸显,例如,个体道德感的缺失、道德价值歪曲、道德行为隐没,这些现象在一定程度上是道德教育文化使命缺失的结果。[1]因此,借助优秀传统文化教育内容弘扬道德文化精神,唤醒儿童内在的文化之根。

一是充分利用保留下来的当地文化资源。地方文化是幼儿身处其中可以感知和体验的文化资源,包括独特的生活方式、民情风俗、文学艺术和名胜古迹等丰富的内容。例如,广府文化是广州地方文化的典型代表,以广州及其周边地区为核心,历经多个时代积淀与形成的地方文化资源,创造了辉煌灿烂的文化,积淀了丰富的地方文化资源,如建筑风格、粤曲、粤绣、美食文化、地理

---

① 周青青. 试论德育的文化底蕴[J]. 金华职业技术学院学报,2022,22(2):31-36.

文化等。地方文化是优良的道德教育资源，能让幼儿增进对家乡文化的认知和体验。

二是道德教育内容要弘扬中华优秀传统文化。文化是物质财富、精神财富的总和，是能够传承的国家或民族、历史、地理、风土人情、传统习俗、生活方式、文学艺术、行为规范等。将我国的传统美德、民族精神及革命精神文化等在幼儿园进行广泛宣扬传播，进一步增进幼儿对广泛社会的认知和认同，增强对祖国民族文化的普遍认同感。

三是道德教育内容要尊重并契合社会主流文化和核心价值观。在相同的社会背景下，总是存在普遍认同的共同价值观，如公平正义、诚实守信、尊重友善等，主流文化在社会生活中生命力强盛，而且这些核心文化价值观被大多数社会认同并得到了广泛传播，深入人心。更重要的是，幼儿园教育作为国家教育体系的重要阶段，有义务也有必要承担主流文化教育的工作，让幼儿接触和感受社会生活中普遍认同的文化价值观，也能帮助他们适应和融入社会。

（四）依据社会政治、经济、科技和文化发展的状况

社会政治经济状况决定着道德教育的内容及性质，儿童道德教育内容反映了一定时期社会政治经济制度对儿童的道德教育要求。当前，我们倡导以幼儿为本的道德教育理念，强调基于幼儿生活的道德教育内容。但是，在不同时期，国内外的形势不同，各个历史时期的教育任务和教育方针政策的性质也有所不同，幼儿园道德教育的内容也会随之进行调整，才能满足社会发展和儿童发展的要求。比如，在新中国成立后，幼儿园道德教育的内容以爱国主义教育为主；当社会出现"道德滑坡"现象时，道德教育就开始强调规则教育和品德培养；在社会更加稳定、经济发展繁荣、人民生活水平提高后，道德教育则强调人的全面和谐发展；当世界生态环境污染严重时，人们开始担心生活环境恶化，学校开始重视生态道德教育；2020年初持续至今的新冠肺炎疫情，让学者意识到生命的脆弱性，各级学校又展开了生命道德教育……

科技和文化发展状况也成为道德教育的重要内容，科技和文化道德教育是运用科技蕴含的道德教育素材及科学思想、方法、精神和成果启蒙和发展幼儿的科学创新精神，同时也能让幼儿感受到科技的魅力，萌发幼儿的道德理想，让幼儿感知到国家的强大和繁盛，产生一定的自豪感和骄傲感。但是，在实施科技道德教育时，必须使科技教育"通识化""社会化""活动化"，切忌学科化和过度专业化。

二、幼儿道德教育的重要内容

（一）品格教育

提到品格教育（character education），难免会涉及品格教育与道德教育之间的联系，可以说品格教育在某种程度上就是现代的道德教育。传统的品格教育发源于古希腊，现代品格教育复兴于美国20世纪八九十年代，立足于现代性视野，注重个人品德的塑造，同时也关注公共或社群道德。① 品格教育既是一种道德教育理论流派，也是一种广泛的教育运动。由于价值澄清理论引起价值观相对主义倾向盛行，导致社会道德问题频发，20世纪八九十年代末，美国掀起了一场"新品格教育运动"，呼吁学校回归传统道德教育模式，强调社会价值高于个人价值。里克纳（Thomas Lickona）在《为品格而教育》（*Educating for Character: How Our Schools Can Teach Respect and Responsibility*）一书中明确指出，尽管当前社会存在多元价值，但是依然存在人们普遍认同的价值，例如公平、正义、诚信、尊重等，否则价值多元是不可能成立的②，即普遍（一般）是特殊（个别）存在的前提，它们又是相互包含的。品格教育以塑造社会共识为基础，既重视传统美德的传递，也非常重视社会主流核心价值观的培养，目的在于把儿童培育为"诚信、尊重、责任、公平、关爱和公民意识"的人，从而促进社会的团结和融合。③

需要注意的一点是，如何区分品格与人格（personality）的概念，两者看起来相似，却有着明显的不同。人格发展的基础是先天气质，是个体的内在心理特征与外部行为方式构成的相对稳定和独特的心理行为模式④，这决定了个体行为的差异性及个体行为跨时间和情境的一致性。⑤ 而品格具有不断变化和发展的特性，具有潜在的可塑性，可以通过品格教育得到培养与塑造，这与人格的相对稳定性、持久性和一致性明显不同。⑥ 不过，有学者也指出，儒家思想中

---

① 郑悦. 品格教育的古典视域及现代价值[J]. 当代教育与文化, 2021, 13（6）: 26-32.

② LICKONA T. Educating for Character: How Our Schools Can Teach Respect and Responsibility[M]. NewYork: Bantam, 1991: 8-21.

③ Character Education Partnership. What is Character Education?[EB/OL]. (2017-03-09)[2020-11-12]. http: //character.org/key-topics/what-is-character-education/.

④ 黄希庭. 人格心理学[M]. 杭州: 浙江教育出版社, 2002: 2-5.

⑤ FEIST J. Theories of personality[M]. New York: McGraw-Hill Companies, 2002.

⑥ PETERSON C, SELIGMAN M E. Character strengths and virtues: A handbook and classification[M]. New York: Oxford University Press, 2004.

的品格一词，既包含社会层面的品德（即品），也有个性心理品质的人格层面（即格）。[1]不过可以看出，品格的内涵在不断深化，涵盖了道德、人格和社会性等多种成分。

　　积极心理学致力于研究人类积极特征和美德的科学，其目的在于提高人们的生活质量，防止在生活空虚和无意义时产生消极状态。[2]"品格优势"（character strengths）是积极心理学中的一个核心概念，具体是指一系列积极人格特质在认知、情感和行为上的反映，是促进个体身心健康与幸福感、缓解焦虑压力的良好资源[3]，也就是一般所指的"美德"[4]。塞利格曼（Martin E. P. Seligman）的VIA理论确定了24项积极心理品质，并将其归纳为六种美德，即"智慧、勇气、仁爱、公正、克制和超越"[5]。其他研究者也确立了积极心理品质的框架，例如，一项国内研究将幼儿的积极心理品质划分为"智慧、勇气、仁爱、公正和克制"[6]。但是，目前针对学龄前儿童品格优势的研究还较少，学龄前儿童处于心理品质形成的重要阶段，应当展开对学龄前儿童品格优势的心理研究和教育实践。

　　品格教育是落实立德树人根本教育任务的重要组成部分，以道德教育为核心，品格是道德教育内容的具体化，以完善和健全儿童的人格为最终目的。[7]在当代中国改革发展进程中，也出现了严重的"道德滑坡"现象，社会道德问题频繁出现。国内学者积极地寻找解决危机的出路，有人认为社会转型下的道德危机实质是公德危机[8]，而品格教育也关注社会公共道德。品格教育的复兴，也引起了我国道德教育者的关注，在高度现代化的时代出现以培养传统美德为己任的品格教育，反差很大，但是我们应该关注当代道德教育的发展，重视和认真对待品格教育，实现品格教育创造和培育"好人、好品格、好生活"的终极价

---

① 王瑞明，徐文明，高珠.中小学生品格的结构及测评［J］.华南师范大学学报（社会科学版），2021，254（6）：56-68，206.

② SELIGMAN M E P, CSIKSZENTMIHALYI M. Positive psychology: An introduction［M］//Flow and the foundations of positive psychology. Dordrecht: Springer, 2014: 279-298.

③ LI T, DUAN W, GUO P. Character strengths, social anxiety, and physiological stress reactivity［J］. PeerJ, 2017, 5: e3396.

④ MORALES-SÁNCHEZ R, CABELLO-MEDINA C. Integrating character in management: Virtues, character strengths, and competencies［J］. Business Ethics: A European Review, 2015, 24: S156-S174.

⑤ PETERSON C, SELIGMAN M E P. Character strengths and virtues: A handbook and classification［M］. New York: Oxford University Press, 2004: 3-32.

⑥ 韩阿珠，张国宝，谢国蝶，等.学龄前儿童积极心理品质量表的编制及其信效度评价［J］.中国儿童保健杂志，2019，27（5）：485-488，494.

⑦ 朱永新，汪敏.教育如何不再培养精致的利己主义者：公共品格教育的逻辑向度与实践进路［J］.教育研究，2020，41（2）：61-71.

⑧ 张晓阳.基于道德想象力的公德培育［J］.上海教育科研，2016（1）：18-22.

值诉求。[①]

（二）价值观教育

个体社会性发展的核心在于社会价值观的形成，而幼儿阶段正是价值观念和个性的萌芽时期，为促进幼儿根基品质的发展，教育要从娃娃抓起，初步萌发幼儿科学正确的社会基本价值观。人的发展是个性与社会性的统一。在发展幼儿个性的同时，应兼顾发展儿童的社会性，推动幼儿真正的全面自我发展。[②]甚至在某种角度上看，可以说个性本质上是从属于社会性的，因为个性的发生和发展是在人与人之间的互动过程中进行的，幼儿的自我意识就是这样逐渐发展起来的。而且，价值观本身也是个性和社会性综合发展的结果，价值观教育是个体自身发展和社会进步的现实需要。

价值观教育是落实"立德树人"的重要内容，关乎儿童的发展方向和社会的全面进步。在幼儿园教育的过程中，首先，学前教育的核心理念应与科学社会价值观保持一致，致力于形成儿童正确的人生观、消费观、审美观、道德观等，以为未来的发展奠定坚实的基础。其次，价值观教育应该符合儿童身心发展规律和价值观教育的特点，通过日常化、具体化、形象化和生活化的形式，把公平、友善、诚信、互助、合作等价值观念渗透到幼儿的日常生活与教育活动中，引导儿童初步认识和体验价值观，帮助他们初步理解并认同我们国家的主流价值观。

（三）爱家乡爱祖国教育

爱家乡爱祖国教育是幼儿社会领域教育的重要内容之一，也是幼儿道德教育的重要议题。个体在幼儿阶段对家乡和祖国、对周围人和居住社区以及对作为社区成员的自己的态度就逐步确立了。爱家乡爱祖国教育是贯彻落实教育政策的体现，是促进社会进步和国家发展的重要教育内容，也是建构个体自我认同、国家认同和民族核心价值观意识及行为系统的过程。[③]爱国主义教育关键在于爱国，"爱"是一种深厚的道德情感，而幼儿处于吸收性心智阶段，在道德情感启蒙的初始阶段开展爱家乡爱祖国教育更容易唤起幼儿对家乡和祖国最初的认同感和归属感。

培养幼儿初步的爱家乡爱祖国意识和情感，需注意几点内容：一是引导幼

---

① 李园园，鄢超云．儿童品格教育的内涵、价值诉求与实践路径：基于德行伦理学的视角[J]．陕西学前师范学院学报，2021，37（5）：56-62．

② 马春玉．在幼儿园文化建设中实施社会价值观教育的意义与策略[J]．学前教育研究，2014（12）：67-69．

③ Cojocariu V M. Petre Țuțea or some axiological anchors for a necessary patriotic education[C]//SOARE E. Procedia Social and Behavioral Science. Amsterdam：Elsevier，2013：204-208．

儿建构对自己家庭、社区和家乡的基本认识，懂得关心和尊敬长辈，感受家乡的发展变化并热爱自己的家乡；二是帮助幼儿初步认识祖国民族文化多元的社会现实，尤其是加强幼儿对自己民族文化和中华优秀传统文化的认同感、归属感和自豪感，这有助于树立幼儿的爱国之心；三是帮助幼儿初步认识和理解不同民族文化和不同国家文化，引导幼儿尊重世界各国文化，这有助于培育幼儿的包容意识、平等观念和团结精神，在对比中国文化和他国文化、本民族文化和其他民族文化的过程中，更加深刻地认识自己的家乡、民族和国家。

（四）社会习俗和规范教育

社会规范是"社会组织根据自身的需要提出的用以调节其成员社会行为的标准和规则，是控制社会秩序、维护社会稳定的工具"[1]。儿童能成长为合格的社会成员，就是通过学习必要的社会规范而实现的。人作为一种社会性生物，自出生起就置身于一个复杂的社会环境中，儿童时期的道德教育更多的是一种关于社会习俗与规范的教育。

根据社会认知领域理论，社会习俗不是强制性的，相对于一个人做了不符合社会规范的行为，我们更可能讨厌或者惩罚那些做出违背道德规范的人。但是这并不代表违背社会规范是被允许的，只是因为做了之后，可能不会或者很少会受到别人的指责和劝导，并不代表别人在内心认可这种行为。当一个人做出不道德行为时，会受到周围人的鄙夷和厌恶，并且受到劝阻甚至不同程度的惩罚。因此，当儿童做出不道德行为或观察到别人做出不道德行为时，会根据行为对象和周围人（可能是旁观者、亲人、教师、同伴、陌生人等）的言语和行为反应，通过体验式或观察式学习什么是道德行为，什么是不道德行为，或者何为对与错。所以，对于儿童来说，道德规则的学习可能会比社会习俗的学习更加容易和有效，因为在这个过程中包含了刺激—反应、观察—模仿/调节等心理过程，久而久之，会自动形成定式反应，进而形成自己的行为模式。

社会规范学习与教育是个体社会化的必要过程，儿童通过习得必要的社会规范和生存技能以获得生存优势。当然，教给年轻一代社会习俗与社会规范也可以让社会和个人所需的文化与规范得以延续和保存。

（五）环境教育

随着社会和经济的快速发展，各国普遍出现工业化进程飞速加快、自然资源逐渐被过度开发和利用等问题，导致气候异常、温室效应、资源短缺等环境

---

① 伍新春，张军，赖丹凤. 儿童发展与教育心理学（第2版）[M]. 北京：高等教育出版社，2013.

问题。[①]环境问题愈加恶劣，严重威胁到动植物和人类的生存。人类活动和对自然的态度导致局部环境问题演变成全球性问题，而这些全球化的问题是由人类行为造成的，所以教育工作者须提高儿童的环保意识、知识、态度和动力，以创造一个可持续发展的社会。[②]环境教育是一种终身教育的过程，旨在树立人们的环境保护意识和实际技能，实现人类与自然和谐共生。

环境与道德息息相关。发展儿童心灵，使之包含对当地风景和地球社区的关心和责任，是当今道德品质教育的基础。[③]环境教育关心人与自然的关系，除了能解决环境问题和促进可持续发展，而且在道德教育中具有重要的价值与意蕴。[④]环境教育本身就是道德教育范畴的有机组成部分，学习、理解和体验自然都是积极影响儿童情感联结发展的重要因素。[⑤]儿童早期表现出亲自然情感，可以借助这种天生的倾向萌发幼儿的环保意识，授予初步的环境保护技能。环境问题是一个世界性问题，各国纷纷开展环境教育，例如，澳大利亚在《幼儿学习框架》和《学龄保育框架》中提出要"使儿童具有社会责任感并尊重环境"[⑥]，使儿童遵守道德规范，形成尊重、关心与热爱环境的情感，在与环境互动的过程中潜移默化地建立起与环境的亲密关系。我国向来重视践行可持续发展观念，环境教育也应融入幼儿园各领域的活动。

第三节　开放包容的道德教育资源

有效开发和利用教育资源是实施幼儿园道德教育的重要支撑。"教育资源

① 孙雅妮，武曙红. 自然保护地环境教育的组成要素[J]. 中山大学学报（自然科学版），2021，60（5）：126-135.
② LIEFLÄNDER A K, BOGNER F X. The effects of children's age and sex on acquiring pro-environmental attitudes through environmental education[J]. The Journal of Environmental Education, 2014, 45（2）：105-117.
③ NARVAEZ D. Moral education in a time of human ecological devastation[J]. Journal of Moral Education, 2021, 50（1）：55-67.
④ 冯永刚，董海霞. 环境教育：英国德育的重要途径[J]. 外国教育研究，2010，37（3）：79-84.
⑤ CHENG J C H, MONROE M C. Connection to nature: Children's affective attitude toward nature[J]. Environment and Behavior, 2012, 44（1）：31-49.
⑥ 祝怀新，熊浩天. 澳大利亚幼儿环境教育政策探析[J]. 比较教育研究，2021，43（11）：96-104.

应具有三种不同的来源，也是制约道德教育的三种主要因素：其一是原生性来源——知识；其二是内生性来源——儿童；其三是外生性来源——社会"。①传统的道德教育资源存在开发不足、内容单一、结构失调等问题②，忽视了教育资源的丰富性和多样性。道德教育资源开发是一个动态的、开放的、多元的活动过程，教师应在科学道德教育理念的指导下进行道德教育资源开发，提高对道德教育内容及资源的敏感性，并且需要社会、学校和家庭等多方面的配合。

一、建立广义的、建构的道德教育资源观

教育者的教育资源观会影响幼儿园道德教育资源的开发与利用，一般幼儿园还是着眼于园内和传统的道德教育资源。由于认识狭隘化，许多有道德教育价值的自然资源和社区资源以及潜在的内隐资源未被纳入道德教育视野，其教育功能和意义也没有被充分认识和利用。在进行正式和非正式教育活动的过程中，教师应当学会树立新的资源观，创造和建构新的道德教育资源，融入各类资源于幼儿园教育的各项活动，有效发挥资源作用。

根据建构主义和现代心理学的观点，知识是由主体与环境或思维与客体相互交换而导致的经验建构。所以，道德教育资源一方面来源于幼儿生活的外部环境，如幼儿园、社区环境、家庭等；另一方面来源于幼儿园这些外部环境相互作用时产生的冲突性观念和实践知识经验。我们不能只看到知识内容，也要预见这些资源与幼儿产生的"化学反应"，正确科学地开发和利用广泛的道德教育资源。

二、因地制宜，开发利用地方道德教育资源

园内资源和地方性资源是幼儿园教育的载体，无论是生态环境，还是风土人情，都可以成为幼儿园的道德教育资源，园内资源和地方性资源是幼儿园教育的载体，无论是生态环境，还是风土人情，都可以成为幼儿园的道德教育资源，重点在于教育者如何鉴别和开发有意义的资源，将其与幼儿生活有机联系起来，并让幼儿体验到其中蕴含的道德意义。

---

① 郝德永.课程研制方法论[M].北京：教育科学出版社，2000：71.
② 冯永刚.多元文化视野下的德育课程资源开发：作用与误解[J].外国教育研究，2008（9）：73-78.

（一）充分开发所在地区自然环境中的道德教育资源

与自然环境的接触有助于保护幼儿善良的天性。幼儿天生具有一种亲自然的情感，自然界形象、直观、生动的教育素材最适合幼儿的年龄特点。同时，研究证明个体与自然的联结与其身体健康、心理健康、认知功能和环保意识和行为都有积极的作用。[①] 当前，部分儿童存在"自然缺失症"[②]，这将削弱儿童的道德情操陶冶和美感教育[③④]。大自然是幼儿亲切的教师，幼儿在于自然的亲密互动中习得了热爱自然和关心自然的意识，萌发幼儿对自然的道德情感和亲社会行为。教师可以利用道德教育当地或者园内的自然环境资源，把幼儿道德教育与热爱自然、热爱科学和保护环境等科普知识、地域文化知识有机结合起来，为幼儿走进生活、自主进行资源探索提供丰富的实践机会。

（二）善于挖掘当地风土人情中的道德教育资源

研究表明，具有不同文化习俗的人事实上比那些处于类似关系（如邻居、朋友或其他）但属于相同文化群体的人更为"不同"[⑤]。地方特色的风土人情也是一种特色道德教育资源，全国各地的风土人情不尽相同，南部、中部和北部地区有共同的习俗文化，但是也有自身特色的风土文化。有的甚至传承了千百年，我们不能让这些优秀的民风民俗在新时代就此消失，而是应该将其保留下来，融入道德教育内容，开发特色的道德教育资源。当地现有资源融入幼儿道德教育的过程，体现了道德教育回归真实生活的理念，融入当地文化资源的特色内容，体现当地人文精神风貌，有助于幼儿对居住地或家乡产生认同感和归属感。

（三）依托革命传统发展道德教育资源

在当前的社会背景下，我国社会的主要矛盾已经转变，人民的物质生活极大丰富，大多数幼儿过着美好幸福的生活，很难感受到革命时期的艰辛，也体会不到幸福生活的来之不易。将地域革命传统和红色文化资源转化为道德教育资源，不仅是践行社会主义核心价值观的需要，更是幼儿终身发展的需要。

---

① 李一茗，黎坚，伍芳辉. 自然联结的概念、功能与促进[J]. 心理发展与教育，2018, 34 (1): 120-127.

② 周易. 12.4%孩子具有"自然缺失症"倾向[N]. 中国青年报，2013-05-16.

③ 汤广全. 儿童"自然缺失症"的危害及教育干预[J]. 当代青年研究，2017 (6): 116-122.

④ 范燕燕，章乐. 儿童的自然缺失症及其教育对策[J]. 教育科学研究，2018 (5): 67-71.

⑤ STABLES A. Multiculturalism and moral education: Individual positioning, dialogue and cultural practice[J]. Journal of Moral Education, 2005, 34 (2): 185-197.

2017年5月，中共中央办公厅、国务院办公厅印发了《国家"十三五"时期文化发展改革规划纲要》，明确指出应"发扬红色传统、传承红色基因，用好革命历史类纪念设施、遗址和各类爱国主义教育示范基地等红色文化资源"。可见，利用地域红色资源，充分挖掘源于生活、贴近生活的革命传统教育资源（如革命遗址），让幼儿获得更多的经验积累，通过各种形式的活动弘扬民族精神、增进爱国情感，提升了道德素养的育德效果。例如，浙江省湖州市长兴县槐坎就有着丰富的地域红色文化资源，长兴县煤山镇槐坎中心幼儿园创设了"红孩儿"特色课程，将地域红色文化资源融入幼儿园课程，继承红色传统，培养幼儿的家国情怀。[①]

三、寻找幼儿动态生成的道德教育资源

道德教育资源具有主体性，教师的一切工作都是围绕幼儿展开的，同样地，道德教育资源的开发和利用取得的效果也要通过幼儿来体现。所以，教师除了眼里有目标外，心里还要有幼儿，要"看见"儿童的实际需要，从幼儿的生活经验、发展水平和兴趣爱好入手，生成动态的道德教育资源。预成性的教育资源方便教师系统性地组织教育教学，生成性的道德教育资源锻炼了教师发现儿童的能力。

（一）运用幼儿生活经验

当前道德教育改革的方向是以终身道德教育理论为基础，倡导"品德发展回归生活"，将儿童道德发展与日常生活联系起来，以"真实的"日常生活事件作为活动素材。[②]道德源于生活并服务于生活，将幼儿的生活经验作为重要的道德教育资源。幼儿生活中发生过的冲突事件、出现的亲社会行为均是道德教育的鲜活资源，可以让幼儿在充分认识对与错的基础上学习提高认知判断能力，这可以使教育内容更加贴近幼儿的生活。幼儿的学习建立在生活经验上，熟悉的事物能激发幼儿积极地参与，也更能与幼儿产生共鸣。幼儿只有在亲身体验和实践之后，道德教育的效果才会更加明显，幼儿才能生成正确的思想和情感，

---

① 蔡文婕. 挖掘"红色"文化资源，培育幼儿家国情怀：以"红孩儿"特色课程为例[J]. 教学月刊小学版（综合），2021（3）：51-54.

② JIE L, DESHENG G. New directions in the moral education curriculum in Chinese primary schools[J]. Journal of Moral Education, 2004, 33（4）：495-510.

并落实在实际行动中。

（二）依托幼儿已有经验

根据认知建构理论，知识必须基于经验，新经验的获得必须建立在幼儿原有经验水平的基础上。幼儿的心理发展具有普遍性、差异性和不平衡性，教师应掌握幼儿现有经验水平，掌握幼儿道德发展和学习的最佳学习期限和最近发展区，因材施教，开展有针对性的道德教育教学。而且，幼儿道德的发展具有反复性、长期性及滞后性，呈现螺旋式发展结构，教师需要掌握幼儿心理发展逻辑，引导幼儿在已有经验中体验和吸收新的经验，实现情感和认知发展的平衡。

（三）结合幼儿需要和兴趣

需要和兴趣是幼儿个性结构中的动力因素，能激发幼儿学习动机，提升幼儿的坚持性和韧性。道德教育资源的选择要尊重幼儿的需要和兴趣，采取幼儿喜闻乐见的活动形式和学习材料，将兴趣融于幼儿道德教育中。研究幼儿的需要和兴趣，需要教师通过日常生活活动的细心观察，发现幼儿感兴趣的道德教育内容和幼儿喜欢的教学方式，有助于有效提升幼儿的学习兴趣，同时也有助于开发教师的道德教育智慧，从自己和幼儿的学习生活中挖掘并总结鲜活的道德教育资料。

四、整合幼儿园道德教育资源

（一）注重各领域道德教育的整合

幼儿园道德教育内容是幼儿园整体教育的一部分，不可能与其他内容完全割裂开来，应当将道德教育资源有机渗透、融入各个领域。幼儿是一个有机体，幼儿园教育应该让幼儿以整体的方式去感受这个世界，建立对世界的整体认知。因此，整合对幼儿园的教育非常重要。整合的意思是自然联系、自然延伸，而不是重复和机械拼凑，是补缺和扩展。以核心经验为基点，在此基础上选择合适的内容和资源，不能以学定教，整合的前提是教师熟知幼儿的个性发展，并对幼儿各领域发展的关键经验有敏感性。

（二）重视内隐性道德教育资源的开发与利用

一事一物皆教育。除了显性的道德教育资源外，隐性的道德教育资源在无形中也发挥着重要作用，不可小觑。内隐性道德教育资源是指发挥着育德功能的物质环境和精神环境，尤其是具有感染性的情感性因素。

幼儿园的物质环境是儿童活动的场所，也是进行教育教学活动的必要基础，包括室内环境和室外环境，要发挥幼儿园的物质环境"润物细无声"的育德功能。教育环境的重要性变得越来越明显，物理环境的质量通过影响幼儿行为、认知和情感与幼儿早期的一些发展结果相关联。[①]马拉古齐（瑞吉欧创始人）将环境定义为"第三位教师"，空间的组织和特征发挥着教育意义；意大利建筑师马里奥·博塔（Mario Botta）将学校建筑定义为"第一个教学行为"。他们都强调了教育环境在物理维度的重要性，认为物理环境会促进或阻碍潜在的行动，环境引导幼儿的经验内化并表征着心理氛围。

整洁、优美、有爱的幼儿园环境能陶冶幼儿的道德情操，激发他们积极向上的精神。同时，注重幼儿在创设环境时的参与性，不仅能够提高他们的动手操作能力，又有助于培养幼儿的集体情感和协作意识。此外，凝聚了幼儿智慧和情感的作品，幼儿更容易接受，会更加爱惜，能够萌发幼儿对班级、对幼儿园的归属感。幼儿的价值取向受益于其所处的物质文化环境及其承载的精神文化氛围。物质文化设施和玩具材料承载着背后的精神价值。例如，幼儿园文化环境创设体现出不同国家地区以及不同幼儿园的文化习俗和面貌，各具特色的文化环境风格，这后面都是文化传统、民俗风情、思想习惯、生活方式以及幼儿园的办园理念的象征[②]，而且这些也正是进行包容、尊重、家国意识等道德教育内容的内外依托。

精神文化环境对幼儿思想品德等多方面的发展发挥着潜移默化的作用，这也是一种重要的潜在资源，经常被教师忽视。幼儿园精神环境是指幼儿园隐形的心理氛围，它的范围比较广，包括教师和幼儿之间的精神状态、情绪的一切因素，具体来说就是幼儿园长期以来形成的幼儿园文化、人际关系和心理状态等，精神环境对幼儿的影响是潜移默化的，直接或间接影响幼儿的认知、自我意识和社会性等方面。[③]教师与幼儿之间的关系、教师与教师之间的关系、幼

① EVANS G W. Child development and the physical environment[J]. Annual Review of Psychology, 2006, 57
（1）: 423-451.

② 李群. 试论幼儿园德育环境之创设[J]. 现代教育论丛, 2001（2）: 48-52.

③ 张雪. 幼儿园精神环境对幼儿心理发展的影响[J]. 幼儿教育, 2004（23）: 8-9.

儿与幼儿之间的关系、幼儿园与家庭之间的关系都是潜在的教育资源，开发精神环境道德教育资源非一日之功，需要幼儿园与家庭、幼儿园与社区建立良好的联系，让幼儿在良性的关系环境（如师生关系、同伴关系等）中，建立积极乐观的生活态度、学习态度，以及学会如何与人友好相处、处理人际冲突问题等。此外，"对话"愈发受到重视，师生间的对话是生成道德教育资源的一种载体，对话融合了主体双方的价值观和道德观[①]。

教育（包括道德教育）环境包括物质、心理和社会三个层面，这三者是相互交织、相互依存的。[②]例如，一些研究者观察到，书写材料的存在（物理层面）与儿童的识字发展（心理层面）有积极和显著的联系，但只有在教育者提供鼓励和支持（社会层面）的情况下才会显现出来。[③]因此，幼儿道德教育的过程中，将物质环境中内隐的道德价值同幼儿园和班级的心理氛围、社会层面的师幼互动等有机联系起来。

五、园内外道德教育资源的整合共建

在"生活即教育""教育即生活"等理念背景下，幼儿园的学习生活和幼儿的家庭生活、社会生活没有鸿沟，应该是互动、渗透的。幼儿在与不同的人、不同的环境中，可以了解到各种各样的人的想法和生活方式。在脑科学、生态学的视角下，我们应该重视幼儿的多样化生活环境，认识到幼儿需要丰富的环境刺激来促进其大脑发育，丰富内部神经网络之间的联系，推动其"道德脑"的成熟。生态系统理论提出，人类发展受到家庭、学校和社区等关键性因素的相互作用，证明了儿童发展是如何被支持和嵌入环境结构中，从直接的微观系统，到间接的宏观系统。该理论模型直观体现了个体在发展过程中并非一个孤岛，个人是以特定方式积极地与特定环境的特定特征相关联的特定的人，并且把个人作为道德教育的核心焦点转向一种被定义为生态中的个人的观点[④]，个体能动地与周围的各阶层环境相互依赖、相互依存、相互作用，从而个体获得了发展。

因而，幼儿园道德教育资源的开发需要与家庭、与社区建立紧密的合作关

① 陈娜. 马丁·布伯对话哲学思想关照下的德育课程资源开发[J]. 教育研究与实验, 2016（3）: 44-47.

② GIFFORD R. Environmental psychology matters[J]. Annual Review of Psychology, 2014, 65（1）: 541-579.

③ MASHBURN A J. Quality of social and physical environments in preschools and children's development of academic, language, and literacy skills[J]. Applied Developmental Science, 2008, 12（3）: 113-127.

④ YANG C. Moral education in mainland China today: A bio-ecological systems analysis[J]. Journal of Moral Education, 2021, 50（4）: 529-543.

系，让幼儿在"三位一体"的互动系统中学习和生活，在多样化的环境中产生的道德观念是互动的、开放的、生活的，这恰恰是幼儿学会做人、学会做事、学会共同生活的基本空间。因此，幼儿园道德教育实施需要开发和挖掘幼儿的生活环境，整合园内外教育资源，建构道德教育资源的社会系统，引导幼儿走进广阔的生活，在生活中发展，在发展中生活，让道德教育真正回归生活。

第四节 生活化的道德教育过程

生活是人的一种生存状态，也是人生存的背景和空间，幼儿的生活是教育的背景，幼儿园是他们生活的场所，幼儿道德教育自然离不开他们的生活。幼儿道德教育在于培养有道德的儿童，让幼儿过有道德的生活，而不是灌输道德条例。幼儿教育不是学科化的教育，幼儿是完整的人，幼儿教育应该是整合的生活教育，其道德教育也应该生活化。可以"把道德教育和生活密切联系起来，让道德教育从生活出发，通过过有道德的生活，形成幼儿的德性品质，改造和提升人的生活质量"，从而实现道德教育的生活化和生活的道德化。[①]道德教育弥漫在儿童的所有生活中，让儿童生活中的所有人都成为教育者，道德教育无处不在，无时不在。

道德教育渗透于幼儿日常生活的方方面面，幼儿通过生活实践内化社会性和道德的知识。在道德教育具体实施上，由专门化道德教育教学向体验式生活道德教育教学发展强调道德教育贯穿幼儿的日常生活、学习生活及游戏生活活动中，让幼儿在活动中建构道德经验。幼儿的社会学习也几乎都是在生活中进行和实现的。例如：幼儿园常规（如排队、轮流等）培养的目的在于形成幼儿基本的行为规范意识和习惯，有助于其责任感和独立性的初步发展；锻炼幼儿自我服务的能力，其实也是为幼儿服务他人和集体奠定基础；等等。另外，在幼儿的学习生活中，运用不同的学习形式（如集体学习和小组学习的形式）和学习情境（区角情境设置），更有利于培养幼儿的合作精神和集体意识，这两种学习形式为幼儿提供了更多的合作互动机会。道德是在生活中自然孕育和生长的，

---

① 冯建军. 让儿童过有道德的生活 [J]. 学前教育研究，2004（11）：25-26.

通过在生活中实践方可获得。^①

道德教育的组织形式和途径应更加多样化，主题式实施方式也是有效的道德教育实施方式。主题教学活动与幼儿的生活是息息相关的，活动主题往往源自幼儿生活，例如，一系列的节日主题、环境主题、节气主题、民俗文化主题等活动。道德教育是幼儿园教育的重要组成部分，采用传统的灌输、说教方法进行教育，往往会使幼儿对道德知识一知半解，难以内化从而建构自身的道德教育知识结构。因此，本节将结合案例阐述如何实施幼儿道德教育，以支持幼儿将必要的道德知识内化于心，并获得丰富的道德情感体验，实现道德教育行为转化。

一、一日生活中的幼儿道德教育

幼儿作为幼儿园生活的主体，幼儿园教育活动整合的基础就是幼儿的生活。而且，接受教育本身就是生活的一部分，教育即生活，生活是一个人成长的过程。幼儿园教育强调生活性，幼儿的发展特点和独特性决定了幼儿园教育应贯彻生活性原则，幼儿园道德教育内容、实施路径以及组织形式等也都应体现生活性的特点。陶行知提倡"生活即教育""社会即学校""教学做合一"，这体现了生活教育的核心，即学习源于生活并回归于生活^②。

日常生活是促进幼儿身心发展的关键经验和环节，生活中熟悉的人和事物能吸引幼儿进入学习情境，生活融入学习是幼儿教育的必然选择和发展趋势，生活是幼儿学习的重要内容与契机。道德教育教学融入生活，将身边的人、物、材料、情境等贯穿道德教育教学整个活动过程，以生活中的情景为活动背景，熟悉的事物能激发幼儿的学习兴趣，并让幼儿产生更好的情感体验。

幼儿园教育寓于一日生活中，幼儿的一日生活包括饮食、睡眠、盥洗、如厕、穿脱衣物、游戏、户外活动、整理玩具等，占据了幼儿在幼儿园生活的大部分时间。^{③④}幼儿园道德教育具有渗透性，可以在一日生活的不同环节渗透相应的道德教育内容，例如在入园环节进行礼仪教育，依托幼儿的一日生活开展道德教

① 鲁洁. 生活·道德·道德教育[J]. 中国德育，2007(1): 95.
② 华中师范学院研究所. 陶行知全集(第3卷)[M]. 长沙：湖南教育出版社，1984: 623-806.
③ 伍友艳，尧新瑜. 生活视域中的幼儿道德教育策略[J]. 现代教育科学，2011(10): 68-70.
④ 虞永平. 幼儿园课程与生活[J]. 早期教育，2000(1): 6-7.

育,让幼儿在生活中学习、在生活中发展。[①]

(一)在游戏活动中渗透道德教育

美国著名心理学家布鲁纳认为,兴趣是最好的学习动力[②],而游戏是激发儿童学习兴趣最重要的方式。学前阶段的学习不同于其他年龄阶段,受身心发展和神经发育的影响,学龄前儿童以具体形象思维为主,幼儿的专注度较低、坚持性较差[③],通过说教的方式进行幼儿道德教育难以有成效,要采取幼儿喜欢的、容易接受的游戏方式。游戏是幼儿最重要的学习方式,幼儿主要是在游戏中学习和发展的。同时,游戏是一种重要的道德教育资源,是一种教育途径,是幼儿初识道德的有效途径。[④]

游戏是幼儿体验和对话社会生活的方式,为幼儿道德智慧的发展提供了源泉[⑤],对幼儿的道德认知、道德情感和道德行为发展具有独特的价值。首先,游戏具有娱乐性和趣味性,寓道德教育内容于游戏中,可以将抽象的道德知识变得具象化,从而最大化激发幼儿道德学习的内在兴趣,同时游戏是一种尊重幼儿主体性的道德启蒙方式,能够唤起幼儿的主观能动性,深化幼儿的道德认知和情感体验。其次,游戏具有社会性,幼儿的道德情感来源于其日常生活体验,幼儿在游戏中通过与家人、同伴、教师等不同主体进行社会互动,在与他人共同游戏的过程中发展集体主义精神,从而助力幼儿萌发初步的亲社会道德情感,唤醒幼儿对真善美的追求。最后,游戏具有规则性,游戏参与者的规则意识是保证游戏顺利进行的必要条件,幼儿通过游戏自主发展出符合道德准则和规范的行为习惯,最终提升幼儿的道德实践行动能力。

● 案例6-1

一次,在"抢椅子"游戏活动中,教师设想通过在没有告知幼儿游戏规则的情况下,让幼儿自己探索游戏的玩法,看在游戏中是否会引起冲突,然后在第一轮游戏结束后,引发幼儿的思考:游戏是否需要规则,需要怎样的规则?因此,幼儿重新发起了第二轮"抢椅子"游戏,在这一轮游戏中,幼儿熟知了游戏规则,游戏得以顺利进行,幼儿也在游戏中体验与感知到了游戏的乐趣与规则的意义。

---

① 刘丽,苏婧. 增强幼儿园德育实效性的思考[J]. 早期教育,2022(Z4):62-66.

② 杰罗姆·布鲁纳. 教育过程[M]. 上海师范大学外国教育研究室,译. 上海:上海人民出版社,1973.

③ 申欣悦,张莉. 幼儿的学习风格与促进策略[J]. 教育导刊(下半月),2021(11):35-40.

④ 和平,杨淑萍. 游戏:一种亟待重拾的德育资源[J]. 中国教育学刊,2017(9):98-102.

⑤ 杨淑萍,和平. 让游戏成为儿童道德成长的常规力量[J]. 教育理论与实践,2017,37(31):49-52.

● 案例6-2

在"运珠子"的游戏中，教师提供给幼儿一个PVC管，将五六个幼儿分为一组，尝试将珠子从一端运送至另一端桌面上的小篮筐中。游戏进行了两次，第一次游戏以失败告终，珠子在中途掉到了地上。教师与幼儿进行讨论，教师问幼儿："请问刚刚的游戏中是因为什么原因导致你们没有挑战成功呢？"有的幼儿说："因为刚刚大家的管道抖动裂开了，所以珠子就掉下去了。"还有的幼儿回答："有一个小朋友不知道我们的办法是什么，导致了中段没有人去接上，伙伴之间没有沟通好。"经过幼儿的一番讨论后，他们开始进行第二次运送珠子，这一次他们团结一致，最终成功了，幼儿欢呼了起来。通过这个运珠子的游戏，不仅让幼儿体验到游戏的乐趣，同时让幼儿体验到小组合作的重要性，也让幼儿掌握了一些与他人沟通合作的技能和方法。

游戏精神与道德教育实质是统一的，游戏是儿童道德教育的基本方式。幼儿道德教育在某种程度上从属于社会教育领域，学前阶段就是一个游戏期，幼儿大部分社会性的发展是通过游戏达成的[①]，游戏能促进幼儿社会性和道德的发展。但是，在儿童道德教育实践中，游戏却被冷落或被异化，严重削减了儿童道德教育的实效。幼儿的心理功能发展不完善，应当让幼儿在耳濡目染中接受道德教育启蒙，游戏自身具有的教育性和趣味性，使其成为幼儿健全人格教育的最佳载体，有效利用游戏，启迪幼儿的道德智慧，让游戏成为儿童道德成长的常规力量。幼儿教师要针对幼儿的年龄特点，设计具有道德教育意蕴的游戏活动，让幼儿在游戏中得到情感熏陶和道德体验。

（二）在生活活动、劳动活动中渗透道德教育

将道德教育与幼儿的生活活动、劳动活动相衔接，是道德教育的重要形式，幼儿园的教育要将幼儿的学习与生活统一起来，注重道德教育的随机性和渗透性。生活活动虽然非常琐碎，却是幼儿品性行为习惯养成极其重要的一环，渗透了多种道德教育的契机，将幼儿的生活、卫生习惯等培养放在生活活动和劳动活动中。

2020年3月，中共中央、国务院印发《关于全面加强新时代大中小学劳动

---

① 佛罗斯特，沃瑟姆，赖费尔.游戏与儿童发展[M].唐晓娟，张胤，史明洁，译.北京：机械工业出版社，2015：131.

教育的意见》，强调"坚持立德树人，把劳动教育纳入人才培养全过程"。①狭义的劳动教育专指以思想政治品德教育为目的的劳动教育，是道德教育的内容之一；劳动教育还有"为了劳动的教育"这一重含义，包括爱劳动（道德教育范畴）和会劳动（技术范畴）②。因此，劳动活动本身具有树德的价值，在各种劳动实践活动中感受劳动的快乐、体验劳动者的辛勤及感恩劳动者等，一方面提升幼儿的劳动技能，另一方面促进幼儿的人际交往、合作互助、学会感恩、爱劳动等。

教师可以将常规性的道德教育内容渗透到幼儿生活活动的各个环节，例如，培养幼儿饭前要洗手、饭后漱口和不挖鼻孔及耳朵的卫生习惯；养成不浪费粮食的好习惯（行为习惯教育）；积极主动参与体育活动的运动习惯；入园、离园时，注重礼貌用语的运用（礼仪教育）；在接水、盥洗时知道要排队（规则教育）；在执行生活制度的过程中，逐步形成遵守纪律、自律、爱惜公物等品德和行为习惯；等等。在幼儿一日生活中进行常规行为习惯培养十分重要，让幼儿从小事做起，在一点一滴的生活实践中养成健康的生活与卫生习惯，而不仅仅是停留于表面的认知上。

● 案例6-3

在"我是值日生"活动中，幼儿每天到园后，会选择自己的劳动内容，包括扫地、擦桌子、浇花等，然后在自己所选的地方夹上夹子做标记。在午餐时刻前，教师让幼儿进行摆餐具、端饭等劳动，每个不同的餐前劳动以不同的颜色表示，并且对应有值日牌，值日生会戴上值日牌进行劳动。幼儿教师每天评选"今日劳动小达人"，并奖励小贴纸，如在一周内拿到最少四张小贴纸，可获得"本周劳动小明星"，并张贴在幼儿园的橱窗内。通过值日生活动，幼儿获得了成就感、满足感，并锻炼了服务他人的意识。

在"全园劳动日"活动中，整个幼儿园小、中、大班会进行一上午的劳动，幼儿会从家中带上小桶、抹布等来幼儿园劳动，教师会根据不同班级幼儿的年龄设置合适的劳动内容，如小班擦桌子和椅子；中班除了擦桌子还会有擦区域柜等劳动；对于大班的幼儿要求会更高，包括如何擦、怎样分工、遇到问题如何解决。不同年龄阶段的孩子在劳动活动中感受到了劳动的快乐，以及在和同伴

① 教育部关于印发《大中小学劳动教育指导纲要（试行）》的通知[EB/OL].（2022-07-23）[2022-08-15]. http://www. moe. gov. cn/srcsite/A26/jcj_kcjcgh/202007/t20200715_472808. html.
② 孙振东，康晓卿. 论"劳动教育"的三重含义[J]. 社会科学战线，2021（1）：230-238.

一起分工劳动时，锻炼了他们的合作精神。

● 案例6-4

在劳动的过程中，有一个小组的幼儿因为听了教师说要用水擦。因此，他们在不知情的情况下，将水彩笔都放到了装满水的水桶里，以为这样就会干净了。当教师发现幼儿的行为时，并未责骂幼儿，而是提醒幼儿看看水桶里水彩笔的颜色都融到水里了，并让幼儿拿出来看看还能不能写。这时，幼儿才知道水彩笔是不能够这样放到水中的，我们只需要把水彩笔外面的颜色擦掉就可以了。教师也借此机会向幼儿介绍不同物品的擦拭方式。在劳动实践的过程中，幼儿不仅掌握了新的劳动知识，而且知道了做错了就要改正。

● 案例6-5

有一天，幼儿园来了社区中宣传垃圾分类的工作人员，叔叔阿姨热情地为小朋友讲解了为什么要进行垃圾分类及垃圾分类的方法，带小朋友认识了不同种类的垃圾和垃圾桶的标志，小朋友们都兴致勃勃。后来，工作人员在向小朋友介绍完了之后，便跟小朋友道别，说自己要去别的地方宣传了。突然，有一个小朋友对教师说："老师，我想要写封信感谢刚才的叔叔阿姨，他们太辛苦了……"处于五岁年龄阶段的幼儿对于阅读及书写已经有了一定的经验，教师在听到小朋友无意中的一句话后，在脑海中思考应该如何组织，从让小朋友写信到组织幼儿离开幼儿园到邮局寄信，如何保证幼儿的安全，如何使园长批准这项活动。经过教师的策划与组织，最终全班的小朋友带着自己写的信来到了邮局，寄出了心爱的信，小朋友在垃圾分类的活动中学会了要感恩为我们服务的人。

● 案例6-6

教师组织幼儿共同协商制定班级规则，并用绘画的方式表征。教师为了更好地组织本次活动，将幼儿平时在班级一些不文明的行为以图片和视频的方式记录下来，以便幼儿能够通过这些照片和视频有针对性地提出要求，并为幼儿准备若干白纸和蜡笔、剪刀，以便幼儿能够通过自己绘画剪切等方式制作自己班级的公约。在制作过程中，教师问：幼儿活动室哪些地方更要保持整洁，小朋友怎样做才能保持整洁？幼儿逐条把公约画下来。接着，教师帮助各组将制定的班级公约张贴到KT板上，如有与第一组内容重复的就画掉，不一样的就保留，再与幼儿进行协商，最终形成班级公约。在最后的环节，教师与班级幼儿承诺：我是中二班的小朋友，我要自觉遵守班级公约……渐渐地，小朋友们逐渐养成早上来到幼儿园时与他人说"你好"、爱护桌子和椅子、珍惜饭菜、讲文明、遵守秩序等好习惯。

（三）在节日、习俗活动中渗透道德教育

节日和习俗是人类文化的组成部分，中华传统节日是中华民族的重要文化遗产，也是德育教育的重要资源。中国历史文化源远流长，历史（纪念的重要人物、事件和礼仪）也渗透到了节日、习俗中，儒家思想也渗透进入了节日、习俗中。[①]节日本身就是对文化的传承，在保存下来的节日、习俗文化中，渗透着中华民族的伦理道德和价值观念，中华民族的传统节日大多蕴含着"和谐自然、呼唤人情、关怀生命和向往美好"等文化内涵。[②]在庆祝节日的活动中，让幼儿了解其背后的故事、习俗和礼仪，在庆祝节日的热闹氛围中，获得丰富的感知经验，从中感受生活的快乐。中国的传统节日注重人际关系，其包含很多社会规范、人际礼仪，这些成了我们人格中的一部分。在节日、习俗活动中，幼儿了解历史人物和事件萌发了道德信念，在角色扮演活动中学习了基本礼仪规范，在比赛活动中培养了团结精神。幼儿园开展传统节日和习俗教育，本质上是对中华优秀传统文化的传承和弘扬，同时也对培养儿童的道德品质、增加儿童文化自信具有举足轻重的作用（见表6-1）。

表6-1 无为市无城幼儿园园本节日一览表

节日名称	设立依据	时间	活动内容
种植节	季节特征	3月	在家委会及教师指导下开展种植、观察、记录等活动
阅读节	世界读书日	4月	读书漂流、亲子阅读、讲故事、亲子诵读、亲子情景剧表演
劳动节	五一劳动节	5月	舞蹈、歌唱、舞台剧、体操、时装秀等各种形式的内容和艺术表演
合唱节	六一儿童节 感恩毕业季	6月	以班级、年级为单位，合唱积极向上的歌曲
义卖节	九九重阳节	9月	发布招募令，募集义卖物品，班级策划义卖方案，在家委会协助下将义卖所得用于慰问老人、看望孤寡老人
丰收节	季节特征，感受丰收的快乐和美好	10月	秋游、小农场采摘等

---

① 庞丽娟.文化传承与幼儿教育[M].杭州：浙江教育出版社，2005：37-42.

② 萧放.传统节日：一宗重大的民族文化遗产[J].北京师范大学学报（社会科学版），2005（5）：50-56.

续表

节日名称	设立依据	时间	活动内容
健康节	冬季晨跑、冬季运动会	12月	晨跑，冬季亲子运动会，集团早操大赛

资料来源：万迎春. 依托节日资源构建园本道德教育课程[J]. 家教世界·现代幼教，2021（5）：41-42.

二、主题式幼儿道德教育

幼儿园最常采用的教育活动方式之一，便是主题活动。幼儿园道德教育通常通过劳动活动、游戏活动、生活活动、环境陶冶及家园共育实施，以上多数方法以随机教育为主，专门化教育缺乏。因此，往往会忽略育德目标，成效甚微。为了解决生活化道德教育实施中的问题及探究有效可行的实施方法，利用主题教育可以提升幼儿道德教育实施的有效性。主题教育是一种教师和幼儿共同建构、生成的一系列有机联系的活动，源自幼儿的生活和兴趣。[①]在进行道德教育时，可以从活动主题确定、目标设计及内容创新方面来阐述如何系统化地实施道德教育，制订主题实施计划和方案。

（一）主题源自生活

道德教育主题通常源自幼儿的生活经验，也具有生成性和探究性。幼儿园主题式道德教育是指围绕道德的某一中心话题组织建构各种活动，在主题道德教育实践中，幼儿通过对道德教育主题涉及的现象、事件和问题等进行自主探究来发展新的经验。[②]主题道德教育方式克服了以往分领域教学造成幼儿碎片化学习的状况，采用一个主题融合贯穿各领域活动，帮助幼儿集中性地把日常生活中获得的零散经验转变为结构化和系统化的信息和经验。主题式的道德教育既有预成性的，也有生成性的。教师既可以根据幼儿实际情况提前确定主题活动，也可以在实施的过程中，根据幼儿的实际变化或新发现的问题生成性地活动。因此，从某种角度来说，主题式道德教育与一日生活中的道德教育是相辅相成的，幼儿的生活往往是主题的来源，也是巩固主题学习内容的重要途径。

---

① 王妤芳，席玲玲. 主题学习活动中幼儿教师教育行为现状及影响因素的研究[J]. 上海教育科研，2019（10）：66-70.

② 虞永平. 论幼儿园课程中的主题[J]. 学前教育研究，2002（6）：13-15.

（二）利用主题性游戏活动

游戏对儿童道德社会性的发展非常重要，游戏往往是幼儿践行认知、表达情绪情感的重要方式。但是，在现实幼儿园学习活动中，教师将游戏与学习作为两个独立的客体存在。正如王振宇指出的，幼儿园往往将游戏（自由活动）和领域学习（课程）内容作为单独的实体，游戏就是在特定场所、特定时间进行的自主活动，而课程教学则只能通过集体教学的主题活动来完成[①]，自主游戏成为幼儿无目的的行为，幼儿无法通过游戏有序地建构自身的关键经验。

主题游戏是指根据某个主题设计并组织的游戏活动，具有丰富的教育价值和娱乐性质，符合幼儿的学习特点。主题活动游戏化与将主题融入幼儿的各种游戏活动中，体现了游戏化学习和学习游戏化的观念。一方面实现了游戏与教育一体化，有助于改进幼儿园道德教育效果；另一方面为幼儿的游戏提供了教育主题支撑，保证幼儿在游戏活动中更好地学习和成长。

主题游戏活动凸显游戏属性，但又具有一定的结构性，并不是突发奇想的随意活动，而是具有系统性教育意义的内在联系的系列活动，须注重教育活动中的游戏情境创设，利用游戏因素来设计道德教育活动，使非游戏活动具有游戏性。例如，教师可以通过游戏性的语言和假想的方式组织活动，鼓励和支持幼儿在活动中探索和发现，在活动中满足幼儿的社会性情感体验，帮助幼儿主动建构关键道德经验。此外，也可以将道德教育主题内容融入幼儿园的室内区域活动、体育游戏活动或户外游戏活动等过程中，作为系统性道德教育活动的延伸。

道德教育寓于一日生活已经成为共识，但是其渗透性和生活性的性质本身也就决定了其地位。在幼儿园的五大领域中，社会领域往往处于边缘位置，这让人看不到社会教育，甚至淡忘了道德教育。主题式幼儿道德教育的形式有助于改善这种现状，让幼儿社会教育重回大众视野。

三、创设支持道德教育实施的环境

（一）道德教育主题背景下的活动环境

因为游戏是学前儿童社会性发展的重要组成部分，所以幼儿园环境在社会

---

① 谷理. 王振宇：实现游戏课程化，把握学习生长点[J]. 教育家，2020（35）：32-35.

性发展和社会科学中扮演着重要角色。环境是幼儿园教育不可或缺的组成部分，幼儿园整体和班级环境是支持幼儿学习与发展的重要物质条件。环境是一种无声的教育，应创设具有道德教育性质的物质环境。例如，在幼儿园整体环境的布置层面上，可以利用祖国大好山河、重大传统节日、非物质文化遗产、现代科技产品等进行主题装饰，创设凸显优秀传统文化或蕴含科技元素的公共环境；在班级层面上，可以结合道德教育相关主题活动与幼儿一起设计系列主题背景墙，用幼儿的作品装饰墙面和区域。物质环境的创设能巩固幼儿的道德认知，激发幼儿对班级、幼儿园及家乡和祖国的归属感等。

幼儿是在实践中学习的，应为幼儿投放适宜种类和数量的游戏材料，满足幼儿动手体验和合作交往的需要，让幼儿在动手体验的过程中发展感官功能和情感交流，让幼儿在操作过程中更好地深化道德认知和情感体验。在同伴合作类的操作活动中，幼儿能开展更多的交流、合作、讨论和协商等交往活动，不同种类的活动材料还会引发幼儿创造性的行为表现。因此，道德教育游戏化要为幼儿提供丰富的、具有操作性的材料，或者将道德教育主题内容转化为符合年龄特点的、趣味性的、可操作的、开放性的材料，引导幼儿使用丰富的、可供选择的材料进行自主建构，根据幼儿对原有材料的熟悉和使用及主题的过渡更换及时进行调整，促进幼儿将道德教育主题内容"内化于心、外化于行"。

（二）营造平等、友爱、宽松、和谐的环境氛围

道德教育不仅是关于品德的教育，也是一种"爱"的情感教育，因为不触及和开发人的情感资源，很难有真正的道德教育。[1]根据生态系统理论，幼儿园或班级（环境氛围）也是幼儿发展的微系统[2]，幼儿园和班级环境氛围具有独特的心理效应，带给班级中的幼儿某种潜在的心理气息，影响幼儿认知、情感和行为方面的表现。因此，幼儿园要重视班级心理文化的建设。宽松、温暖的心理环境氛围是亲密师幼关系和平等互助的同伴关系形成的基础，反过来又能促进幼儿个性心理（如兴趣、动机、能力、性格甚至人格）的良性发展。[3]一项研究表明积极的人际关系（与老师和同龄人）预示着幼儿在情感知识（识别、认同）方面的进步，并验证了以情感知识增长为中介的人际关系促进幼儿发展成就的

① 刘慧. 关注人的心灵成长：我的导师朱小蔓先生的情感教育思想及其毕生追求[J]. 中国德育, 2018, 227（11）：77-80.

② 李明蔚, 毛亚庆, 李亚芬. 影响学生社会情感能力的个体与班级因素分析[J]. 当代教育科学, 2021（12）：80-88.

③ 马虹, 李峰, 等. 幼儿园成长期教师关键能力必修课[M]. 北京：首都师范大学出版社, 2021：52.

模型。①幼儿园是幼儿和教师共同生活的空间,在耳濡目染和环境熏陶下,和谐的人际关系是抑制焦虑、抑郁等心理问题的保障,是幼儿学习品质和问题解决能力发展的心理前提,是幼儿获得安全感、归属感和认同感的外部支持,自我基本情感需求得到满足后方能爱他人、爱他物,为集体做贡献。

关心爱护幼儿是幼儿教师最基本的职业要求,教师应尊重和爱护每一名幼儿,教师对幼儿的行为和态度是建立亲密、信任师幼关系的前提,也是幼儿认同并接纳教师传递道德教育知识和规范的基础。此外,同伴是幼儿社会化的重要载体,同伴之间的互帮互助、分享合作等经验,有助于幼儿形成积极向上的生活态度,教师也可以借助同伴之间的冲突进行正确引导,教给幼儿适宜的同伴交往技能,还可以通过设置私密角、好朋友角等支持幼儿的同伴交往。模仿、体验和观察学习是幼儿社会学习的特点,作为幼儿的榜样,教师应以身作则,与幼儿园其他教师友好相处,为幼儿提供人际交往的典范。因此,幼儿园整体的人际氛围是幼儿社会能力发展的心理保障,要为幼儿营造平等、友爱、舒适、温暖的生活环境氛围。

四、幼儿园道德教育的实施原则

(一)热爱幼儿与严格要求幼儿相结合

热爱幼儿是幼儿教育中一般的教育原则,要让幼儿学会爱他人、爱集体、爱家乡、爱祖国,首先要让幼儿感受到爱。爱作为教育的根本力量②,爱使幼儿感到安全和满足,在道德教育的过程中,热爱幼儿具有更大的作用。幼儿"爱"的情感的产生源自父母对他们的爱和早期形成的依恋,进入幼儿园之后,他们将这种情感转移到教师身上,追求教师的爱。一个享受成年人正确和理智的爱的孩子,更加积极向上,也更加容易接受教育。真正爱孩子的表现就是尊重孩子,尊重孩子的情感、兴趣、爱好,平等地对待孩子,有利于保护和培养孩子的自尊心、自信心。严慈相济是教育孩子的重要原则,尊重孩子不代表要满足他们的一切要求,应该严格要求孩子,让孩子学会遵守规则,养成良好的行为习惯。

---

① TORRES M M, DOMITROVICH C E, BIERMAN K L. Preschool interpersonal relationships predict kindergarten achievement: Mediated by gains in emotion knowledge[J]. Journal of Applied Developmental Psychology, 2015, 39: 44-52.
② 卡尔·雅思贝尔斯. 什么是教育[M]. 童可依, 译. 北京: 生活·读书·新知三联书店, 2021: 93.

在幼儿道德教育过程中，热爱幼儿、尊重幼儿和严格要求幼儿要相结合，不能片面地要求某个方面，才能促进儿童的道德发展。

（二）坚持正面教育与关怀教育相结合

幼儿道德知识经验缺乏，移情和观点采择发展水平较低，自我中心主义较强，其道德认识往往是基于自己的直接经验或与具体事物相联系，理解较为片面。在教育过程中，首先，要坚持正面教育，对幼儿进行正面引导，提高幼儿的道德认识。其次，通过榜样、范例等正面的生动形象，鼓励幼儿，引导幼儿积极向上。最后，注重幼儿的道德情感体验，给予幼儿适当关怀。一是培养幼儿积极的道德情感，如骄傲、自豪、认同等；二是改善幼儿在做出不适当行为后，产生的消极道德情绪，如羞愧、内疚等，幼儿的情绪自我调节能力较差，如果未能得到疏导，容易产生内化问题，导致幼儿不自信、自卑等不良反应。

（三）教育影响的一贯性和一致性

由于幼儿的坚持性和稳定性较差，且可塑性强，在道德教育的过程中，幼儿的认识和行为容易受到外界环境影响，道德发展不稳定，所以要注重道德教育教学的一贯性。幼儿的道德形成和发展是一个长期的过程，需要循序渐进培养，坚持要求，贯彻始终。另外，在幼儿道德教育过程中，多种力量影响着幼儿的道德发展，幼儿园、家庭和社会对幼儿的道德教育影响应该保持一致性。如果各方针对幼儿的道德教育的要求不一致，就会出现抵消教育作用，造成幼儿思想混乱、行为具有两面性，甚至双向人格等。

（四）注重个别道德教育

为了教育实施结构化和系统化，幼儿园教育活动的设计和实施一般是面向全体幼儿的，其内容具有普遍适用性，并且实施方式以集体道德教育活动为主。因此，出现了忽视个别道德教育的问题。当代幼儿处于多样化、科技化的时代背景下，幼儿个性较为突出，个别差异性更大，其身体素质、性格、行为习惯和接受能力等不同，道德教育的重点也应该不同。我们的教育不是将幼儿培养成全部一样的流水线产品，而是在传授普遍道德知识的同时，注重结合幼儿的个性差异，从每个幼儿的实际出发，提出针对性、个性化的要求，向着共同的目标前进。

（五）尊重幼儿道德学习的主体性

道德启蒙教育是成年人和儿童的协同互动，是在成年人引导和帮助下，儿童主动内化道德准则和实践行为规范的过程。[①] 道德教育的对象必须是自觉的主体，具有主体意识是进行思想道德教育的能力前提，学前儿童虽处于人生的初始阶段，但已经具备了一定的主体性意识。根据进化人类学的观点，道德意识潜能被认为是人的自然天赋，人的生物性中就包含着合作和道德倾向，人具有原始的与人联系的迫切渴望，道德意识是人社会性本能的有机组成部分。因此，教师在进行道德教育时，要注重通过社会实践活动唤醒幼儿内在的原始道德意识，即时让具有生物学意义的道德种子萌芽，生长为具有社会属性的德性之树。

（六）循序渐进，尊重儿童发展规律

人的成长过程是一个复杂而漫长的持续性过程，贯穿人的生命始终。幼儿道德启蒙教育作为教人做人的学问，是一项复杂的系统育人工程，必须遵循儿童的发展规律，摒弃道德思想和观念的功利化心态，切忌揠苗助长式地期盼幼儿道德快速成长，以防儿童因无法完成道德任务但为逃避惩罚或讨得师长的欢心，养成撒谎、欺瞒和伪善等不良品性习惯，从而为个体健全人格的塑造埋下隐患。急功近利的做法不仅不能促进儿童发展，还会导致或助长儿童的不良品德行为，更严重的是，将个体从小就圈定在功利的生活中，把儿童引向一切为个人主义的、物质的、现实的功利道路，带来的消极影响与危害不可小觑。

---

① 冯永刚. 儿童道德启蒙教育的宜与忌[J]. 思想理论教育，2013（22）：37-40.

后　记

　　毫无疑问，儿童既需要道德学习，也需要道德教育。其实，人一直处于未完全成熟状态，无论是儿童期还是成人期，都总是处于一种进化和发展的形态。婴儿具有道德天性，但是其未完成性决定了他们必须依赖后天学习道德，才能成为完整的人。儿童品德的好坏关系到其自身的前途，还涉及整个家庭的幸福，甚至直接或间接关系到民族和国家的兴衰。儿童早期的可塑性大，从小对他们进行适宜的道德启蒙教育对他们的一生非常重要，在幼年就接受人文道德价值观教育的个体，更容易表现出和谐的社会交往行为，有益于唤起儿童内在的"善"和发展更丰富的道德情感，习得基本的道德规则和行为规范，同时培育儿童的理性和德行，并为塑造个体的道德健康人格奠定坚实的基础，对个体的一生影响深远。

　　儿童道德教育实践应回归生活，合理建构儿童的精神生活世界，因为生活的过程就是德行生成和发展的过程，儿童道德教育的关键在于建构有道德意义的社会生活。因此，儿童的道德成长离不开整个社会生态系统的支持，从微观到中观再到宏观的系统环境，加之各个系统环境的自身变化都与儿童的发展息息相关。道德教育和道德发展非一日之功、非一人之劳，道德教育就是养成教育，要培养儿童的良好品德，首先应认识到儿童需要内在动机去学习和发展，也需要被激发内在动机，为儿童提供构建自己意义的机会。道德是一种社会建构，儿童作为社会的成员，还必须注重日常生活的作用和价值，从儿童日常生活的各个环节一点一滴地抓起，同时将儿童置于丰富的社会环境中，注重道德自身的情境性，为儿童创造适宜发展的机会，引导儿童在外部社会环境和内部心理环境的动态交互作用下，逐步养成良好的思想品德和行为习惯。

　　人之教育在于建构个体善良的自我秉性，形成个体高尚的道德素养。在哲学视界中，道德教育的本质被视为一种伦理探究，这种探究是要帮助人们对道德的价值及其标准进行自由的批判性思考，以至于逐渐形成自身愿意遵循并认同的价值观念，而不是要教给儿童某种抽象的价值观或行为准则。道德教育不能凌驾于儿童的自然发展规律和生活实践之上，教育者须不断地反思教育观念和方式的适宜性，要以道德的方式引导儿童的积极发展，迎合儿童本身积极向上的生命力，帮助他们过道德的生活，建设一个道德的社会环境，最终实现人、自然与社会的和谐共生、全面发展。